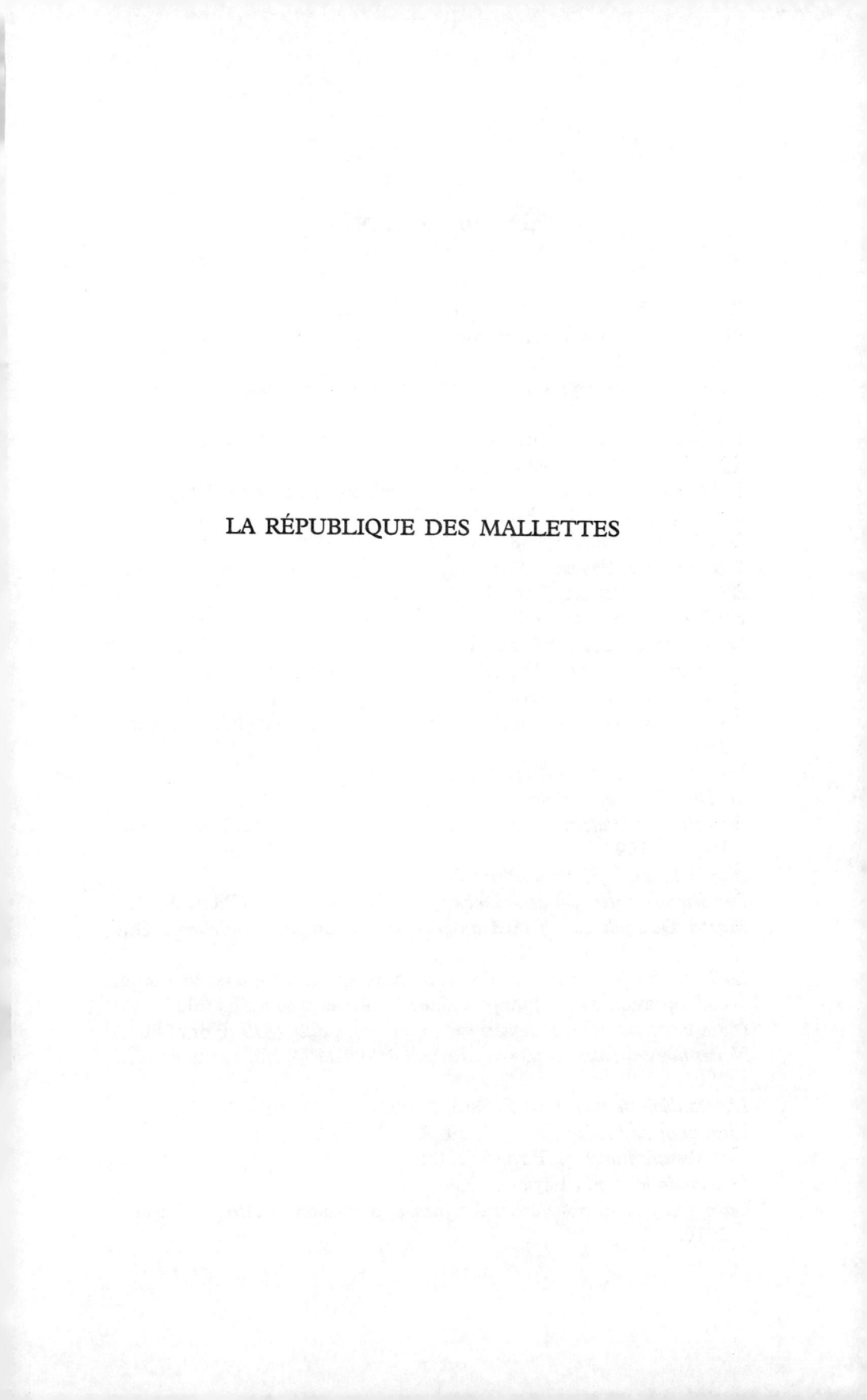

LA RÉPUBLIQUE DES MALLETTES

Du même auteur

Pétrole, la 3ᵉ guerre mondiale, Calmann-Lévy, 1974.
Après Mao, les managers, Fayolle, 1977.
Bokassa Iᵉʳ, Alain Moreau, 1977.
Les Émirs de la République, en collaboration avec Jean-Pierre Séréni, Seuil, 1982.
Les Deux Bombes, Fayard, 1982 ; nouvelle édition, 1991.
Affaires africaines, Fayard, 1983.
V, l'enquête sur l'affaire des « avions renifleurs »..., Fayard, 1984.
Les Chapellières, Albin Michel, 1987.
La Menace, Fayard, 1988.
L'Argent noir, Fayard, 1988.
L'Homme de l'ombre, Fayard, 1990.
Vol UT 772, Stock, 1992.
Le Mystérieux Docteur Martin, Fayard, 1993.
Une jeunesse française, François Mitterrand, 1934-1947, Fayard, 1994.
L'Extrémiste, François Genoud, de Hitler à Carlos, Fayard, 196.
TF1, un pouvoir, en collaboration avec Christophe Nick, Fayard, 1997.
Vies et morts de Jean Moulin, Fayard, 1998.
La Diabolique de Caluire, Fayard, 1999.
Bethléem en Palestine, en collaboration avec Richard Labévière, Fayard, 1999.
Manipulations africaines, Plon, 2001.
Dernières volontés, derniers combats, dernières souffrances, Plon, 2002.
Marcel Dassault ou les ailes du pouvoir, en collaboration avec Guy Vadepied, Fayard, 2003.
La Face cachée du Monde. Du contre-pouvoir aux abus de pouvoirs, en collaboration avec Philippe Cohen, Mille et une nuits, 2003.
Main basse sur Alger : enquête sur un pillage, juillet 1830, Plon, 2004.
Noires fureurs, blancs menteurs : Rwanda 1990-1994, Mille et une nuits, 2005.
L'Accordéon de mon père, Fayard, 2006.
L'Inconnu de l'Élysée, Fayard, 2007.
Une blessure française, Fayard, 2008.
Le Monde selon K., Fayard, 2009.
Carnages. Les guerres secrètes des grandes puissances en Afrique, Fayard, 2010.

Pierre Péan

La République des mallettes

Enquête sur la principauté française de non-droit

Fayard

En couverture : photographie © plainpicture/Sephen Webster ;
création graphique, Off, Paris.

© Librairie Arthème Fayard, 2011.
ISBN : 978-2-21366-606-8

À Jean-Yves, mon ami de 65 ans.

*La vérité judiciaire est à la Vérité
ce que le margouillat est au crocodile.*

Proverbe bantou

Avertissement

Enquêter sur un personnage d'envergure à l'aide de pièces d'archives est le régal du biographe. J'ai connu ces intenses satisfactions en racontant Jacques Foccart, le « monsieur Afrique » du général de Gaulle, ou l'avocat genevois pronazi François Genoud. Le premier fut si impressionné par mon travail que, après un procès pour la forme, qu'il perdit, il confia, beau joueur, ses mémoires et son imposant *Journal* à mon éditeur.

Cette fois, il en irait autrement. J'ai choisi de m'intéresser à ce territoire très spécifique du pouvoir qui se situe aux confins de la politique et des affaires, dans cette zone grise, entre légalité et non-droit, qui existe à l'intérieur de l'appareil d'État. En progressant à tâtons, j'ai été amené à suivre de près le parcours d'un certain Alexandre Djouhri : figure incontournable, il est au centre du pouvoir depuis longtemps, alors que le personnage est inconnu du grand public. Semblable au furet de la comptine « Il est passé par ici, il repassera par là », comme ces gens que l'on croise inéluctablement en certains cercles et dont le visage, à force, vous dit quelque chose, il est le fil rouge de mon enquête.

Je me doutais, en me lançant dans cette enquête, que j'aurai à affronter de grosses difficultés, car l'homme a compris depuis longtemps que son système ne peut prospérer que dans le secret. Il ne laisse donc pas de traces. Il n'utilise ni bureau ni agenda, écrit rarement, paie le plus souvent en espèces, et a le bonheur d'être un résident fiscal suisse... À plusieurs reprises, j'ai pensé abandonner cette enquête, tant celle-ci me procurait le sentiment de perdre mes repères habituels. J'ai toujours privilégié la recherche de documents écrits à la collecte de témoignages oraux. Depuis longtemps je revendique le titre d'enquêteur ou de journaliste d'initiative. Je conçois mon rôle comme celui d'un journaliste indépendant, qui ne se « cale » pas sur les instructions judiciaires en cours, contrairement à la pratique du journaliste soi-disant d'investigation, lequel fonctionne bien souvent dans les faits comme un auxiliaire de justice, marchant main dans la main avec des juges et des policiers... Ces journalistes-là n'éprouvent évidemment guère de difficultés pour obtenir des preuves formelles puisqu'ils se contentent de réunir des pièces citées dans les dossiers d'instruction dont ils restituent la teneur. Le journalisme d'initiative est bien plus aléatoire puisqu'il prend le risque de chercher des faits et des éléments de preuve divers et variés, de les interpréter, et donc assume le risque de se tromper ou de ne pas trouver ce qu'il cherchait.

Une distance certaine avec le monde judiciaire, ou l'absence totale de référence à d'éventuelles instructions en cours, ne m'a pas empêché de mener à bien des enquêtes étayées par des preuves formelles – je pense notamment à mes enquêtes consacrées à la participation de la France à la fabrication de la bombe israélienne (dans *Les Deux Bombes*, 1982), à l'affaire des avions renifleurs (*V., l'enquête sur l'affaire des avions renifleurs et ses ramifications proches et lointaines*, 1984), à la jeunesse de François Mitterrand (*Une jeunesse française*, 1994), à la vie de Jean Moulin (*Vies et morts de Jean Moulin*, 1998), à l'affairisme de Bernard Kouchner (*Le Monde selon K*, 2009) ou au rôle des grandes puissances en Afrique, notamment les États-Unis et Israël (*Carnages*, 2010), tous livres s'appuyant sur des valises de documents. Trouver des pièces écrites permettant de valider ou d'invalider une hypothèse d'enquête, tel est devenu peu à peu l'enjeu de mes enquêtes et le trait principal de ma méthode de travail.

Avec cette enquête, ces beaux principes hérités de dizaines d'années d'expérience ont été sérieusement écornés. Dès le milieu de ce travail d'enquête, il fallait me rendre à l'évidence : je trouvais très peu de documents, et ceux que je trouvais n'étaient guère crédibles ; s'il en existe d'autres se référant aux activités de l'homme d'affaires qui m'intéresse, ils ont été soigneusement placés hors d'atteinte des enquêteurs curieux. Et j'ai dû cette fois-ci me résoudre à utiliser certaines pièces judiciaires, à défaut d'autres documents.

J'ai mesuré à cette occasion le mur de difficultés auquel se heurtent les juges instruisant des affaires financières, de plus en plus souvent désarmés, faute de pouvoir caractériser une corruption pourtant manifeste. L'internationalisation des systèmes financiers, la dématérialisation des échanges, à présent effectués en temps réel, offrent des possibilités infinies, ou presque, de bâtir des labyrinthes touffus où se perd vite la trace d'une transaction... surtout si l'enquête est confinée au territoire national.

La situation n'est pas nouvelle. Le 1er octobre 1996, quelques juges réclamaient, dans un appel resté fameux, l'« Appel de Genève », que soit constitué un espace judiciaire européen, établissant une coopération entre les justices de tous les pays membres, afin que puissent être percés à jour les « circuits occultes » dont le nombre commençait déjà à exploser, au même rythme que les échanges financiers internationaux : « Certaines personnalités et certains partis politiques ont eux-mêmes, à diverses occasions, profité de ces circuits », écrivaient les signataires.

L'impunité quasiment assurée aux fraudeurs par les possibilités inhérentes au système financier est souvent complétée par le recours au secret-défense dans les marchés d'armement. Le 1er octobre 2008, le juge Renaud Van Ruymbeke, lui-même, naguère co-signataire de l'« Appel de Genève », n'a-t-il pas été obligé de jeter l'éponge dans l'affaire dite des « frégates de Taïwan » ?

Le magistrat Jean de Maillard, lui aussi signataire de l'Appel, décrypte depuis plus de quinze ans la logique profonde qui lie criminalité financière et mondialisation. Il a même forgé un concept pour désigner la nouvelle forme d'économie : l'« économie trafiquante[1] ». Dernièrement, dans *L'Arnaque : la finance au-dessus des lois et des règles*[2], il décrit comment celle-ci peut, dans un monde globalisé, s'affranchir aisément des législations : « Désormais, les fraudes sont réalisées à peu près exclusivement par les comptables, les directeurs financiers et les P-DG, les auditeurs, le tout sous le regard indulgent et distrait des organes publics de contrôle qui laissent faire avec indifférence. C'est à partir de ce moment qu'on entre vraiment dans l'arnaque dont je parle : le système lui-même

---

1. « L'appellation d'économie trafiquante propose de qualifier cette forme d'économie qui inclut en réalité l'illégalité et la criminalité soit comme un secteur économique au même titre qu'un autre, soit comme un moyen de faciliter les échanges. Certes, l'économie trafiquante n'est pas en tant que telle une économie illégale ou criminelle, mais un système qui fait prévaloir la recherche de plus-value et de rente, et relègue à l'arrière-plan l'utilité globale et les arbitrages sociaux de la compétition économique. Dès lors, elle favorise de facto soit l'émergence des activités criminelles tournées vers cette recherche, soit la criminalisation des procédés par lesquels les activités économiques a priori licites se développent », Jean de Maillard, « L'économie trafiquante, paradigme de la mondialisation », *Politique*, 2005.
2. Gallimard, 2010.

produit les fraudes, comme mode de gestion de l'économie, en l'espèce l'économie du numérique essentiellement, mais ensuite de la finance dans son ensemble. »

Si les juges sont désarmés, que dire alors des journalistes, qui ne disposent pas – et heureusement ! – de leurs moyens exorbitants du droit commun : perquisitions, écoutes, obligation de répondre... ? En enquêtant, je ne fais pas ici œuvre de justice, je n'ai absolument pas vocation à condamner ni à distribuer des prix de vertu. J'ai pour seule ambition de participer au difficile décryptage du monde dans lequel je vis, où nous vivons tous, même si je le décris de façon imparfaite et parcellaire. Et ce sont bien ces « trous noirs », judiciairement indétectables, mais dont la masse s'accroît, qui font problème, en ce que ceux qui y évoluent accaparent un pouvoir que les peuples ne leur ont pas accordé, ponctionnant leurs richesses et étendant leur influence sur les États...

Jamais je n'ai autant mesuré le fossé existant entre la vérité judiciaire (et médiatique) et la vérité tout court. L'absence de preuves formelles transforme-t-elle pour autant la vérité en erreur ?

La quasi-totalité des nombreux témoins que j'ai rencontrés n'ont accepté de ne parler qu'à la condition expresse que j'accepte la règle du « off ». Pourquoi ? Tout simplement parce qu'ils avaient peur. Ces « off » me permettaient de respecter la règle numéro un du journalisme, qui est de croiser ses sources. Mais une compilation de « off » est fragile et, sur un plan juridique, de bien moindre poids qu'un seul témoignage à visage découvert. Pour sortir de cette impasse, dois-je prendre le parti de briser le « off », comme le font parfois les jeunes journalistes ? Difficile, pour l'enquêteur à l'ancienne que je suis. J'ai donc décidé de respecter le « off » pour la publication de mon livre.

Jamais je n'ai autant envié, au fil de cette enquête, la liberté des humoristes, telle celle d'une Anne Roumanoff – son fameux « On ne nous dit pas tout ! » –, mais aussi celle de Jean-Pierre Gauffre sur France Info et de son émission « Il était une mauvaise foi » : tout est dans le titre, explique la direction de France Info, et « le principe est de ne rien s'interdire, à partir d'un fait d'information, pour conduire la réflexion ou manier le paradoxe sur un ton décalé ou provocateur… ». Par métier, les humoristes ne pratiquent jamais le premier degré – ou alors, c'est qu'ils sont médiocres –, ils ont donc le privilège de ne se retrouver que rarement devant la 17e chambre correctionnelle du tribunal de grande instance de Paris, compétente en matière de liberté d'expression et de diffamation. Ils disent beaucoup sans encourir, la plupart du temps, les foudres de la Justice…

Mon enquête part de plusieurs affaires politico-financières qui ont défrayé la chronique depuis près d'une vingtaine d'années. Chacune a permis de suspecter l'existence de circuits d'argent occultes alimentés par des commissions ou rétrocommissions prélevées sur de grands contrats industriels. Mais aucune n'a pu révéler à quelles personnes ces dispositifs ont profité : le voile n'a été levé que sur un petit pan de cette réalité. Il en est resté comme une impression d'inachevé.

Pourtant, les pratiques de financement occulte se perpétuent ; elles se déroulent dans un espace bien particulier, en marge du sommet de l'État français, mettant aux prises des hommes politiques du parti au pouvoir, des grands commis de l'État, des patrons de quelques fleurons industriels nationaux et des intermédiaires. Il arrive fréquemment que l'on fasse appel aux services d'un chef d'État africain ou arabe...

En avançant à tâtons je me suis heurté à un système dont l'existence même repose sur le secret. Fallait-il pour autant renoncer à tenter de le décrire parce que je n'avais pas toutes les preuves « judiciaires » ? Devais-je m'abstenir de dire ce que je savais, et remballer tous ces « off » ? Fallait-il, aussi, trahir ceux qui m'ont parlé et qui espéraient, en le faisant, favoriser l'émergence de la vérité et la connaissance de la corruption ?

Malgré les impasses qui ont jalonné mon enquête et les lacunes qui en résultent, j'ai fini par estimer que, même incomplète, elle en disait assez long sur les dysfonctionnements de notre système politique et économique. Je devais donc la publier.

Je sais pourtant qu'Alexandre Djouhri, mon fil rouge, n'aime pas, mais pas du tout, qu'on s'intéresse à lui. Il fait dire qu'il n'est pas un homme public[1]. Il essaie par tous les moyens d'empêcher qu'on parle de lui, et à ceux qui bravent l'interdit, il envoie du papier bleu, quand il n'a pas usé du droit de réponse. Plusieurs de ses amis sont dans les mêmes dispositions d'esprit. Au lecteur de se faire sa propre opinion.

P. P.

---

1. « Par principe, Alexandre refuse toute interview. Il considère qu'il n'est pas un homme public. Mais avec son accord et exceptionnellement, je vous recevrai. » Propos d'Hervé Séveno à Ariane Chemin et Marie-France Etchegoin, in « Un homme d'ombre au cœur du pouvoir », *Le Nouvel Observateur*, 27 avril 2011.

Yazid Sabeg a dit à Alexandre Djouhri que ce serait bien qu'il accepte de me voir, ce que ce dernier a refusé.

1

Monsieur Alexandre
en « son » palais

Le dimanche 13 janvier 2008, l'Airbus présidentiel vole vers Riyad. Nicolas Sarkozy doit rencontrer Abdallah, le monarque saoudien wahhabite, le soir-même. Après l'Arabie, le Président s'arrêtera au Qatar, où il s'entretiendra avec l'émir al-Thani, et il finira le surlendemain son périple à Abou Dhabi. Bernard Kouchner, ministre des Affaires étrangères, Xavier Darcos, ministre de l'Éducation nationale, Christine Albanel, ministre de la Culture et de la Communication, Christine Lagarde, ministre de l'Économie, des Finances et de l'Emploi, et quelques conseillers l'accompagnent. Les ministres et Jean-David Levitte, conseiller diplomatique et sherpa du Président, papotent autour de la grande table. Nicolas Sarkozy les y rejoint. Il est manifestement en forme et a envie de s'épancher sur les coups que lui ont portés les « chiraquiens », notamment Dominique de Villepin. Depuis quelques mois, il sait que l'enquête des juges Pons et d'Huy s'oriente vers une mise en cause de l'ancien Premier ministre, qu'ils « soupçonnent d'avoir participé à une machination visant à [le] déstabiliser ». Sarkozy s'était porté partie civile dans l'affaire Clearstream en janvier 2006. Il l'a emporté. Mais il n'oublie rien. Il sait que l'affaire aurait pu le « tuer ». La peur rétrospective le pousse à s'épancher et à expliquer les raisons qui l'ont poussé à vouloir accrocher Dominique de Villepin et ses prétendus comparses à un « croc de boucher[1] ». Il a la colère froide pour parler longuement des combines sous la Ve République. Les officines, les combines, il y en a beaucoup trop, il faut une bonne fois pour toutes qu'on en soit débarrassé[2]. Il donne alors de l'affaire Clearstream une version différente de celle que la justice établira trois ans plus tard. Il raconte comment et pourquoi, en 2004, le « chantier » monté contre lui aurait pu l'empêcher de prendre la tête de l'UMP et de devenir Président.

Levitte manifeste bruyamment son admiration :

---

1. L'expression prêtée à Nicolas Sarkozy figure dans le livre de Franz-Olivier Giesbert, *La Tragédie du Président* : « Un jour, je finirai par retrouver le salopard qui a monté cette affaire et il finira sur un croc de boucher » (Flammarion, mars 2006). Elle a été citée par Alain Genestar (voir son livre *Expulsion*, Grasset, 2008), lequel assistait à un dîner donné à Deauville par Arnaud Lagardère et certains de ses cadres, dîner au cours duquel elle fut prononcée par Nicolas Sarkozy.

2. Nicolas Sarkozy a repris plusieurs fois cette antienne, notamment à Brasilia, lors de sa visite éclair, début septembre 2009. Voir dans *Le Parisien*, en date du 7 septembre 2009, l'article « Clearstream : la colère froide de Sarkozy ».

« Comment, monsieur le Président, avez-vous trouvé l'énergie pour résister à pareilles attaques ? »

Le paon déploie plus encore ses plumes et détaille les secrets du complot, fomenté selon lui depuis l'Élysée, mais mis à exécution par un certain Alexandre Djouhri, qui a bien failli avoir sa peau. Et il termine son exposé par :

« S'il n'était pas venu à Canossa, il aurait reçu une balle entre les deux yeux ! »

Hervé Morin, qui m'a confirmé le propos du Président sur Djouhri, s'empresse de me faire une explication de texte, pour en atténuer la violence[1]...

Depuis l'arrivée de Nicolas Sarkozy à l'Élysée, ce personnage, inconnu du grand public, mais très puissant, a ses habitudes au Château. Il s'y sent comme chez lui. En cette fin d'après-midi du 30 juin 2009 où la salle des fêtes est archipleine, Nicolas Sarkozy doit décorer dix personnalités autour desquelles gravite du beau monde. Bernadette Chirac retrouve le palais qu'elle a habité pendant douze ans. Elle est là pour honorer son amie Line Renaud. Le Président a un mot pour elle, il tient à souligner qu'elle est « toujours la bienvenue ici ». Sont également présents Frédéric Mitterrand, qui a plaisir à venir en ces lieux qu'habitent encore les mânes de son oncle, Bertrand Delanoë, maire de Paris, Michel Leeb, le célèbre humoriste, Mimie Mathy, la troisième personnalité préférée des

---

1. Entretien avec Hervé Morin à l'Assemblée nationale, le 9 mars 2011, et le 16 juin 2011, à la brasserie du Grand-Palais.

Français, parmi d'autres figures du monde des affaires, du show-business et de la médecine. Nicolas Sarkozy tient en cette occasion à réparer l'injustice dont a été victime le professeur Jean-Claude Chermann, l'un des trois codécouvreurs du virus du sida, qui vient d'être privé du prix Nobel de médecine 2008. Il l'élève aujourd'hui au grade de grand officier de la Légion d'honneur : « En isolant en 1983 le virus du sida avec Luc Montagnier et Françoise Barré-Sinoussi, vous avez inscrit votre nom dans l'histoire de la médecine française. Oublié du prix Nobel de médecine en 2008, vous avez été victime d'une injustice, et je n'aime pas les injustices ! La règle – on se demande bien pourquoi –, c'est deux personnes. Vous étiez le troisième, mais s'il y a trois génies et pas simplement deux [...] ? Ça ne se compte pas au poids ! Vous en avez été meurtri. Puisse cette cérémonie d'aujourd'hui faire droit à vos mérites. Vous méritez la reconnaissance de la Nation... » Sont également décorés Noël Veg, président du Conseil national pour la mémoire des enfants juifs déportés, l'historien André Kaspi, Chantal Jouanno, alors conseillère pour le développement durable à l'Élysée... et Line Renaud.

Nicolas Sarkozy, qui connaît les engagements gaullistes de la grande artiste, sa proximité avec les Chirac et sa popularité intacte auprès des Français, en fait beaucoup pour honorer la chanteuse à son tour : « Line Renaud, prononcer le nom, c'est énoncer une marque ! » lance-t-il pour commencer, en filant une métaphore automobile de mauvais goût. Il se réjouit de décorer « un phénomène pareil. Line Renaud, c'est le talent, c'est la femme qui a enflammé le Casino de Paris ». Et, avec son large sourire, il lui accroche la plaque de grand officier dans l'ordre national du Mérite avant de se faire prendre en photo, bras dessus, bras dessous, avec celle que les Français les plus âgés ont connu, il y a un demi-siècle, chantant *Ma cabane au Canada*...

Puis c'est l'heure des petits-fours et du champagne. *Monsieur Alexandre*, habitué des lieux, qui vient d'assister à la cérémonie, commence à trouver le temps long. Il se tient aux côtés de Philippe Carle. Homme d'influence, celui-ci fait partie, avec une dizaine d'autres personnalités, du premier cercle du Président ; il déjeune régulièrement avec lui. Il est également proche de Vincent Bolloré et de Martin Bouygues ; joueur de polo, membre du club des Cent, du Maxim's Business Club du golf de Saint-Cloud, il a, entre autres activités, édifié sa fortune dans l'assurance en revendant sa compagnie à AXA, tout en restant l'un des conseillers des dirigeants du groupe. *Monsieur Alexandre* ayant chuchoté à l'oreille de Philippe Carle, les deux hommes quittent ensemble la salle de réception et foulent les pavés de marbre blanc et rouge du vestibule d'honneur, gravissent l'escalier Murat pour se rendre dans la première antichambre, puis la seconde donnant sur le Salon vert et le Salon doré, soit les bureaux du secrétaire général de l'Élysée et du président de la République. Les gardes républicains qu'ils croisent reconnaissent *monsieur*

Alexandre, le saluent discrètement et le laissent aller, avec son compagnon, jusqu'à la porte du Salon vert, bureau de Claude Guéant, l'homme que la classe politique s'accorde à tenir pour le numéro deux de la République.

Monsieur Alexandre entre sans frapper dans le bureau de son ami et en fait les honneurs à Philippe Carle, qu'il invite à s'asseoir. Il se dirige ensuite vers le réfrigérateur, en sort une bouteille de champagne, l'ouvre, emplit deux verres, en tend un à son compagnon, interloqué par une telle assurance en ce haut lieu de la République, et trinque avec lui.

Monsieur Alexandre continue de se faire le cicerone en ouvrant la porte du Salon doré. Philippe Carle ne se sent pas à l'aise, il préférerait de beaucoup déguster une nouvelle coupe dans la salle des fêtes. Le toupet de son guide l'inquiète : va-t-il aller jusqu'à s'asseoir dans le fauteuil présidentiel, derrière le bureau Louis XV sculpté au XVIIIe siècle par Charles Cressent ? Indifférent à la beauté des meubles, il ne prête pas attention à la cheminée de marbre blanc, ni au « N » de Napoléon III, ni aux objets disposés là par Nicolas Sarkozy : la photo du général de Gaulle à la BBC, une belle icône, la reproduction d'un petit voilier...

Monsieur Alexandre est souvent convié aux réunions officielles. Le 2 mars 2010, il est présent au dîner de gala offert par le président de la République en l'honneur de Dimitri Medvedev, son homologue russe. Il y a emmené son ami Henri Proglio, patron d'EDF, qu'il presse pour que celui-ci s'entende avec le géant russe du nucléaire Rosatom, contre Areva[1]. Il est encore là une semaine plus tard, quand Nicolas Sarkozy épingle la Légion d'honneur au revers de la veste de Sergueï Chemezov, directeur de l'agence Rosoboronexport, chargée des ventes d'armes à l'exportation, ami de Poutine du temps où les deux fonctionnaires du KGB étaient en poste à Dresde. Toutefois, le plus souvent, il rencontre Claude Guéant au bar du *Bristol*, voire à dîner au restaurant *Le Stresa*, ou bien ailleurs : à Tripoli, par exemple. Son intimité avec le secrétaire général de l'Élysée est renforcée par la proximité dans les affaires, à Londres, entre Germain, le fils d'Alexandre, et Jean-Charles Charki, le gendre de Claude Guéant.

L'homme se croit si invulnérable qu'il peut impunément menacer un conseiller du président de la République sans être expulsé de la Cour, et s'afficher au vu et au su de tous avec son ami Dominique de Villepin, pourtant l'ennemi irréductible de Sarkozy, tout en continuant à bénéficier d'un soutien sans faille du patron de la Direction centrale du renseignement intérieur (DCRI), Bernard Squarcini, lequel n'hésite pas à se montrer en sa compagnie dans de nombreuses capitales. *Monsieur Alexandre* est un des hommes les plus puissants de la République. Et à ceux qui n'en seraient pas convaincus, il exhibe comme un certificat une lettre que Nicolas Sarkozy, imprudent, lui a

---

1. Voir chapitre 22, « Au cœur du réacteur », pp. 456-457.

envoyée pour le remercier d'un tableau qu'il lui a offert...

Qui est donc cet homme inconnu du grand public, résident fiscal suisse, qui, en ses jeunes années, a été à l'école de la délinquance, et qui peut désormais faire et défaire des carrières ? D'où tient-il son réseau et son influence, qui le fait redouter de la plupart des patrons du CAC 40 ?

2

La Principauté de non-droit

C'est au *Restaurant de la Gare*, près de la porte de la Chapelle, à Paris, que j'ai entendu prononcer pour la première fois le nom d'Alexandre Djouhri. C'était à la fin du printemps 2006. J'avais rendez-vous avec mon ami Philippe Cohen qui était en train de boucler son enquête pour une BD, *La Face kärchée de Sarkozy*, qui retracerait l'ascension du candidat Sarkozy[1]. Il avait obtenu des informations intéressantes sur la constitution d'un « trésor de guerre », pour le compte du candidat de l'UMP, en préparation de la future campagne présidentielle, et sur la très rude bataille qui avait opposé, en 2003-2004, les clans Chirac et Sarkozy. Une bataille qui avait été menée par champions interposés : Alexandre Djouhri pour le premier clan, Ziad Takieddine pour le second. Cohen avait évoqué devant moi un dîner au *Bristol*, à la mi-avril 2006, qui avait eu pour objet de sceller une « paix

---

1. Avec Richard Malka et Riss, publiée en novembre 2006 par Vents d'Ouest/Fayard.

des braves » entre les deux clans. Le dîner avait été organisé par Bernard Squarcini, alors préfet délégué à la sécurité à Marseille, homme de confiance de Nicolas Sarkozy : il avait réuni Maurice Gourdault-Montagne, conseiller diplomatique de Jacques Chirac, Claude Guéant, directeur de cabinet de Nicolas Sarkozy, alors ministre de l'Intérieur, Alexandre Djouhri, homme d'affaires protégé à la fois par Dominique de Villepin depuis 1995 et par Gourdault-Montagne depuis 2002, et... Nicolas Sarkozy. C'est François Casanova, ancien flic de la 2e brigade territoriale, vieille connaissance d'Alexandre Djouhri quand celui-ci frayait dans le camp des voyous et rencontrait les policiers dans les commissariats, qui l'avait présenté à Bernard Squarcini, alors numéro deux des Renseignements généraux. Cette rapide négociation pour une paix des braves avait été rapportée par *Intelligence Online* dans son édition du 12 mai 2006.

Cohen me demanda de vérifier si Alexandre Djouhri avait bien effectué un voyage à Tripoli dans le but de convaincre le Guide, Mouammar Kadhafi, d'« aider » Nicolas Sarkozy – conformément à une tradition bien établie entre chefs d'État africains et candidats à l'Élysée – dans la perspective de la présidentielle. Ce que je fis auprès d'une source américaine, qui me confirma le renseignement. Et, passant à autre chose, j'oubliai Djouhri...

C'est après bien du temps et un long détour que je vis reparaître dans mon champ visuel ce mystérieux personnage. C'est Jean-Louis Gergorin, le prétendu « corbeau » de l'affaire Clearstream, qui, de manière bien involontaire, me servit de « passeur » pour m'amener à nouveau jusqu'à lui. Il me faut ici raconter par quels chemins tortueux j'ai vu émerger la figure de Djouhri dans cette « affaire de corne-cul » – pour reprendre l'expression employée par Jacques Chirac à l'été 2004.

À parler franc, je ne m'étais guère passionné pour ce feuilleton compliqué. D'emblée, j'avais eu du mal à ajouter foi au rôle de « corbeau » qu'on avait prêté à Jean-Louis Gergorin. Je n'arrivais pas vraiment à l'imaginer dans la caricature de l'anti-héros manipulateur que l'on donnait de lui. Je l'avais connu au milieu des années 1980 alors qu'il venait de quitter le Centre d'analyse et de prévision (CAP), organe de réflexion du ministère des Affaires étrangères, pour rejoindre le groupe Matra. Il m'avait abordé en sortant d'un déjeuner au cercle de l'Union interalliée et avait manifesté le souhait de me rencontrer. Comme tout le monde, je le considérais alors comme un brillant stratège au QI himalayen, avec ce côté hurluberlu qui s'attache parfois aux esprits remarquables. À trois reprises, sa secrétaire annula le petit-déjeuner que nous devions prendre à l'hôtel *Raphaël*. La troisième fois, l'annulation intervint au dernier moment, alors que, après m'être levé de bonne heure – ce que je n'apprécie pas beaucoup –, j'avais fait à moto le trajet reliant ma lointaine banlieue au quartier chic de l'Étoile. Furieux, je dis à la secrétaire de Gergorin d'arrêter là ses efforts, lui remontrant que j'avais réussi jusqu'alors à vivre sans connaître son patron et qu'il me semblait possible d'envisager l'avenir sans le connaître mieux.

Fin février 2007, soit exactement vingt-deux ans plus tard, je rencontre par hasard – nous avons le même éditeur – Jean-Louis Gergorin dans la salle des auteurs de Fayard. Il faisait son service de presse, avant la sortie de son livre relatif à l'affaire Clearstream, *Rapacités*. Nous échangeâmes quelques mots. Si je ne nourrissais pas alors de sympathie particulière à son endroit, je n'arrivais toutefois pas à croire qu'il fût le « corbeau ». Je l'imaginais volontiers paranoïaque, souvent enclin à croire à la conspiration, conscient de sa supériorité intellectuelle, sûr de sa connaissance du monde tel qu'il va, mais ces pans-là de sa personnalité n'occultaient pas pour autant l'image que je gardais de lui : celle d'une sorte de moine-soldat de la République, qui, bien que passé dans le privé, se voyait encore œuvrer pour le bien commun au service de son pays.

En août 2009, par une motivation confuse, mêlée de curiosité – aujourd'hui encore, je cerne mal les raisons de ma décision –, je prends contact avec lui pour qu'il me fasse part de sa version de l'affaire Clearstream. Il accepte. J'ignore encore à quoi pourraient servir les entretiens qu'il va m'accorder, sinon entrer dans l'élaboration d'une série documentaire préparée sous la houlette de Yami2, une société de production audiovisuelle que dirige mon ami Christophe Nick[1]. Je vais en tout cas écouter Jean-Louis Gergorin pendant une vingtaine d'heures et me plon-

---

1. Mon coauteur pour l'ouvrage *TF1, un pouvoir* (1997).

ger au fur et à mesure dans le dossier judiciaire de l'affaire Clearstream.

Sauf le respect que tout citoyen doit à la justice en général, et à Dominique Pauthe, qui présida le procès « Clearstream » en première instance, en particulier, on me permettra de trouver absurde le portrait de l'ancien vice-président d'EADS brossé dans le jugement de la 11e chambre correctionnelle du tribunal de grande instance de Paris. Selon ses attendus, Jean-Louis Gergorin aurait été, « pour satisfaire des intérêts personnels », « l'initiateur et l'auteur principal des délits de dénonciations calomnieuses » en utilisant « des documents dont il savait la provenance frauduleuse et qu'il savait altérés » ; il aurait « su instrumentaliser les autorités » et aurait été le « seul à maîtriser le processus labyrinthique de la calomnie » afin « de poursuivre son œuvre malfaisante » ; il devrait être considéré « comme pleinement responsable de ses actes, qui sont révélateurs d'une personnalité particulièrement nuisible et inquiétante en raison d'une duplicité exceptionnelle qu'il a manifestée dès les prémices des dénonciations, jusqu'au terme des débats » ; « l'exceptionnelle ampleur de la machination » n'aurait « d'égale que la détermination implacable grâce à laquelle Jean-Louis Gergorin, avec la collaboration d'Imad Lahoud, a construit son piège, le profond mépris dans lequel ils ont tous les deux tenu les autorités ministérielles et judiciaires auxquelles ils ont choisi de dénoncer leurs mensonges, et leur haute indifférence à l'égard de si nombreuses personnes, physiques ou morales, injustement dénoncées... ». Difficile d'aller plus loin dans la diabolisation : on fait là de Gergorin un prince des ténèbres, aussi minable qu'inopérant, obsédé par une haine imbécile, un Machiavel au petit pied, tout juste bon à décerveler un Laurent le Médiocre.

Au fil de mon enquête, il m'a paru évident que le « corbeau » n'était en réalité qu'un pigeon. Au même titre, d'ailleurs, que le général Philippe Rondot[1] et le juge Renaud Van Ruymbeke, tous deux également destinataires des faux listings. Ces trois-là étaient et sont, à des titres divers, de grands connaisseurs des pratiques occultes des milieux politique et économique. Pourquoi l'ancien haut fonctionnaire, la vigie de la République et le pourfendeur de la corruption[2] n'ont-ils pas jeté à la corbeille les listes impressionnantes de « corrompus » fabriquées par Imad Lahoud ? Tout simplement parce que tous trois estimèrent que ces listings n'étaient pas incohérents, qu'ils pouvaient être compatibles avec des faits qu'ils avaient eu à connaître, ou tout du moins qu'ils subodoraient ; qu'ils semblaient avoir trait à la corruption régnant

---

1. Le général qui « traitait » officiellement, pour le compte de la France, Imad Lahoud, érigé en super-espion, le fabricant des faux listings dénonçant pêle-mêle hommes politiques, businessmen, grands flics, magistrats, barbouzes, journalistes...

2. Signataire, le 1ᵉʳ octobre 1996, avec six autres grands magistrats, de l'« Appel de Genève » lancé à l'initiative du journaliste Denis Robert, réclamant un espace judiciaire européen. Le juge Renaud Van Ruymbeke instruisait alors l'emblématique affaire des « frégates de Taïwan ».

parmi les élites françaises. Aussi ne furent-ils nullement choqués par cette ribambelle de noms. Ils la considéraient comme plausible. Joël Bucher, ancien directeur général adjoint de la Société Générale à Taipei, n'avait-il pas déjà affirmé, le 22 mars 2001, devant la « Mission anti-blanchiment » de l'Assemblée nationale[1], que quelque 1,7 milliard de francs avaient fait l'objet de rétrocommissions, et qu'« une bonne partie de l'argent [était] partie au Luxembourg sur des comptes que nous [la succursale de la Société Générale] avions ouverts depuis longtemps. *Ce sont 600 comptes qui ont été ouverts depuis mon départ*[2] » ? Le même Joël Bucher devait livrer *grosso modo* les mêmes données au juge Van Ruymbeke... Bref, les trois destinataires endossèrent, comme dans les films de Gilles Grangier, le rôle de « caves » se rebiffant contre le comportement amoral d'une partie des élites françaises au cri de : « Touchez pas au grisbi ! » Parce qu'ils avaient vu dans les faux listings un éventuel annuaire des bénéficiaires français de l'argent noir. Malheur à ceux par qui le scandale arrive : tous les trois furent, à des degrés divers, assimilés à des délateurs, alors qu'ils entendaient, par éthique et par devoir, participer au nettoyage des écuries d'Augias.

---

1. Le rapport de la mission parlementaire, rédigé par Arnaud Montebourg et Vincent Peillon, est rendu public en 2002 ; voir la partie III, « La dépendance politique du Luxembourg à l'égard du secteur économique de la finance : l'affaire Clearstream ».

2. C'est moi qui souligne.

À ce stade, il est important de souligner que Gergorin et Rondot ont eu de surcroît leur jugement altéré par un personnage intelligent et manipulateur, qui s'est comporté avec eux comme une diseuse de bonne aventure géniale, devinant ce qu'ils voulaient entendre et croire, pour mieux le leur restituer. Comme tous les patrons des services secrets occidentaux de l'époque, en 2001-2002, le général Rondot rêvait d'être celui qui mettrait la main sur Oussama Ben Laden, ennemi numéro un de l'Occident. Imad Lahoud lui laissa entrevoir la possibilité de devenir cet homme-là, en lui soutenant qu'il avait les moyens de démonter les circuits financiers du jihadiste et de remonter *in fine* jusqu'à lui : Rondot plongea. Le général le mit d'abord entre les mains de la Direction générale des services extérieurs (DGSE) : celle-ci attribua à Imad Lahoud le nom de code de « Typhose », avant de le rejeter. Rondot, voulant toujours croire en lui, décida alors de le traiter lui-même et lui donna le surnom de « Madhi[1] ». Il fit alors de Lahoud l'espion le plus important de la République, avec le plein appui de Michèle Alliot-Marie, ministre de la Défense. Dès lors, Jean-Louis Gergorin était porté à croire qu'il avait bien fait d'introduire Imad Lahoud dans les arcanes de l'appareil d'État ; il avait désormais toutes

---

1. Je pense que le général Rondot a voulu baptiser son informateur « Mahdi », en arabe (le *h* avant le *d*) l'homme guidé par Dieu, qualificatif qui dénote l'importance qu'il accordait à son informateur.

les raisons de boire avidement ses paroles. Imad Lahoud avait par ailleurs mesuré le désarroi de son protecteur, lorsque survint, en mars 2003, la mort de Jean-Luc Lagardère, que Gergorin soupçonnait de n'être pas naturelle. Celui-ci s'épanchait auprès de Lahoud et évoquait des noms russes et français. Tant et si bien que, le jour où Lahoud lui mit sous les yeux des listes sur lesquelles figuraient certains de ces noms, Gergorin, définitivement « ferré », s'est révélé incapable de mettre en œuvre son sens critique : Lahoud est devenu pour lui le messager de la Vérité...

Si le « big-bang » – le mécanisme originel de cette singulière affaire constituée d'un mélange de faits avérés, de croyances et de vraisemblances – permet de décoder nombre de points ténébreux, il n'en épuise pas la richesse. L'instruction judiciaire, à partir de 2005, a fonctionné comme WikiLeaks : elle a dévoilé le fonctionnement de pans cachés de l'appareil d'État, celui du renouvellement et/ou du maintien des élites politiques, des aspects de la corruption de celles-ci, et a révélé l'explosion du nombre des officines et la généralisation des cabinets noirs dans les sphères politique et économique. La mise en circulation des carnets d'Yves Bertrand, patron des RG de 1992 à 2004, et du général Philippe Rondot, chargé de la coordination du renseignement au ministère de la Défense de 1997 à 2005, ainsi que les nombreux documents et témoignages, ont fait de cette affaire une plaque sensible sur laquelle il est possible de mesurer le délitement moral d'un *establishment* qui trouve tout à fait normal qu'une partie des siens dispose de comptes bancaires hors de France. Des masses de plus en plus élevées d'argent noir circulent en effet, provenant surtout de circuits dérivés des ventes de pétrole, des exportations d'armes, et des largesses de chefs d'État africains. Un mot nouveau est même apparu pour désigner une pratique doublement illégale : la *rétrocommission*.

De quoi s'agit-il ? Les décisionnaires étrangers corrompus qui ont accepté une commission pour attribuer un marché à un fournisseur français reversent une partie de celle-ci au corrupteur. Charles Pasqua, qui ne pratique pas la langue de bois, parle de la *rétro* comme d'un « secret de Polichinelle de la classe politique française ». Les premiers faux listings d'Imad Lahoud étaient imprégnés de l'« affaire des frégates » de Taïwan, ce contrat d'armement signé en 1991, affaire dans laquelle ont trempé des politiques de gauche comme de droite. Le juge Renaud Van Ruymbeke, qui a enquêté des années durant sur cette affaire avant de rendre son tablier, faute d'avoir pu accéder à nombre de documents protégés par le secret-défense, a relevé, dans son ordonnance de non-lieu, les propos d'Alain Richard, ministre de la Défense de juin 1997 à mai 2002 : « Des interlocuteurs dignes de foi lui avaient affirmé que, dans le pourcentage particulièrement élevé de ces commissions, une partie était destinée à des reversements en France. » Le ministre évoqua des personnes physiques sans pouvoir préciser lesquelles, ajoutant cependant : « Ce dont je suis convaincu, c'est que ces bénéficiaires ont été désignés successivement par les dirigeants des deux majorités successives, avant et après mars 1993 [...]. Avant mars 1993, l'orientation de ces commissions n'a pu se faire que sous l'autorité du président de la République [François Mitterrand], et après mars 1993, que sous celle du Premier ministre [Édouard Balladur]. » Sans s'appesantir, faute de preuves, Van Ruymbeke signalait l'association France-Taïwan, animée par des personnalités de gauche, comme étant bénéficiaire de dérivations de commissions.

L'épilogue de l'affaire des « frégates de Taïwan » est intervenu le 9 juin 2011 par un jugement de la cour d'appel de Paris qui a condamné la société Thales et l'État français à verser à l'État taïwanais respectivement 170 millions et 460 millions d'euros, remboursant ainsi les Taïwanais du surcoût lié à ces commissions illicites. Ce sont donc finalement les contribuables français qui paieront les rétrocommissions dont on ignore toujours tout des bénéficiaires, le secret-défense ayant été opposé à la justice pénale française. Matignon s'est fendu d'un communiqué dans lequel il a regretté que « les finances publiques doivent supporter aujourd'hui les lourdes conséquences de la décision prise en 1991 de verser des commissions, contrairement à la lettre du contrat ».

Les carnets d'Yves Bertrand, dernier patron des RG, et ceux du général Rondot montrent que les espions de la République consacrent – ou perdent – beaucoup de temps à surveiller les troubles agissements des uns et des autres. Ils évoquent tous les deux l'affaire des frégates et les possibles rétrocommisions. À la DGSE, on s'évertue à étayer des soupçons visant le président de la République – Chirac est alors en fonction –, supposé détenir un compte au Japon. Les RG décrivent des relations opaques entre Jacques Chirac et Rafic Hariri, Premier ministre libanais, et évoquent dans ce contexte des comptes (Cléo) qui seraient à sa disposition. La lecture de notes prises par les deux hommes permet presque de visualiser les personnages qui se rendent, sébille à la main, devant Omar Bongo pour le compte de responsables de parti. Plus généralement, il est très souvent question des libéralités de Bongo vis-à-vis de l'ensemble de la classe politique française. Il n'y a donc rien de surprenant à constater ensuite dans les propres notes de Rondot que, au fur et à mesure de l'arrivée des listings d'Imad Lahoud, le général-espion se convainc d'avoir débusqué « une vaste entreprise de corruption et de déstabilisation ». Dans une lettre adressée le 11 janvier 2004 à Dominique de Villepin, alors ministre des Affaires étrangères, il évoque ainsi sa découverte d'une « structure intéressante... ».

Émergent des dizaines de milliers de pages que compte le dossier d'instruction de l'affaire Clearstream maintes questions tournant autour du financement occulte des campagnes électorales en vue de l'élection présidentielle. Les hommes politiques sont tous convaincus que l'argent est la condition *sine qua non* de la victoire, et que celui qui en possède davantage que les autres s'aménage toutes les chances de gagner.

En résultent des batailles d'une extraordinaire férocité entre clans politiques, car non contents d'accumuler – légalement et illégalement – des trésors de guerre pour l'emporter, ils mettent tout en œuvre pour barrer à leurs adversaires les sources de financement. Tous les coups sont ici permis. La plupart des « affaires » qui arrivent devant la justice trouvent leur origine dans des dénonciations, et donc à proprement parler dans des instrumentalisations de la justice. Chaque affaire peut être lue comme une tentative de mettre à mal ou d'éliminer un concurrent. Cela est vrai de celle des HLM de la Ville de Paris et de l'affaire Elf, mais aussi de celle dite de l'Angolagate. Les affrontements entre balladuriens et chiraquiens autour du « trésor de guerre » des premiers n'en finissent pas d'apparaître au grand jour au fur et à mesure de l'avancement de l'instruction judiciaire sur l'attentat de Karachi, qui coûta la vie à dix Français en 2002. Il y a aussi des morts inexpliquées dans l'affaire des frégates et probablement dans un certain nombre d'autres...

L'histoire de la corruption française met en lumière la schizophrénie des hommes politiques de notre pays. Sous la pression de l'opinion, ils font adopter des lois et promulguent des décrets de plus en plus contraignants pour encadrer le financement de la vie politique et rendre les pratiques occultes théoriquement impossibles ; dans le même temps, ils sont toujours convaincus de l'importance, pour chacun, de disposer du trésor de campagne le plus gros possible. De ce fait, les hommes capables de les alimenter en fonds efficacement, discrètement et aux frontières de la légalité, sont de précieuses recrues, dont le rôle devient des plus cruciaux au sein de la République : ils mènent à bien ces missions financières, servent de coupe-feu et savent garder le secret.

Jusqu'au début des années 1990, il y a d'un côté les financements quasi institutionnels – ceux d'Elf, ou provenant d'Afrique, des pourcentages sur de grands contrats, notamment en matière d'armement ou de distribution d'eau –, de l'autre, des militants de tel ou tel parti n'hésitant pas à jouer les porteurs de valises. C'était le temps des Gérard Monate, président d'Urba, des Jean-Claude Méry, des Louise-Yvonne Casetta pour le RPR, des Gérard Peybernès, ex-président de l'association nationale de financement du PS, des René Trager, également pour le Parti socialiste, entre bien d'autres. Quand la justice décida de ne plus tolérer les pratiques occultes, ces militants-là, abandonnés par leurs chefs, ont laissé la place à des approvisionneurs d'un tout autre profil, plus professionnels, capables de monter des systèmes beaucoup plus sophistiqués et opaques pour acheminer l'argent noir...

Mais revenons à l'affaire Clearstream, qui a changé de nature au début de 2004. Le nom de Nicolas Sarkozy, puis celui de Brice Hortefeux, firent alors leur apparition dans les comptes rendus de Rondot et les faux listings. Aux joutes décelables entre les groupes Lagardère et Thomson-CSF, devenu Thales en 2000, sur fond d'affaire des frégates taïwanaises et d'Angolagate, vont se substituer des batailles spécifiquement politiques. La guerre entre balladuriens et chiraquiens fait place à celle qui oppose désormais sarkozystes et chiraquo-villepinistes, dans la perspective de l'élection présidentielle de 2007. Cette deuxième guerre est au moins aussi violente que la première. Pour en comprendre les tenants, il est nécessaire non seulement de la replacer dans le contexte de l'époque, mais aussi d'articuler l'affaire Clearstream *stricto sensu* à un autre affrontement des deux clans, celui autour de l'accès à un contrat saoudien appelé *Miksa*, dont l'objet est la sécurisation de plus de cinq mille kilomètres de frontières du royaume wahhabite – et qui pourrait générer quelque 350 millions d'euros de commissions[1]. Le combat met en scène les champions des deux écuries : Ziad Takieddine, pour la sarkozyste, et Alexandre Djouhri, pour la chiraco-villepiniste. Tous les coups sont-ils permis pour empêcher l'autre camp de l'emporter ? Ziad Takieddine prétend avoir été l'objet d'une tentative d'assassinat de la part de l'adversaire[2] ! Parallèlement, on retrouve le même Djouhri parmi les relations d'Imad Lahoud, lequel vient d'introduire les noms de Sarkozy et Hortefeux dans les fameux listings... Dès lors, nombre de questions surgissent.

---

1. Selon les « documents Takieddine » publiés par Mediapart, 11 juillet 2011.

2. Voir aussi le chapitre 3, « Je ne puis vous recommander que la plus grande prudence », p. 52, et le chapitre 10, « Djouhri à la manœuvre contre Sarkozy ? », pp. 216-218.

C'est en sondant les mystères de l'affaire Clearstream que je tombe à nouveau sur le nom de ce singulier personnage qui n'a guère attiré jusque-là l'attention des enquêteurs. Orientant ma loupe successivement sur l'affaire Clearstream, puis sur lui et son environnement plus ou moins immédiat, j'ai fini par acquérir la conviction qu'Alexandre Djouhri était probablement un acteur important de l'affaire Clearstream, quoique ignoré dans l'instruction judiciaire.

Monsieur Alexandre a passé sa jeunesse à Sarcelles. Après l'adolescence, il a basculé dans l'univers interlope de la nuit parisienne où se mêlent aux petits et grands malfrats les fils de bonne famille : en naviguant avec une grande aisance aussi bien dans le milieu des uns que dans celui des autres, il fut ce que Jean-Pierre Chevènement appela un « sauvageon[1] », par d'autres baptisé *racaille* ou *lascar*. Puis, s'orientant à la fois vers le business et les milieux politiques, il est amené à rencontrer aussi bien Yasser Arafat que Michel Roussin, André Tarallo qu'Omar Bongo, Dominique de Villepin qu'Henri Proglio, mais aussi Jacques Chirac, Bernard Squarcini, Claude Guéant et… Nicolas Sarkozy. *Monsieur Alexandre* a fait bien du chemin, dans l'entregent et les affaires. L'approche de la cinquantaine voit son sacre, très discret. Il semble parler

---

[1]. Rappelons que le mot renvoit, au sens propre, à la botanique et désigne un arbrisseau venu spontanément et qui doit être greffé, avant de désigner un enfant non ou mal éduqué.

d'égal à égal avec Claude Guéant, secrétaire général de l'Élysée, puis ministre de l'Intérieur, et avec Bernard Squarcini, patron des services secrets intérieurs ; il intervient dans plusieurs grands choix en matière de politique industrielle nationale, notamment dans le secteur du nucléaire ; il semble avoir son mot à dire dans la nomination de certains hauts fonctionnaires et grands patrons... Dans les annales de la République, son cas est exceptionnel, sinon unique : pourquoi et comment est-il devenu si puissant ?

Avant de tenter de répondre à cette question, il est important de souligner que son cas s'inscrit dans une époque – *grosso modo* celle qui dure depuis le début des années 1990 – où, sous les effets conjugués de la mondialisation et de la conversion des élites françaises, de droite comme de gauche, au néolibéralisme, l'argent est plus que jamais devenu roi. « Dans le capitalisme de managers des Trente Glorieuses, la place du fric était relativement modeste, écrit un observateur avisé de la vie politique française. La collaboration des chefs d'entreprise, des grands commis de l'État et des syndicats ouvriers ne laissait aux actionnaires avides de rentabilité immédiate qu'une place modeste. L'intérêt général, en termes d'investissement et de redistribution, l'emportait sur l'intérêt particulier en termes de profit[1]. » Une grande partie de l'*establishment* qui, hier, servait l'État et avait, chevillé au corps,

---

1. Jacques Julliard dans l'éditorial de *Marianne* (4 au 10 juin 2011) intitulé « DSK, la gauche et l'argent ».

le sens du bien commun a basculé et n'a plus qu'une idée en tête : se servir. « Servir l'État est devenu ringard », dit Daniel Lebègue, ancien haut fonctionnaire du Trésor et président de Transparency International ; « l'éthique des grands commis de l'État de l'époque des Trente Glorieuses a volé en éclats », renchérit Jean-François Kesler[1], ancien directeur adjoint de l'ENA. On peut parler à juste titre d'effondrement de l'intérêt général. « Avant, on devait choisir entre le pouvoir et l'argent. Aujourd'hui, on prend les deux. Et vite, si possible », affirme Martin Hirsch, ancien commissaire aux Solidarités actives contre la pauvreté[2] dans le premier gouvernement d'« ouverture » de Nicolas Sarkozy. Encore sur les bancs de l'école, la plupart des apprentis énarques pensent déjà au pantouflage dans le privé pour gagner le plus d'argent possible. De nombreux serviteurs de l'État n'ont pas résisté au mirage que leur fait miroiter le statut des patrons du CAC 40, avec leurs salaires, leurs stock-options, leurs retraites-chapeau. « Les revenus des patrons explosent de façon indécente au moment où la part du salaire ouvrier ne cesse de reculer. Le capitalisme a réinventé la lutte des classes à l'état nu, transformé les patrons en prédateurs de leur propre entreprise au profit de leur fortune indivi-

---

1. Auteur de l'ouvrage *Les Hauts Fonctionnaires, la Politique et l'Argent* (Albin Michel, 2006).
2. Voir l'excellent « Portrait de la nouvelle oligarchie » de Serge Raffy, dans *Le Nouvel Observateur*, 12 mai 2011.

duelle[1]. » Y a-t-il une grande différence entre le comportement des « oligos » – ces technocrates appartenant à la nouvelle oligarchie – qui se goinfrent, sinon immoralement, du moins légalement, parce qu'ils ont assez de poids pour que la loi soit taillée à leur mesure et leurs manips financières optimisées et validées, et le comportement des politiques et des fonctionnaires qui se servent illégalement grâce aux « coms » et aux « rétros »[2] ? Les dirigeants aux appointements indécents se servent de la Liberté pour piétiner les deux autres fondements de la République, l'Égalité et la Fraternité, et se mettent *de facto* en dehors de la communauté nationale.

Une oligarchie politico-financière affranchie des règles auxquelles se soumettent les citoyens « ordinaires » s'est constituée. Les gens qui la composent – hommes politiques, patrons du CAC 40, hauts fonctionnaires et certains intermédiaires – n'empruntent pas les transports en commun, mais voyagent en jet privé ou en ABS (avions utilisés par abus de biens sociaux). Une partie d'entre eux disposent de revenus qui proviennent directement de l'économie clandestine, constitués de rétrocommissions et/ou de financements occultes se traduisant en espèces sorties de valises ou en comptes installés dans des paradis fiscaux.

---

1. Éditorial de Jacques Julliard, précédemment cité.
2. L'occasion de solliciter ici saint Jérôme : « Tout homme riche est ou injuste dans sa personne, ou héritier de l'injustice et de l'iniquité d'autrui. »

Cette zone de non-droit – il faudrait plutôt parler d'une principauté de non-droit commun – dans laquelle ils vivent est protégée par le secret-défense. Le secret-défense constitue à la fois les douves, les remparts et les courtines de cette zone de non-droit, aux fins de résister aux coups de boutoir que cherchent à lui porter les juges, l'« ennemi ». Elle dispose d'une armée d'archers et d'arquebusiers, souvent regroupés dans des sociétés privées de renseignement – l'appellation officielle des officines – dirigées par d'anciens grands flics, des militaires retraités, d'ex-magistrats ou d'ex-agents secrets. Les ressortissants de cette principauté se méfient de plus en plus de Tracfin, la cellule française de lutte anti-blanchiment rattachée au ministère des Finances, qui dispose des hommes et des outils adaptés à la traque des nouvelles formes de criminalité financière. Comme dans les zones de non-droit de banlieue[1], ils ont leurs mœurs propres, leurs rites et leurs codes : ils aiment les restaurants et bars des grands hôtels, comme le *Ritz* et le *Bristol*, boivent volontiers du Pétrus ou du Château-Latour à plusieurs milliers d'euros la bouteille, paient en liquide avec de grosses coupures, n'ont aucune notion de l'argent. Ils évoluent sur une autre planète.

---

1. Certains responsables politiques chargés de faire disparaître les zones de non-droit dans les banlieues, prêts à utiliser le Kärcher pour les « nettoyer », sont ceux-là mêmes qui ont installé un périmètre de sécurité autour de la zone grise où les lois de la République ne s'appliqueraient pas.

La puissance d'Alexandre Djouhri ne découlerait-elle pas de son rôle de « facilitateur » du système ? L'homme ne contribue-t-il pas à rendre possible son fonctionnement ? Et, à force de rendre service et de connaître les secrets de la nomenklatura française, du statut de serviteur n'est-il pas passé à celui de grand baron de cette principauté de non-droit ?

3

« Je ne puis vous recommander que la plus grande prudence »

Il n'aime pas la lumière et le fait savoir à ceux qui voudraient braquer leur lampe sur lui. Il a de surcroît la menace facile.

En juillet 2010, alors que je commençais à m'intéresser à la figure d'Alexandre Djouhri, mais n'avais encore pris aucune décision sur le débouché éditorial de mes recherches, mes premiers interlocuteurs m'avertissaient du danger que l'on courait à s'intéresser à lui de trop près. L'un d'eux, un important « monsieur Afrique », m'a d'emblée raconté que, lorsqu'il l'avait connu dans les années 1990, Djouhri tenait à montrer qu'il disposait d'un pistolet dans sa boîte à gants et n'hésitait pas à s'en servir. La patronne de la société de communication Image 7, Anne Méaux, ne s'est-elle pas dite menacée, en novembre 2006, au pavillon Gabriel, à Paris, lors d'une réunion de la Fondation Euris, par un émissaire envoyé par Alexandre Djouhri ? Cet épisode désagréable ne l'a-t-il pas conduite à faire une « main courante » ?

Il ne m'avait pas échappé que Ziad Takieddine, un des concurrents de Djouhri, s'était livré dans *Le Journal du Dimanche*[1] et dans *Le Nouvel Observateur*[2] à des attaques graves, savamment relues par ses avocats[3], mais qui ne laissaient planer aucun doute sur la cible : l'homme d'affaires libanais faisait tout simplement état d'une tentative d'assassinat !

« En avril 2004, a raconté Takieddine, j'ai eu un accident de voiture très bizarre en rentrant de la plage à Moustique[4]. Je ne me souviens de rien, j'ai été dans le coma, donné pour mort. Depuis, on m'a montré une note des services de renseignement indiquant qu'on avait voulu m'assassiner. Cette note désigne les commanditaires. Aujourd'hui, en raison du contexte, j'ai demandé à mes avocats de porter plainte pour tentative d'assassinat[5]. J'ai également déposé un dossier en lieu sûr. J'irai jusqu'au bout. »

Ayant lu dans *L'Express*[6] que le « monsieur X » de Ziad Takieddine n'avait pas hésité à menacer Patrick

---

1. *Le Journal du Dimanche*, 30 mai 2010.
2. Interview « J'accuse les chiraquiens et Dominique de Villepin », *Le Nouvel Observateur*, 20 mais 2010, puis article sur le site du journal « Karachi : Ziad Takieddine attaque les chiraquiens », 30 mai 2010.
3. Attaques qui font néanmoins l'objet d'une plainte d'Alexandre Djouhri.
4. Île luxueuse des Petites-Antilles.
5. En dépit des propos qu'il avait tenus dans ce journal, Ziad Takieddine n'a en définitive pas déposé de plainte.
6. Article en date du 9 mars 2010.

Ouart, alors conseiller en matière de justice de Nicolas Sarkozy, je cherchai à rencontrer celui-ci en septembre 2010. Il me demanda un week-end pour réfléchir avant de me donner sa réponse. Finalement, il m'écrivit pour me signifier qu'une telle rencontre, qui l'amènerait immanquablement à évoquer des questions traitées à l'Élysée, serait contraire à l'idée qu'il se faisait de ses obligations de discrétion et de loyauté. Ce que j'admis volontiers. Toutefois, il me confirma « l'incident [l']ayant mis aux prises avec cet individu » et m'envoya l'attestation qu'il avait rédigée à la demande de *L'Express*, confirmant qu'en octobre 2009 deux personnes dignes de foi l'avaient avisé que M. Djouhri proférait à son encontre de vifs reproches et des menaces : lui, Patrick Ouart, aurait « fait perdre des milliards à la France » ; il serait « raciste », « afrikaaner et soutien de Savimbi[1] » ; et l'imprécateur aurait précisé enfin « qu'en l'état de son embonpoint, il serait difficile à rater » ! Propos qui auraient été

---

1. L'insulte – supposée telle – de « soutien de Savimbi » renvoie à la figure de Jonas Savimbi, tué en 2002, leader historique du mouvement nationaliste angolais Unita, opposé, dans les années 1990, du temps de la guerre civile, à José Eduardo Dos Santos du MPLA. Savimbi, soutenu par les Américains, n'a pas accepté la victoire électorale de Dos Santos en 1992 et a rompu la paix. Dans l'Angolagate, Pierre Falcone et Arcadi Gaydamak sont venus à l'aide de Dos Santos, contre Savimbi, sur lequel les Français misaient, pour qu'il parvienne à conquérir le pouvoir. Voir mon livre *Carnages* (2010), et plus loin dans l'ouvrage, chapitre 20, « Les coulisses de l'Angolagate », p. 412 et p. 417.

tenus notamment à l'occasion d'un déjeuner au restaurant du *Ritz* et semblent liés à l'attitude prêtée à Patrick Ouart dans le dossier dit de l'Angolagate. Yazid Sabeg, proche d'Alexandre Djouhri et commissaire à la Diversité et à l'Égalité des chances, est l'une des personnes dignes de foi qui ont acheminé les propos de Djouhri jusqu'à Patrick Ouart.

Le conseiller à la présidence de la République rend alors compte à Nicolas Sarkozy des menaces proférées à son encontre et brosse au Président un portrait plutôt sombre du personnage. « On a de quoi le mettre en prison », déclare notamment le conseiller « justice ». Au beau milieu de l'entretien, le Président fait venir Claude Guéant, alors secrétaire général de l'Élysée. Celui-ci, réputé proche de Djouhri, atténue les propos de Patrick Ouart, qu'il s'empresse de répercuter à son ami. Manifestement, le Président fait plus confiance à son secrétaire général qu'à son conseiller « justice » : le 30 novembre 2009, il est mis fin aux fonctions de Patrick Ouart. Quelques mois plus tard, l'ancien conseiller élyséen fait partie de la promotion de Pâques 2010 de la Légion d'honneur ; il demande au Président de lui remettre sa décoration. Nicolas Sarkozy accepte, une date est convenue. Quelques heures avant la cérémonie, Claude Guéant suggère au Président de reporter la cérémonie, laquelle est effectivement annulée. Furieux, Patrick Ouart trouve un professeur de droit pour lui remettre sa décoration le jour même !

Dans le courrier de réponse qu'il m'adresse, Patrick Ouart n'hésite pas à me mettre en garde : « Votre travail sur ce thème semble désormais connu. [...] Compte tenu des protagonistes en cause, de leur mentalité ou de leurs moyens, je ne puis que vous recommander la plus grande prudence. Leur système ne vaut que dans le secret, même si le principal intéressé est souvent ostensible, et vous le mettez en danger. »

Quelques jours plus tard, le 8 octobre 2010, je déjeune au restaurant *Le Divellec* avec un des personnages-clés de l'affaire Elf et l'un de ses avocats. Entre huîtres et homard, le premier rapporte quelques bribes d'un déjeuner qu'il a partagé, une quinzaine de jours plus tôt, avec Dominique de Villepin et Alexandre Djouhri. Après avoir évoqué la fascination du second pour le « Poète », l'animosité de ce dernier envers Bernadette Chirac, le vieux pétrolier me confie tout de go qu'Alexandre est au courant que je m'intéresse à lui, qu'il n'en est pas content du tout ; il proférerait à mon endroit de graves menaces. Je sens le vieux monsieur perturbé. Il voudrait que j'abandonne mon enquête. Dit qu'il n'y a rien de nouveau sous le soleil et que mes prétendues révélations n'en seront pas.

« Faites attention... Le Milieu algérien est beaucoup plus dangereux que le Milieu corse », conclut mon interlocuteur qui me semble dramatiser.

Au sortir de ce déjeuner troublant, je n'ai pas résisté à l'envie de téléphoner à Patrick Ouart, pour lui faire part de ce que je venais d'entendre :

« Bienvenue au club ! » me lance celui qu'on désignait comme le garde des Sceaux-bis, quand il était conseiller à l'Élysée, alors que Rachida Dati avait le maroquin de la Place Vendôme. Il profite de notre échange pour renouveler ses mises en garde.

Je décide finalement de demander rendez-vous à Frédéric Péchenard, directeur général de la Police nationale (DGPN), pour l'aviser de ces pratiques, qui ne devraient pas avoir cours dans une démocratie. Il m'écoute avec attention et se dit prêt à intervenir. Je l'en remercie, mais lui dis qu'en le rencontrant j'ai seulement souhaité qu'un haut fonctionnaire soit informé de la situation. Je ne lui demanderais un nouveau rendez-vous que si des menaces étaient réitérées, me bornant à imputer les premières au côté « méditerranéen » du personnage... Je sais que le DGPN a fait état de ma visite à Brice Hortefeux, et serais étonné que ce dernier n'en ait pas touché mot à son ami Nicolas.

Alors même que je n'étais pas encore sûr d'aller au bout de mon enquête et d'en tirer un livre, le petit monde qui gravite autour du pouvoir me suit pas à pas tout en me faisant savoir que ces pas-là sont risqués. Dès le début de septembre 2010, il commence à me revenir que l'« on sait au plus haut niveau de l'État ». Après diverses rumeurs dont je ne garde pas trace dans mes carnets, je commence à prendre des notes sur cet aspect de mon enquête, estimant qu'elles pourraient éventuellement nourrir un chapitre.

Le 15 septembre, je reçois un texto de la journaliste politique du *Monde* Raphaëlle Bacqué : « Quand parle-t-on de Guéant ? » Je l'appelle. Alain Minc lui a dit que je rédigeais une biographie du « Cardinal ». « Enfin ! » lui aurait-il dit. Ce « ripage », de monsieur Alexandre au secrétaire général de l'Élysée ne me surprend pas, puisque, à ce stade de ma pré-enquête, il semble déjà que l'un mènera à l'autre.

J'apprends ensuite que Pierre Charon, membre de l'équipe que Cécilia Sarkozy appelait la « Firme[1] », propage auprès de ses amis journalistes ce qui n'est encore qu'un bruit, moi-même n'ayant pas encore pris la décision définitive de faire de mon enquête le sujet de mon prochain livre. J'apprends, en outre, qu'Alain Bauer, ancien grand-maître du Grand-Orient de France, Xavier Raufer, célèbre criminologue, et Stéphane Fouks, le président de l'agence Euro RSCG, s'attachent à lui donner corps. Il se murmure que Bernard Squarcini, patron de la DCRI, se serait fait « remonter les bretelles » parce qu'un de ses adjoints m'aurait confié le dossier d'Alexandre. Ce qui n'est malheureusement pas le cas !

Mi-septembre, un fonctionnaire de la DCRI appelle une collaboratrice de ma maison d'édition, Fayard, pour connaître la date de parution de mon livre et, si possible, récupérer un jeu d'épreuves. Il appert que la panique est telle que ceux qui sont chargés d'enquêter sur mon enquête croient bel et bien en l'existence de

---

1. Cercle des plus proches conseillers et collaborateurs de Nicolas Sarkozy pendant la campagne présidentielle 2006-2007, qui comptait Franck Louvrier, Pierre Charon, Frédéric Lefebvre, Laurent Solly et Brice Hortefeux.

ce livre, dont la parution serait imminente ; il aurait pour titre *Guerres secrètes entre amis* et traiterait d'Alexandre Djouhri. De fait, j'ai un livre en préparation, dont le titre provisoire a bien été pendant plusieurs mois *Guerres secrètes entre amis*, mais c'est une grosse enquête de géopolitique africaine, les « amis » n'étant autres que les grandes puissances occidentales. La parution, initialement prévue pour la mi-octobre, a été repoussée au 10 novembre 2010... Le livre a pris pour titre définitif *Carnages* !

Le 28 septembre, en fin d'après-midi, je remonte à moto la rue de Clichy à Paris. Mon téléphone vibre dans ma poche. Exceptionnellement, je décide de m'arrêter et accepte la communication. Laurent Valdiguié m'annonce d'une voix rigolarde :

« C'est la panique à l'Élysée, à cause de ton livre dont on connaît le titre : *Monsieur Alexandre*, qui sort à la mi-octobre... »

Derechef j'explique, cette fois au rédacteur en chef du *JDD*, que je n'ai pas encore pris la décision d'en faire un livre, même si je m'intéresse en effet à Alexandre Djouhri...

Le même jour, j'apprends que, dans l'entourage de Jean-Louis Borloo, on est au courant de mon enquête ; on affirme même que l'Élysée dispose déjà des « bonnes feuilles » – des épreuves du livre ! Cette histoire de « bonnes feuilles » va d'ailleurs me revenir aux oreilles par de multiples canaux. Le 8 octobre 2010, « on » me laisse entendre que mon téléphone portable est écouté, sans me préciser depuis quand...

Je relève dans mes notes, à la date du 16 octobre, qu'un de mes amis, qui a reçu les confidences d'un proche de Djouhri, affirme que ce dernier lui a dit : « Péan a déjà écrit soixante pages. Il sait tout. »

Mardi 23 novembre, dans *Challenges*, Airy Routier, sous le titre « La DCRI suit de près l'enquête de Pierre Péan sur Alexandre Djouhri ? », écrit : « Alors que *Carnages*, son livre consacré aux luttes de pouvoir des grandes puissances en Afrique, arrive en librairie, le journaliste-enquêteur Pierre Péan en prépare un autre pour début 2011. L'enquête de Péan est suivie de près[1] par la Direction centrale du Renseignement intérieur (DCRI), en raison de possibles dégâts collatéraux dans les cercles du pouvoir. Ce livre sera en grande partie consacré à l'homme d'affaires, résident suisse, Alexandre Djouhri, qui a participé à plusieurs voyages présidentiels. Un homme de l'ombre ami à la fois de Claude Guéant, de Dominique de Villepin, d'Henri Proglio et de plusieurs hauts responsables de la Police. »

---

1. Dans un ouvrage fort instructif, *La Sagesse de l'espion* (Éditions L'Œil neuf, 2011), Alain Chouet, un des anciens patrons de la Direction générale de la sécurité extérieure (DGSE), n'hésite pas à écrire : « Toute information transmise par courrier, téléphone, radio, Internet ou même simplement murmurée dans une pièce close est susceptible d'être interceptée à l'insu de ses utilisateurs légitimes et déchiffrée si elle est cryptée. » Une parole d'expert ! « Notre pays, ajoute Chouet, reste la dernière grande démocratie à n'avoir pas institué un dispositif de contrôle parlementaire des services de renseignement. »

Début janvier 2011, un chef d'État africain m'envoie un émissaire pour me recommander de faire attention, car je suis surveillé jusque chez moi, en grande banlieue. Il en a été informé à un très haut niveau du pouvoir parisien.

Les rumeurs sur mon enquête ne se relâchent pas. Certaines font l'objet de quelques lignes dans les rubriques « Confidentiel » des journaux et hebdomadaires, d'autres font état du report de la parution par suite de pressions exercées sur mon éditeur ou sur le groupe Hachette...

« Est-il vrai que ton livre sort finalement le 6 juin ? me demandera le journaliste d'investigation de *L'Express*, Jean-Marie Pontault.

– Je ne vois pas encore les côtes de Normandie », lui répondrai-je.

Pierre Charon clame dans tout Paris que le chapitre 36 va être particulièrement saignant et qu'il est au courant de ce qu'il révèle, me confie Raphaëlle Bacqué par téléphone. Laquelle publie, le 26 avril 2011, sur un quart de page dans *Le Monde*, un article intitulé : « Un livre à paraître sur l'homme d'affaires Alexandre Djouhri agite le pouvoir ». La journaliste raconte l'incident qui est arrivé à *Paris-Match* quelques jours plus tôt, quand deux journalistes ont proposé d'évoquer le livre que je prépare : « En vingt-quatre heures, écrit Raphaëlle Bacqué, leur article a été purement et simplement annulé. En guise d'explication, il leur a été dit que Ramzi Khiroun, communicant venu d'Euro RSCG, conseiller de Dominique Strauss-Kahn, mais aussi porte-parole d'Arnaud Lagardère et membre du comité exécutif du groupe Lagardère dont la filiale, Hachette Filipacchi Médias, possède l'hebdomadaire, était intervenu pour empêcher la publication de l'article. » Et de souligner que « l'enquête que mène sur lui [Alexandre Djouhri] Pierre Péan alimente depuis des mois les conversations du CAC 40, des milieux du renseignement et des antichambres de l'Élysée. Car M. Djouhri est un homme riche, généreux, craint par bon nombre de rivaux. Il a de solides réseaux d'amitiés autant que d'obligés. À un an de l'élection présidentielle, c'est l'une des particularités de cette enquête que d'être suivie pas à pas ».

La journaliste du *Monde* raconte qu'elle a été contactée par Hervé Séveno, président d'I2F, une société d'intelligence économique, mais surtout en charge de la communication d'Alexandre Djouhri : « Il paraît que vous allez écrire sur le livre de Pierre Péan, lui a déclaré Hervé Séveno. Je ne laisserai pas le Tout-Paris s'agiter sur Alexandre ! » Et de poursuivre : « Ce livre n'a qu'un but : nuire, et nous savons bien par qui il est commandité. » La journaliste du *Monde* conclut : « Mais l'enquête autour d'Alexandre Djouhri qui symbolise les réseaux occultes du pouvoir est ardue et suscite les contre-feux. » « Je suppose qu'ils sont inquiets, car ils savent ce que je risque de découvrir... », est la phrase qu'elle a retenue pour la chute de son article.

Pour le compléter, Raphaëlle Bacqué aurait pu ajouter qu'il fut question de mon enquête le samedi

26 février 2011, lors de la préparation du remaniement gouvernemental, à la Lanterne. Nicolas Sarkozy est alors entouré de son carré de fidèles, dont Claude Guéant. Comme souvent, le Président se livre sans retenue. Obligé de constituer sa dixième équipe depuis son élection, il est amer de devoir procéder à son quatrième remaniement ministériel en un an. Les révélations sur les vacances de Michèle Alliot-Marie en Tunisie et la condamnation de Brice Hortefeux pour incitation à la haine raciale ont été du plus mauvais effet. Il n'a plus la main et semble débordé.

« Je suis Président, lâche-t-il. Je me suis déjà coupé le bras » [en lâchant Brice Hortefeux]...

Puis, à l'adresse de Claude Guéant, qui va perdre de son pouvoir en quittant le secrétariat général de l'Élysée, mais compensera cette perte par l'obtention du poste prestigieux de ministre de l'Intérieur :

« Le bouquin de Péan, ça ne va pas poser de problèmes ?... Ça ne va pas trop te gêner ? »

Blanc comme un navet, rapporte un témoin de la scène, celui qui est encore secrétaire général de l'Élysée regarde la pointe de ses chaussures.

4

Tout commence à Taïwan

Il n'y aurait pas eu d'affaire Clearstream sans *Révélation$*[1], le livre de Denis Robert, ni sans l'incroyable histoire des frégates de Taïwan. Il a fallu beaucoup de temps pour que soit reconnu le travail du journaliste indépendant sur le fonctionnement de la chambre de compensation luxembourgeoise utilisée comme « lessiveuse », quand le juge Van Ruymbeke était finalement contraint de jeter l'éponge au terme d'une longue enquête, débutée en 2001. L'ordonnance de non-lieu du juge d'instruction, rendue en octobre 2008, ne cache cependant pas son intime conviction sur la réalité des rétrocommissions. Notamment quand il évoque trois morts liées à l'affaire : le meurtre du capitaine Yin Ching-feng et les chutes « accidentelles » de Thierry Imbot et de Jacques Morrisson. Il n'était, semble-t-il, pas prudent d'en savoir long sur les rétrocommissions qui ont accompagné ce trop fameux contrat. La

---

[1]. Denis Robert et Ernest Backes, *Révélation$*, Les Arènes, février 2001.

« liste » des destinataires des rétrocommissions fut décidément lourde à porter...

Le 10 octobre 2000 à 23 h 30, un locataire du 18, rue Jean-Goujon, à Paris, trouve le corps de Thierry Imbot gisant au milieu de la cour de l'immeuble, le crâne à 4,95 mètres de la base du mur. Comment Thierry Imbot est-il mort ? Il a chuté par la fenêtre de son appartement de grand standing, dans lequel il venait d'emménager, au quatrième étage. La Brigade criminelle conclut qu'Imbot est tombé en fermant ses volets, basculant par-dessus la rambarde de fer forgé haute de 76 centimètres. Il faisait mauvais temps ce soir-là, le vent soufflait par rafales...

Thierry Imbot était un ancien officier de la DGSE, fils du général René Imbot qui avait été nommé patron de la DGSE par Laurent Fabius en septembre 1985, après l'affaire du *Rainbow Warrior*. Il était entré dans les services secrets après avoir étudié deux ans aux universités de Taipei et de Tinju, à Taïwan. Il s'était ensuite notamment occupé d'un camp d'entraînement du combattant afghan Massoud dans la région chinoise du Xinjiang. Maîtrisant parfaitement le chinois, il fut affecté plus tard à Pékin, puis à Washington où il fit la connaissance de Susan Toffler, productrice à CNN. En 1991, Imbot est renvoyé à Taïwan sous couverture de la Direction des relations économiques extérieures (DREE) du ministère des Finances. Il met alors le nez dans les deux gros contrats *Bravo* et *Tango,* et leurs dessous ; il connaît bientôt tout des commissions et rétrocommissions générées par la vente des frégates. En août 1991, le groupe Thomson-CSF, dirigé par Alain Gomez, et la Direction des chantiers navals signent un contrat de vente de six frégates avec une société taïwanaise de chantier naval pour 14,7 milliards de francs. Trois avenants au contrat, dont le dernier est signé en 1993, alors qu'Édouard Balladur est Premier ministre, portent le prix total à 16 milliards. Dans les termes du contrat connu sous le nom de *Bravo*, il est stipulé qu'aucune commission ne sera versée, sous peine d'annulation pure et simple du contrat. Le contrat *Tango* dispose, lui, la vente par la société Dassault d'avions de chasse Mirage à Taïwan.

Les fiançailles de Thierry Imbot avec une correspondante de la Maison-Blanche posent problème à la DGSE. Claude Silberzahn, patron de la DGSE jusqu'au printemps 1993, parle de « faille dans le comportement » et de « mise en vulnérabilité », pour justifier sa mise à l'écart des services secrets. « Silberzahn ment », dira de son côté le père de l'agent, René Imbot, un de ses prédécesseurs à la « Piscine », qui parle, lui, de « démission » de son fils.

Thierry Imbot refait alors sa vie professionnelle. Il monte deux sociétés de conseil à Washington, TDI China et Thompson Delstar, puis se lance dans des activités commerciales avec l'Afrique. Il conseille notamment l'homme d'affaires franco-libanais Pierre Falcone, futur personnage central dans l'affaire dite Angolagate qui éclatera en 2000. Cependant, il reste en contact avec la DGSE, où son officier traitant n'est autre que Gilbert Flam, un magistrat détaché au ministère de la Défense, qui a été un temps suspecté d'avoir participé à alimenter les soupçons contre Jacques Chirac en enquêtant lui-même sur les liens du Président avec un banquier nippon et sur son hypothétique compte japonais...

Le 10 juin 2002, dans le cabinet du juge Van Ruymbeke, René Imbot écarte l'hypothèse du suicide : son fils, dit-il, était heureux d'emménager dans le VIIIe arrondissement, d'autant que sa femme et son fils devaient l'y rejoindre. Susan Toffler était en effet censée quitter CNN pour travailler à Paris pour le *Herald Tribune*. L'ancien patron de la DGSE en est d'autant plus sûr que son fils lui avait téléphoné trois heures avant de « tomber » par la fenêtre : « Il était très content de son installation. Quelques jours avant, c'est-à-dire le vendredi, alors qu'il sortait de sa voiture rue Jean-Goujon, rue dans laquelle il devait emménager, il a, comme il nous l'a expliqué le week-end suivant [qu'il avait passé chez ses parents], été surpris de voir un véhicule débouler à toute allure et accrocher sa voiture. » Le conducteur lui aurait même fait signe de se taire.

Le général Imbot est convaincu que son fils a été assassiné. Il déclare au juge que la DGSE avait envoyé son fils à Taïwan pour se renseigner sur les ventes d'armes françaises. « Je savais qu'il savait tout et qu'il tenait la DGSE informée [...]. Il avait aussi des relations avec l'armée taïwanaise. Il m'avait parlé du capitaine de la Marine qui avait été assassiné à Taïwan, courant 1993, qu'il connaissait. Il connaissait Wang

[Andrew Wang, agent à Taïwan de Thomson-CSF, qui reçut 500 millions de dollars de commission] et le représentant de Thomson, M. Albessart[1]. » Au sujet des commissions, « il m'a seulement dit que des gens, à Taïwan et en France, au plus haut niveau chez Thomson [à la direction du groupe], avaient bâti des fortunes colossales à l'occasion de ces contrats [...]. Le mercredi, au lendemain de sa mort, mon fils avait rendez-vous avec un journaliste qui devait le rencontrer au sujet de toutes ces affaires de Taïwan [...]. Je peux vous dire que le rendez-vous avec le journaliste était important. Mon fils y attachait de l'importance : il me l'avait dit[2]. »

L'ancien patron de la DGSE se confia ensuite également à Jean-Louis Gergorin. Troublé par la publication d'une note déclassifiée de la DST dans laquelle il était écrit que son fils aurait pu participer à l'opération « Couper les ailes de l'oiseau[3] » – menée dans les années 1990 par Thomson contre le groupe de Jean-Luc Lagardère –, il téléphona, fin juin 2003, au

---

1. Ordonnance de non-lieu du juge Van Ruymbeke, déjà citée.
2. *Ibid.*
3. De 1992 à 1997, une rude compétition a opposé les deux groupes industriels Thomson et Matra-Lagardère, peu après le fiasco de la reprise de la chaîne de télévision française La Cinq et la fusion contestée de Matra et d'Hachette. Thomson, alors dirigé par Alain Gomez, aurait cherché à tirer profit de la situation difficile de son concurrent et à affaiblir plus encore le groupe Lagardère, avec la complicité d'un intermédiaire et avocat américain d'origine chinoise, William Lee : l'intérêt du groupe aurait été de couper

stratège d'EADS. Celui-ci lui répondit être convaincu de l'inexactitude de cette information et date fut prise pour un déjeuner en juillet : « Le général me dit avec gravité qu'il avait de forts soupçons sur la mort de son fils, se souvient Gergorin ; il venait de se réinstaller à Paris, adorait sa famille qui s'apprêtait à le rejoindre et était tout sauf suicidaire. Dès son retour de Washington, Thierry Imbot avait mentionné à ses parents que des journalistes cherchaient à le rencontrer pour l'interviewer sur les frégates de Taïwan dont il connaissait les tenants et aboutissants en raison de son passage à Taipei, en tant que représentant de la DGSE. Il déclara à ce propos à son père que des sommes considérables provenant des commissions liées à ce contrat avaient alimenté des comptes d'industriels et de politiques. Le jour de sa mort, il avait indiqué à sa mère qu'il devait rencontrer le lendemain ou surlendemain un de ces journalistes qu'il ne nomma pas. Je crois que le général mentionna un ou deux autres éléments crédibilisant la thèse de l'assassinat, et me dit que telle était son intime conviction, dont il avait fait part au juge Renaud Van Ruymbeke. »

Thierry Imbot se savait suivi. Il l'avait confié à un de ses amis, prévenant celui-ci qu'il voulait parler à la

---

Matra de plusieurs marchés d'armement avec Taïwan (frégates Lafayette, avions Mirage 2000, missiles), et surtout, à travers la fusion Matra-Hachette, de fragiliser le groupe Lagardère... Ce conflit larvé aurait pu résulter d'une opération supposée montée par la société Thomson, baptisée « Couper les ailes de l'oiseau », qui aurait visé à déstabiliser le groupe Lagardère-Matra.

presse. Il avait déjà eu rendez-vous avec un journaliste dans un café du haut de l'avenue de la Grande-Armée, mais, comme il avait repéré un individu qui le suivait, il lui avait fait signe qu'il lui téléphonerait pour convenir d'un autre rendez-vous. « Ils vont voir de quel bois je me chauffe », avait-il dit à son ami.

J'ai retrouvé le journaliste que Thierry Imbot devait rencontrer le lendemain de sa mort. Il préfère aujourd'hui encore garder l'anonymat. Il travaillait alors pour le *Figaro Magazine*. Il avait réussi à retrouver Thierry Imbot à Paris grâce à Susan Toffler. Et l'avait eu longuement au téléphone pour le convaincre de lui parler. De l'affaire des frégates de Taïwan, mais aussi de son rejet de la France et de son choix américain. Le journaliste est convaincu qu'il « travaillait » pour les Américains. Il savait qu'il naviguait depuis plusieurs années en eaux troubles et avait senti au téléphone un homme traqué. Ami du juge Jean-Pierre, qui connaissait lui aussi très bien le dossier des frégates de Taïwan[1], il pense que Thierry Imbot avait franchi le Rubicon et que sa mort relève du meurtre d'État : il connaissait trop de secrets et était trop lié à Washington. « Pourquoi son père, un ancien patron de la DGSE, ne s'est-il pas battu pour faire éclater la vérité ? Avait-il accepté la raison d'État[2] ? » conclut le journaliste qui parle avec difficulté de ce moment de sa vie.

---

1. Auteur de *Taïwan Connection. Scandales et meurtres au cœur de la République,* Robert Laffont, 2003.
2. Entretiens avec l'auteur, juin et juillet 2011.

Marcel Laurent, alors haut dignitaire de la Grande Loge nationale de France (GLNF), ami ou plutôt « frère » de Thierry Imbot, est lui aussi convaincu que celui-ci ne s'est pas suicidé. Il le connaissait depuis que l'agent de la DGSE avait été « initié », à la fin des années 1980, et le voyait à chacun de ses passages en France. Imbot l'entretenait beaucoup du bouddhisme et s'employait notamment à démystifier le Dalaï-Lama, dont il brossait un portrait bien différent de celui qu'en donnaient les journaux occidentaux. Devant le juge Van Ruymbeke, Marcel Laurent a raconté que, quelques jours avant sa mort, Thierry Imbot lui avait parlé de « grands voyous » au niveau de la direction du groupe Thomson, et de « milliards de bakchich » ; puis il lui avait dit : « Mon affaire va faire grand bruit ; ces salopards vont s'en souvenir, ça va être sur la place publique ! » Et le témoin d'ajouter : « Il me semble qu'il en voulait à l'Élysée de l'avoir lâché par rapport à ses affaires, en général. »

Que vient faire l'Élysée là-dedans ?

Thierry Imbot aurait travaillé officieusement pour Dominique de Villepin, qui était secrétaire général de l'Élysée depuis 1995, et aurait fait partie de ce qu'on a appelé son « cabinet noir[1] ». Il affirmait avoir eu un badge lui permettant d'entrer discrètement au Palais. Mais, alors que Villepin était à la manœuvre pour traquer les filières destinées à alimenter le trésor de

---

1. À de nombreuses reprises, Nicolas Sarkozy a affirmé avoir été victime d'un « cabinet noir » animé par Dominique de Villepin. Les

guerre balladurien, Thierry Imbot aurait été écarté et son badge désactivé : le secrétaire général n'aurait pas apprécié ses révélations sur les dessous de l'affaire des frégates, qui, selon lui, « n'étaient que fantasmes ». Malgré maintes tentatives, après cette entrevue, Imbot n'aurait jamais plus obtenu Villepin au téléphone.

C'est après cet incident avec Villepin que, toujours selon Thierry Imbot, d'après ses confidences faites à ses proches, ses ennuis auraient commencé. Il aurait d'abord fait l'objet d'une fouille au corps, à l'aéroport, alors qu'il repartait vers les États-Unis, puis de harcèlements administratifs – notamment de plusieurs contrôles fiscaux. Selon ses frères de la GLNF, Thierry Imbot leur aurait confié qu'il croyait qu'on en voulait à sa peau, et que le groupe Thomson ne pouvait pas être étranger à la traque dont il se sentait victime.

Christine Deviers-Joncour fut également en contact avec Thierry Imbot. C'est elle qui demanda à lui parler, parce qu'elle « savait des choses ». Mise en examen par la juge Eva Joly dans l'affaire Elf, elle bataille pour que la juge lie celle-ci avec l'affaire des frégates. Le 12 février 2000, elle écrivit d'ailleurs à Élisabeth Guigou, ministre de la Justice, pour lui demander de corriger ce qui lui semblait être un scandale : « Je suis

---

gazettes l'ont également évoqué. Par « cabinet noir », il faut entendre le recours, pour des missions officieuses, si ce n'est clandestines, à des personnes qui ne font pas partie du personnel officiel de l'Élysée, en premier lieu à des officines.

surprise de constater que, depuis le début de l'affaire Elf, aucun magistrat français n'a ouvert le dossier concernant la vente des frégates à Taïwan. Il est de notoriété publique que plusieurs milliards de francs ont été détournés à la faveur des commissions versées sur ce marché, et sont revenus en grande partie en France de manière frauduleuse [...]. Monsieur Yin Ching-feng, officier de la marine taïwanaise, a été sauvagement assassiné, en décembre 1993, quelques jours après s'être rendu en France et avoir émis des critiques sur la conclusion du marché. [...] La France semble toutefois avoir refusé le visa d'entrée sur notre territoire aux membres de la commission d'enquête taïwanaise qui a été chargée de ces faits, ce qui me paraît particulièrement étrange. »

Bien informée sur ce dossier et convaincue que beaucoup d'hommes politiques de gauche et de droite avaient « touché », Christine Deviers-Joncour s'est démenée avec une farouche énergie pour que soit ouvert ce dossier explosif, et qu'elle ne reste pas seule à assumer le rôle de bouc émissaire. Elle se sent alors traquée. Quand elle rencontre Thierry Imbot pour lui parler de la « liste[1] » d'une quinzaine de noms de responsables politiques français qu'elle estime impliqués

---

1. Christine Deviers-Joncour affirme que Roland Dumas lui a dit que Michel Charasse détenait un exemplaire de la liste, qu'il avait enterré dans son jardin. Roland Dumas m'a affirmé ne pas connaître cette liste, mais m'a confirmé que Michel Charasse la possédait.

dans l'affaire, elle s'aperçoit qu'elle n'a rien à apprendre à l'ex-agent de la DGSE. Il en sait même plus long qu'elle. « Il y a eu d'énormes rétrocommissions sur la France[1] », lui confirme-t-il.

Thierry Imbot conseille à la « putain de la République[2] » de quitter la France pour ne pas risquer d'être broyée. Il lui propose également de monter avec elle un coup destiné à modifier le rapport de force avec Philippe Jaffré, qui est à l'origine de la plainte contre elle. Jaffré avait succédé en 1993 à Loïk Le Floch-Prigent à la présidence d'Elf; c'était Édouard Balladur, Premier ministre, qui l'avait nommé. Imbot évoque une opération qui pourrait être montée avec CNN, grâce à la collaboration de sa femme Susan Toffler, proche de Bill Clinton[3]. « Thierry m'a dit que Clinton lui avait demandé d'enquêter sur le point de savoir si les fonds de pension américains, qui avaient pris la majorité dans le capital de Total-Elf-Fina[4], étaient liés aux Républicains, comme il le pressentait... Thierry était en train d'effectuer ce travail... Il m'a proposé de venir parler d'Elf sur CNN, Susan y étant à l'époque rédacteur en chef. J'ai compris que ma mission consistait à "dessouder" la compagnie

---

1. Instruction sur les frégates, D 3 106.

2. Christine Deviers-Joncour, *La Putain de la République*, Calmann-Lévy, 2000.

3. Bill Clinton avait même proposé à Susan Toffler d'être son porte-parole.

4. C'est en 2000 que la compagnie Total, qui avait déjà absorbé Petrofina l'année précédente, rachète Elf.

[pétrolière]. Mais nous ne sommes pas allés plus loin. Je ne sais pas ce qu'il attendait précisément de moi. Je suis restée sur la réserve. Il a senti mes inquiétudes, que j'avais peur, il faut bien le dire. Il est évident que Thierry travaillait pour la CIA. Il me l'a carrément avoué en me disant que la France l'avait trop déçu[1] ! »

Quelques mois plus tard, Christine Deviers-Joncour essaiera de reprendre contact avec Thierry Imbot, sans succès. Peu après sa mort, elle n'a pas été surprise quand Marcel Laurent l'a appelée pour lui dire : « Ils l'ont tué. »

Alexandre Adler, autre ami d'Imbot, doute que l'ex-agent ait été victime d'un accident. Il donne une version des faits qui semble inspiré d'un roman de John Le Carré. Il raconte au *Point* que des sources internes aux milieux du renseignement de Chine populaire lui ont parlé d'un assassinat « avec main-d'œuvre chinoise et commandite française[2] ». Imbot lui avait raconté qu'il connaissait l'identité d'un gangster de la pègre chinoise surnommé le « loup blanc », qui avait assassiné le capitaine taïwanais Yin Ching-feng, premier des cadavres dans l'affaire des frégates. Devant le juge Van Ruymbeke, la veuve de celui-ci déclara que son mari avait commencé d'avoir peur sitôt après son voyage en France : « Il a constaté qu'on le suivait. Il craignait tous les jours pour sa vie, il se sentait en

---

1. Entretien avec l'auteur, le 28 avril 2011.
2. Cité par Christophe Deloire, « Les morts mystérieuses », *Le Point*, 11 octobre 2002.

danger et c'est peu de temps après qu'il a été assassiné […]. Mon mari m'a dit que c'était à cause de l'affaire des frégates qu'il avait peur. »

Est-ce aussi le « loup blanc » qui a assassiné Jacques Morrisson, le 18 mai 2001, dans des conditions similaires à celles qui ont entouré la mort de Thierry Imbot ? L'homme a été retrouvé dans la cour de l'immeuble de Neuilly où il résidait après avoir fait une chute du cinquième étage, alors qu'il habitait au second. Ancien cadre de Thales (nouveau nom du groupe Thomson-CSF), il avait séjourné à Taïwan pendant plusieurs années ; ayant assisté aux négociations depuis le début, il était chargé de suivre le bon déroulement de la livraison des frégates. Depuis son retour de Taïwan, il était rongé d'inquiétude. Sa concubine a précisé qu'« il était le dernier survivant de l'équipe de ceux qui avaient participé aux tractations dans l'affaire de Taïwan[1] ».

Joël Bucher a eu plus de chance, puisqu'il n'a finalement connu que des problèmes de boulot ! Et pourtant lui aussi en sait, des choses ! Le 22 mars 2001, devant Arnaud Montebourg, rapporteur de la mission d'information parlementaire sur la délinquance financière et le blanchiment des capitaux, l'ancien directeur général adjoint de la Société Générale à Taipei démonte le système des commissions et rétrocommissions générées par la vente des frégates à Taïwan.

---

1. D 1326, dans l'ordonnance de non-lieu statuant sur l'affaire des frégates.

Bucher s'occupait en particulier de promouvoir les sociétés françaises installées sur l'île, notamment Air Liquide, Airbus, Matra, Alstom... Il était à Taipei en juin 1991, au moment de la finalisation de ce contrat de près de 15 milliards de francs, qui générera une commission de 2,5 milliards de francs versés sur des comptes ouverts à la Société Générale.

« En théorie, il s'agit là d'une commission, explique Bucher devant Montebourg. C'est-à-dire que Thomson, pour vendre ses frégates, se dit – ce qui est courant – : "J'ai des frais et je dois par ailleurs payer des Taïwanais pour les convaincre d'acheter les frégates." Le groupe déclare l'argent à Bercy, mais Thomson n'a pas alors suffisamment de trésorerie pour verser de telles commissions [...]. Le groupe est donc incapable d'avancer ces 2,5 milliards de francs qu'il doit théoriquement payer aux Taïwanais. Cependant, Mme Cresson [qui, le 15 mai 1991, vient d'être nommée Premier ministre par François Mitterrand] donne son aval au contrat des frégates en juin 1991, à condition que Taïwan verse 40 % d'acompte à la commande. En conséquence, au mois d'août, le contrat est signé après que l'a été la lettre d'intentions. Au moment de la signature du contrat, des documents bancaires sont émis et Taïwan verse 4 milliards de francs. Sur cette somme, 2,5 milliards devraient normalement être retournés aux Taïwanais, conformément à la déclaration faite aux douanes et à la CIEEMG [Commission interministérielle pour l'étude des exportations de matériel de guerre]. Or, il n'y a jamais eu 2,5 milliards de francs versés aux Taïwanais. Pourquoi ? Parce qu'à Taïwan – chose que l'on sait peu en France et je pense que Thomson l'ignorait ou n'en a pas pris conscience – il est impossible de verser des devises, en raison d'un contrôle des changes qui s'exerce, si je puis dire, à l'envers. Alors que, le plus souvent, le contrôle des changes évite aux devises de sortir, dans ce cas, comme le pays est un pays fort, où l'on spécule beaucoup, il bloque l'entrée des devises et impose un contrat commercial. Ainsi que j'ai pu le constater, les Taïwanais ont donc calculé que les déclarations de devises qui ont été faites à Taïwan ne dépassaient pas les 800 millions de francs, la différence constituant ce que l'on appelle des "rétrocommissions". »

ARNAUD MONTEBOURG le relance : « Cet argent [c'est-à-dire 1,7 milliard de francs], où l'avez-vous vu partir ?

JOËL BUCHER : – Partout !

ARNAUD MONTEBOURG : – Que savez-vous de précis ?

JOËL BUCHER : – Je sais, d'après mes collègues, que trois banques ont reçu de l'argent de Taïwan en francs français – la BNP, la Société Générale et le Crédit Lyonnais – et qu'elles ont rétrocédé en Europe et en Afrique du Sud la différence entre ces 2,5 milliards de francs et les 800 millions de francs. Cet argent est parti dans tous les systèmes que vous pouvez imaginer.

ARNAUD MONTEBOURG : – C'est-à-dire ?

Joël Bucher : – Une bonne partie de l'argent est partie au Luxembourg sur des comptes que nous avions ouverts depuis longtemps. *Ce sont 600 comptes qui ont été ouverts depuis mon départ.* [...] »

Joël Bucher explique donc que la Société Générale à Taïwan a fait ouvrir des comptes qui servaient de réceptacle à l'argent des rétrocommissions, que l'essentiel de ces comptes a été ouvert dans des succursales, partout dans le monde et notamment au Luxembourg, et qu'il conseillait aux expatriés et à ceux qui recevaient des commissions d'ouvrir des comptes à la Sogenal-Luxembourg et d'y verser, après utilisation d'un écran, les sommes. Une banque offshore échappant à toute réglementation, qu'il avait créée à Taipei, servait d'écran.

Arnaud Montebourg : « Vous avez fait transiter de l'argent de ces rétrocommissions par cette banque offshore ?

Joël Bucher : – Bien sûr, elle servait à cela ! »

Et de préciser un peu plus tard les dérives d'un tel système : « Aujourd'hui, ce ne sont pas les produits qui constituent le moteur de nos exportations, mais les montants des rétrocommissions. Vous m'entendez bien ? Je vous le prouve quand vous voudrez ! »

Montebourg demande alors à Bucher s'il connaissait les noms des destinataires finaux des rétrocommissions.

Joël Bucher : « C'est très difficile et je vais vous dire pourquoi : on ne connaît jamais le destinataire final. Les directeurs financiers des grandes entreprises font des Swifts[1]. Vous faites cinq Swifts dans la journée, ça fait cinq écrans. Si nous prenons le destinataire des fonds, par exemple à Monaco, où énormément d'argent est parti...

ARNAUD MONTEBOURG : – Vous connaissez les comptes qui ont été ouverts ? Quand on ouvre un compte, on en connaît le récipiendaire...

JOËL BUCHER : – Non, parce qu'on n'ouvre pas le compte final, mais le compte du *nominee* [prête-nom] ou de l'intermédiaire financier. À Monaco, les banques reçoivent un transfert de Luxembourg en ignorant qu'il vient de Taipei, même si tout s'est fait dans la même journée. Le directeur financier de Thomson a un téléphone : dans la même journée, il va passer cinq ordres Swift de transfert. N'oubliez pas qu'en Asie il n'y a pas de date de valeur[2] et qu'on a sept heures d'avance, ce qui donne largement le temps à quiconque est courageux d'appeler Tokyo, Taipei, Hong Kong, ce qui, au petit matin, laisse le temps au

---

1. Il s'agit d'un type de virement bancaire organisé au sein d'un réseau de banques adhérentes à la société SWIFT (Society for Worldwide Interbank Financial Telecommunication) qui assure une rapidité de transmission et d'exécution presque immédiate des ordres.

2. Les rélevés de compte font généralement apparaître deux dates, une date d'opération (à laquelle l'ordre d'effectuer une opération a été donné) et une date de valeur (à laquelle l'opération est prise en compte). Les dates de valeur sont des commissions déguisées, puisque dans les faits, les opérations interbancaires sont effectives sans délai.

Luxembourg d'opérer un transfert à Monaco qui ne peut pas savoir que c'est Taïwan qui a payé. Croyez-moi, le travail du banquier consiste à dresser des écrans ! »

5

Et si le Corbeau était un pigeon...

Personnage hors du commun, gendre d'un ancien directeur de cabinet de Jacques Chirac[1], il est passé en moins de deux ans du statut d'escroc emprisonné à la Santé à celui d'indicateur des Renseignements généraux, puis à celui d'honorable correspondant de la DGSE, avant de devenir le chasseur patenté d'Oussama Ben Laden, si apprécié par le grand coordonnateur des services secrets français qu'il sera « prêté » à la CIA, avec l'accord de Jacques Chirac et de George W. Bush... tout en continuant à abreuver le directeur stratégique d'EADS Jean-Louis Gergorin et le général Rondot en centaines de noms de présumés corrompus. Avec la bénédiction de Michèle Alliot-Marie, de Dominique de Villepin et *in fine* de Chirac. De qui s'agit-il ? D'Imad Lahoud, le personnage-clé de l'affaire Clearstream II[2].

---

1. Imad Lahoud a épousé Anne-Gabrielle Heilbronner, fille de François Heilbronner qui fut directeur adjoint et directeur du cabinet du Premier ministre Jacques Chirac en 1975-1976, puis en 1986.

2. Affaire dite Clearstream II, pour la distinguer de la première affaire et du premier procès fait par la chambre de compensation

En plein affrontement entre chiraquiens et sarkozystes, c'est lui qui pose la « bombe » qui aurait dû faire exploser Nicolas Sarkozy en pleine ascension politique ; c'est lui qui fait figurer son nom d'origine hongroise dans les listings ; c'est lui qui est le pivot de la manipulation, lui qui est lié aux deux clans et embrouille tout un chacun par ses rencontres conspiratives avec de vrais agents secrets, des représentants d'officines diverses et même, à l'en croire, avec... Alexandre Djouhri.

Imad Lahoud est doué d'une intelligence brillante, qui lui a permis de développer une capacité à mentir et à séduire hors du commun, mais qui semble impuissante à satisfaire son besoin infini de reconnaissance intellectuelle et sociale, qu'il quémande en permanence tout en étant prêt à la perdre quand elle arrive enfin, par goût du jeu et de la manipulation. Sa bosse des mathématiques, qui lui a permis d'obtenir, la quarantaine passée, l'agrégation avec autant de facilité qu'un permis de conduire, est peut-être à l'origine de sa fascination pour l'application de la théorie du chaos aux cercles du pouvoir.

Né dans une famille maronite du Liban, filleul de Johnny Abdo, ex-patron des services secrets de son

---

luxembourgeoise Clearstream à Denis Robert, après la publication de son livre *Révélation$* en 2001: Denis Robert, avec un ancien cadre de Clearstream, Ernest Backes, a démontré que la banque ne faisait pas seulement de la compensation entre banques, mais servait aussi de lessiveuse à des flux d'argent sale en ce qu'elle masquait leur provenance.

pays natal, son père ayant été lui-même un officier de ces services, il a deux frères, Walid et Marwan. Le premier, ex-représentant d'Areva au Koweït, est, comme lui, un familier des prétoires. Le second poursuit une brillante carrière dans le groupe EADS, après avoir été à vingt-neuf ans le très proche conseiller industriel de Charles Millon, ministre de la Défense (1995-1997).

Marié avec Anne-Gabrielle Heilbronner, inspecteur des finances, à l'abri de la réputation de son beau-père, ancien président du GAN, Imad Lahoud crée en 1998 un fonds spéculatif, Volter, qui lève 42 millions de dollars auprès de grandes institutions financières. Deux ans plus tard, tout cet argent s'est volatilisé. Une instruction judiciaire a été ouverte en septembre 2000, pour un procès qui n'aura lieu qu'à l'automne 2011. Imad Lahoud se démène beaucoup pour se prémunir contre les conséquences de la faillite de Volter. Il annonce à ses proches que, « brûlé » sur la place de Paris, il compte se refaire dans le renseignement. Dans le même temps, il crée une société de sponsoring de golf dont la débâcle lui vaudra en 2006 et 2008 deux condamnations, respectivement pour escroquerie et pour abus de biens sociaux.

À partir de décembre 2000, il fréquente le journaliste d'investigation Éric Merlen, confident de la commissaire des RG Brigitte Henri, et l'abreuve d'informations sur les réseaux financiers d'Al-Qaida. Dans les carnets d'Yves Bertrand, à la date du 8 mai 2001, la mention qu'« IL » – c'est-à-dire Imad Lahoud –

pourrait travailler contre Lionel Jospin est le signe d'une possible connexion, dès cette époque, entre Lahoud et le patron de la Direction centrale des Renseignements généraux (DCRG).

Le 21 juin 2002, Lahoud est mis en examen pour escroquerie et incarcéré à la prison de la Santé, où il restera jusqu'au 7 octobre. Au début de sa détention, il fait la connaissance d'Ely Calil, un richissime homme d'affaires britannique d'origine libanaise, notamment actif dans les affaires pétrolières au Nigeria, qui passe quelques jours en prison, en marge de l'instruction du dossier Elf[1]. « IL » lui confie qu'il travaille pour un service de renseignement français sur les financements d'Al-Qaida et compte se venger d'avoir été « lâché » sur Volter. Sa cible : les chiraquiens. Son arme : utiliser les listings de Clearstream dont il décrit le mécanisme, et y ajouter des noms[2].

Deux jours après la fin de son incarcération, Lahoud prend contact avec Jean-Claude Herbin, un commandant de la police judiciaire, pour lui faire part des menaces dont il a été l'objet en prison par des membres du GIA, puis par des Corses qui lui demandent de « renvoyer l'ascenseur ». Le policier l'adresse au commandant François Casanova, de la DCRG.

---

1. Au sortir de ces quelques jours de détention, aucune charge n'est retenue contre Ely Calil.

2. Lettre d'Ely Calil envoyée au président de la 11ᵉ chambre correctionnelle du tribunal de Paris, Dominique Pauthe, et lue à l'audience du 12 octobre 2009.

Celui-ci est un fidèle collaborateur de Bernard Squarcini, qui le considère même comme son « meilleur chien de chasse », spécialisé dans l'infiltration. Ancien de la Brigade de répression du banditisme, il s'est spécialisé ensuite dans le terrorisme corse et les réseaux islamistes[1]. Il jouera un rôle essentiel dans la capture d'Yvan Colonna en juillet 2004... Après avoir fait parler Imad Lahoud, Casanova conclut que ses renseignements sur le GIA n'ont aucun intérêt. Toutefois, il noue une relation étroite avec lui, après l'avoir protégé de la vindicte du milieu corse. Ce faisant, il fait d'Imad Lahoud un obligé : non seulement les deux hommes vont dès lors se rencontrer souvent, mais Imad Lahoud va devoir rendre compte à son protecteur de tous ses faits et gestes. Casanova est le « traitant » de Lahoud. Ce qui signifie que Bernard Squarcini, alors numéro 2 de la DCRG, a sûrement été informé par Casanova du recrutement de cette source et qu'il aurait dû recevoir l'intégralité des informations recueillies par son « chien de chasse » – ce qui n'a, semble-t-il, pas été le cas si l'on en croit Bernard Squarcini[2]. Il s'agit là d'un des mystères cruciaux de l'affaire Clearstream.

Quasi simultanément, une autre rencontre se révèle décisive pour Imad Lahoud. À l'initiative et en pré-

---

1. Ariane Chemin, « Un flic mort en emportant tous ses secrets », *Le Monde*, 21 juin 2011.
2. Dans son audition par la Division nationale des investigations financières (DNIF) le 5 juin 2007.

sence de son frère Marwan, il fait la connaissance, au lendemain de sa libération de prison, de Jean-Louis Gergorin, le patron et l'ami de Marwan à EADS. Imad lui demande de le mettre en rapport avec les services de renseignement français : il souhaite se « réhabiliter » en leur communiquant des informations sur les réseaux financiers d'Oussama Ben Laden (OBL). Le 15 janvier 2003, Imad Lahoud se retrouve assis en face du général Rondot : c'est la première fois qu'il rencontre l'hyper-boss du renseignement français. Pas plus tard que deux jours après cette entrevue, celui-ci l'invite à dîner au restaurant chez *Tante Marguerite* avec le général Champtiaux et Alain Juillet, respectivement numéros deux et trois de la DGSE. Lahoud leur affirme avoir rencontré par trois fois Oussama Ben Laden et pouvoir fournir de précieux renseignements sur ses réseaux de financement.

Enthousiaste, Rondot écrit le 20 janvier 2003 à Michèle Alliot-Marie, ministre de la Défense, que le dîner chez *Tante Marguerite* a convaincu les représentants de la DGSE et lui-même : « Nous avons devant nous non seulement une source d'une qualité exceptionnelle, s'agissant de la connaissance du système OBL [Oussama Ben Laden], mais également un expert de très haut niveau, susceptible d'analyser, voire de pénétrer ce monde de la haute finance. »

Imad Lahoud devient officiellement le grand espion de la République, sous le nom de code « Madhi » pour le général Rondot et « Typhose » pour la DGSE, ainsi que sous celui d'Amira pour la DST. Il conservera ce statut de « source d'une qualité exceptionnelle » jusqu'en septembre 2004. Il est d'abord traité par « Antoine », de la DGSE, tout en gardant un contact direct avec Rondot, qui encourage Gergorin à le revoir et à lui signer un contrat de consultant à EADS. Tout en étant également un indic de la Direction centrale des Renseignements généraux ! Il n'a pas mentionné à Antoine sa relation avec François Casanova, mais Antoine de la DGSE a compris, dès sa première entrevue, qu'il a un contact à la DCRG parce que Lahoud n'a pu s'empêcher de faire référence à des « blancs » dont il a eu connaissance[1] !

Cette pénétration d'Imad Lahoud au cœur de l'appareil d'État a été rendue possible par une première intoxication majeure. Il a bâti une fable complexe autour de prétendues relations directes entre Oussama Ben Laden et sa famille, en faisant intervenir dans son récit de multiples personnages, dont le vice-Premier ministre libanais, le milliardaire Issam Farès, qu'il présente comme le trésorier occulte du chef d'Al-Qaida[2]. Un point de situation de l'opération « Madhi », en date du 11 avril 2003, montre bien qu'Imad

---

1. Compte rendu d'entrevue du 24 février 2003 (D707).

2. Les services secrets français ne détecteront pas qu'Imad Lahoud avait un différend commercial avec le fils Farès. À cet égard, on peut relever que, en décembre 2001, le journaliste Éric Merlen, renseigné par Imad Lahoud, a publié un entrefilet dans *Le Vrai Papier journal* de Karl Zéro évoquant les liens financiers entre la famille Farès et Al-Qaida.

Lahoud est complètement protégé par le pouvoir, en dépit de sa « personnalité étrange », malgré « l'apparition, dans nos recherches, de personnalités françaises [gravitant autour de lui], dont certaines auraient été proches du président de la République », sans compter l'implication d'un « certain nombre de personnes du monde politique et des affaires ». À la question posée par Philippe Marland, le directeur de cabinet du ministre de la Défense : « Ne faudrait-il pas informer le président de la République ? », Michèle Alliot-Marie répond : « Pas dans l'immédiat, mais certainement le moment venu. »

Après différentes tentatives avortées de récupération de documents au Liban et un conflit sur la double commande d'Imad Lahoud par la DGSE et par le général Rondot, MAM prend le parti que ce dernier le traite seul, ce qui est contraire à toutes les règles du renseignement et ne s'explique que par l'importance démesurée accordée à l'individu. Lequel est par ailleurs couvert pour aller, à son initiative, fin février 2003, récupérer les listings Clearstream des mains du journaliste Denis Robert : en juillet 2003, Rondot fait avaliser par la ministre de la Défense l'extension de la mission d'Imad Lahoud à la surveillance des « réseaux financiers internationaux opaques »...

Pour comprendre la nature de la relation qui s'est nouée entre un Imad Lahoud légitimé par les plus hautes autorités de l'État et Jean-Louis Gergorin, il faut, à ce stade, introduire le décès survenu le 14 mars

2003 de l'industriel Jean-Luc Lagardère. Sa disparition provoque chez Jean-Louis Gergorin un traumatisme qui ne va pas manquer d'être exploité par Imad Lahoud. Le patron du groupe Lagardère est en effet décédé dans des conditions qui amènent le parquet à ouvrir, à la demande de la famille, une enquête sur les causes de sa mort soudaine, une semaine après une opération bénigne. Pour sa part, Gergorin, qui vouait une admiration sans bornes à son patron et qui est très bouleversé, ne croit pas à une mort naturelle. Il a sa petite idée sur les causes de celle-ci. Fin mars, il fait le rapprochement entre deux informations : il découvre que les laboratoires militaires soviétiques savaient provoquer artificiellement la maladie auto-immune très rare qui a emporté Lagardère. Or, il a été informé, en décembre 2002, par un correspondant habituel de la DST, que d'anciens agents des services secrets de l'Est ont fomenté des actions contre EADS et Lagardère.

Dès avril 2003, Jean-Louis Gergorin fait part au général Rondot, à la DGSE et à la DST de ses soupçons concernant l'implication de réseaux russes dans la mort de Jean-Luc Lagardère. Gergorin veut alors aller au-delà de simples soupçons. Fin avril 2003, il convie à déjeuner Imad Lahoud, devenu consultant au sein de son équipe, qu'il connaît peu mais dont son ami Philippe Rondot lui a dit le plus grand bien. Il lui expose ses inquiétudes sur les risques de déstabilisation du groupe et lui demande si, en tant qu'ancien trader qui travaille désormais dans le renseignement financier, il pourrait déterminer s'il y a eu des anomalies dans les opérations touchant les titres Lagardère au cours des semaines et mois qui ont précédé la disparition du dirigeant. Imad Lahoud déclare qu'il est à même de mener cette investigation. Pendant tout le mois de mai, il distille ainsi à Jean-Louis Gergorin des informations de plus en plus précises sur d'importantes acquisitions de titres opérées fin 2002, début 2003, au profit de bénéficiaires difficiles à identifier.

Le 16 mai 2003, Imad Lahoud expose en détail à « Antoine », son officier traitant de la DGSE, la requête de Gergorin. Dans son compte rendu du 3 juin classé « confidentiel défense », Antoine s'étale longuement sur les trouvailles de Lahoud. Typhose – le nom de code d'Imad Lahoud – a constaté, explique-t-il, que le volume des transactions sur le titre avait doublé depuis la mort de Lagardère. Il en tire la conclusion que « cela rendrait les circonstances du décès troubles », avant de « révéler » à Antoine que, « à l'occasion de ses recherches, il a découvert les références de comptes bancaires en Suisse de messieurs Alain Gomez (ex-P-DG de Thomson-CSF) et Pierre Martinez (ancien directeur de la sécurité du même groupe), mais que, pressé par Gergorin, il s'est refusé à lui communiquer ces éléments[1] ». Pourtant, début juin, Imad Lahoud « révèle » à Gergorin qu'il a réussi, grâce à deux sources bancaires, l'une à la banque Julius Baër de Genève, l'autre du côté de Clearstream,

---

1. Compte rendu d'Antoine du 3 juin 2003.

lui ayant facilité un accès informatique, à identifier les comptes ouverts chez Clearstream, *via* des banques colombienne, espagnole et suisse, qui sont à l'origine des acquisitions de titres Lagardère et dont les trois bénéficiaires économiques ne sauraient être autres qu'Alain Gomez, Pierre Martinez et Philippe Delmas, le vice-président d'Airbus.

En diseur de bonne aventure avisé, Imad Lahoud, consultant d'EADS depuis le 1er mars et observateur attentif de toutes les affaires politico-financières (dont le frère travaille de façon intime avec Jean-Louis Gergorin depuis 1998), a parfaitement analysé la personnalité de Gergorin et perçu le trouble et la fragilité dans lesquels la mort de son patron a plongé celui-ci. À la fois par la presse et par les confidences de Gergorin lui-même, il connaît évidemment le mélange d'animosité et d'anxiété qu'il nourrit toujours envers les deux anciens patrons de Thomson, qui avaient voulu déstabiliser le groupe Matra-Lagardère une dizaine d'années plus tôt[1]. Il sait également les très mauvaises relations qu'entretiennent Jean-Louis Gergorin et Philippe Delmas depuis 1999. Il lui est dès lors facile d'imaginer ce qui va se passer dans la tête de Jean-Louis Gergorin : Jean-Luc Lagardère pourrait avoir été victime d'un complot fomenté par ses vieux ennemis...

Imad Lahoud continue à distiller ingénieusement des informations orales ou manuscrites de plus en plus

---

1. Allusion à la supposée opération « Couper les ailes de l'oiseau », voir chapitre 4, « Tout commence à Taïwan », p. 67.

précises sur un prétendu réseau occulte de comptes Clearstream dont Alain Gomez paraît être l'épicentre et qui comprend à la fois un certain nombre de mafieux russes ou assimilés, et des responsables industriels français. Gergorin est particulièrement impressionné, fin juillet, par la révélation qu'il lui fait : il y aurait eu d'importants transferts financiers entre Gomez et des mafieux russes survenus en décembre 2002 et janvier 2003, soit deux mois avant la brutale disparition de Jean-Luc Lagardère. Devant cette abondance d'informations, qui lui semblent corroborer ses suspicions sur la mort de Lagardère, le sens critique du vice-président d'EADS est complètement émoussé. D'autant que, dans le même temps, son ami Rondot lui montre l'annotation de la ministre de la Défense approuvant les missions confiées à Lahoud et son rattachement direct au coordinateur du renseignement et des opérations spéciales, c'est-à-dire à lui, Rondot. Gergorin est piégé : il est dans l'incapacité mentale d'émettre l'hypothèse d'une manipulation.

Simultanément, Imad Lahoud peaufine son système en faisant son marché d'informations auprès de Denis Robert, qui ne peut imaginer un instant l'utilisation qui sera faite de ses fichiers, et auprès de Florian Bourges, ex-auditeur à Clearstream qui lui a été présenté par le journaliste. Se disant mandaté par la DGSE, Imad Lahoud convainc ce dernier de lui laisser copier sur une clé USB plusieurs dizaines de milliers de transactions Clearstream datant des années 2000-2001. Fin septembre, ayant ainsi affiné sa connaissance de Clearstream, Imad Lahoud fait croire à Jean-Louis Gergorin qu'il a réussi à s'introduire par hacking dans le système informatique de Clearstream et à importer les données des transactions qu'il lui avait montrées sous forme manuscrite au début de l'été.

Le 1er octobre, bluffé mais aussi inquiet du système de corruption révélé par Lahoud, Gergorin saisit le général Rondot afin que celui-ci fasse vérifier ces informations, grâce à l'accès qu'il a à la DGSE ou à Tracfin. Avec l'accord de Michèle Alliot-Marie, Rondot décide d'ouvrir l'enquête qu'il lui réclame sur les personnels de la Défense. Le général est dès lors focalisé sur ce qui lui apparaît comme des informations graves et importantes, concernant l'affaire des frégates de Taïwan et le problème des rétrocommissions en France. Le 30 octobre, il en entretient longuement Philippe Marland, le directeur de cabinet de MAM. Il détaille l'aspect financier du contrat *Bravo* et indique, à propos des rétrocommissions, que le ministère des Finances dispose de la liste des bénéficiaires puisque c'était encore à l'époque une procédure régulière. Il évoque également les décès liés à l'affaire des frégates, mais donne l'impression de ne pas considérer comme suspectes les morts survenues en France, y compris pour ce qui concerne celle du fils du général Imbot.

À ce stade du récit, il n'est probablement pas inintéressant de souligner qu'Yves Bertrand, patron de la Direction centrale des Renseignements généraux

(DCRG), confie à ses carnets – qui ne sont pas forcément paroles d'évangile – son vif intérêt pour des « réseaux tangentiels » de corruption. Sous cette rubrique, il inscrit notamment les noms de Roland Dumas et de Pierre Martinez, d'Henri Proglio, ami de jeunesse de DSK, et ceux d'anciens de la MNEF[1], ainsi que celui d'Anne Sinclair, qui aurait des liens supposés avec Elf International...

Le 5 novembre 2003, Imad Lahoud transmet une liste de près de 200 comptes, soit à Clearstream, soit dans des banques suisses et offshore ayant une dizaine de sociétés et une soixantaine de personnes physiques comme ayants droit, dont quatre personnalités politiques françaises : Dominique Strauss-Kahn, Jean-Pierre Chevènement, Dominique Baudis et Alain Madelin. Cet « annuaire » regroupe l'ensemble des comptes connectés au réseau occulte qu'il attribue à Alain Gomez. Il saute aux yeux qu'une partie de cet « annuaire » de prétendus « corrompus » s'articule aux noms cités dans les principales « affaires » de corruption qui ont récemment secoué la République : en premier lieu, celle dite des frégates de Taïwan, initiée par Alain Gomez, président de Thomson, alors que Jean-

---

1. Allusion à l'affaire qui touche en 1998 les anciens dirigeants de la mutuelle étudiante, de longue date recrutés parmi les anciens du syndicat UNEF-ID passés au Parti socialiste. La gestion de la mutuelle, des plus opaque, faite de montages financiers sophistiqués critiqués par la Cour des comptes, a longtemps permis des emplois et missions fictifs, ainsi que de l'abus de bien social. Voir chapitre 8, « De l'existence des réseaux tangentiels », p. 155.

Pierre Chevènement était ministre de la Défense et Dominique Strauss-Kahn, ministre de l'Industrie. La présence de l'intermédiaire du contrat des frégates Wang Chuan Poo, avec pas moins de huit comptes distincts, vise évidemment à placer les commissions de ce contrat au cœur du système financier suggéré. Les noms de Pierre Falcone, Arcadi Gaydamak, Jean-Charles Marchiani et Pierre Pasqua renvoient à l'affaire de l'Angolagate. L'affaire Elf est, elle, suggérée par le nom de Nadhmi Auchi, homme d'affaires britannique qui a fait fortune dans les contrats pétroliers, et par la localisation luxembourgeoise d'une partie de ses activités. La présence dans l'« annuaire » d'Alain Chouet et de Gilbert Flam, deux ex-hauts cadres de la DGSE, a pour objet d'insérer l'affaire dite du compte japonais de Jacques Chirac. Celle des noms de trois oligarques russes bien connus, Abramovitch, Khodorkovski et Deripaska, crédibilise et étaie la « piste russe » de Jean-Louis Gergorin, de même que l'insertion des noms des mafieux Viktor Averin, Eduard Ivankov, Djalol Khaïdarov, Sergueï Mikhaïlov, Lev Tchernoï et Alimjan Tokhtakhounov.

Le 6 novembre, devant l'ampleur des « révélations » de Lahoud, Rondot se demande à qui il pourrait en parler au sein de l'appareil d'État. À Dominique de Villepin ? À Michèle Alliot-Marie ? Au président de la République ? Huit jours plus tard, il évoque devant le ministre de la Défense, « avec précaution », la possibilité de rédiger une note d'information pour le chef de l'État. Le 25 novembre, Imad Lahoud lui donnant de nouveaux noms, il se pose la double question de la « véracité des documents fournis » et des « objectifs recherchés par Madhi »... Lors de la première instance du procès Clearstream, il apparaîtra qu'une bonne partie des noms inscrits dans les listings, dont certains protagonistes jamais médiatisés de l'Angolagate, figurait dans les carnets d'Yves Bertrand ou dans plusieurs blancs de la DCRG, voire dans les uns et les autres.

À la fin décembre 2003, Jean-Louis Gergorin est convaincu de l'authenticité des listings Clearstream. Conforté par le grand crédit qu'il lui accorde, et grâce à son incroyable force de persuasion, Imad Lahoud a fait tomber toutes ses défenses. Gergorin voit de la cohérence dans le magma de données communiquées par celui qui est devenu son ami. Mais, dans un ultime éclair de lucidité, Gergorin sait que ces listings ne peuvent en aucun cas servir de preuves tant qu'une confirmation indépendante ne viendra pas les authentifier. Seule la direction technique de la DGSE est, selon lui, à même d'apporter cette confirmation. D'où sa frustration devant le refus du général Rondot de saisir la DGSE pour vérifier la réalité du hacking de Clearstream par Imad Lahoud. Jean-Louis Gergorin décide, le Premier de l'an 2004, de diriger ses pas vers le Quai d'Orsay pour y rencontrer son vieil ami Dominique de Villepin.

6

La communion politique sous les espèces sonnantes et trébuchantes

Il était une fois les enveloppes, puis les valises ; il y a maintenant les virements sur des comptes offshore aux îles Caïmans ou ailleurs, sans que pour autant s'arrête la circulation de mallettes bourrées d'espèces... Le financement occulte des partis, mais aussi bien des hommes politiques, est une vieille histoire, difficile à raconter pour de multiples raisons. D'abord parce que la remise d'espèces ne laisse pas de traces, et c'est d'ailleurs bien pour cette raison qu'elle est utilisée de préférence au virement bancaire ou au chèque. En général, les porteurs de mallettes ne sont guère loquaces, si bien que celui qui entend rapporter des témoignages à ce sujet doit mesurer les risques judiciaires qu'il prend avant de les publier.

Hier, ce financement était plus ou moins toléré : les juges fermaient les yeux. Depuis la fin des années 1980, la loi a de plus en plus encadré le financement de la vie politique, et les magistrats se sont précipités dans les brèches ainsi ouvertes par les nombreuses effractions nouvelles. Le Parti socialiste, avec l'affaire Urba, fut le premier à essuyer les plâtres. L'affaire des HLM de Paris impliqua bientôt la mairie de Paris et le RPR... Durant deux décennies, la justice s'est employée à débusquer les financements illicites qui non seulement ne se sont pas taris, mais ont emprunté des chemins de plus en plus ingénieux, tordus et dissimulés. Au point que ces pratiques délimitent de fait une zone de non-droit où, cette fois, n'évolue pas la *racaille* de banlieue, mais l'élite politique et économique du pays. Celle-ci perdurera tant que la justice n'aura pas de prise sur elle ; tant qu'il n'y aura pas de volonté politique, tant que les juges seront rendus impuissants par l'absence d'harmonisation des législations, ne serait-ce qu'au niveau européen, et que les commissions rogatoires internationales seront lentes et entravées. Là, les zonards d'un type spécial, que l'on pourrait dire doré, n'appréhendent pas la vie quotidienne comme la majorité des Français : ils vivent sur un train de vie extravagant, paient le plus souvent avec des billets verts, mais aussi avec des mauves[1].

Il existe en France des circuits d'argent noir que la justice, le fisc ou Tracfin débusquent rarement. Alors

---

1. La très grande majorité des billets de 500 euros utilisés en France sortent de circuits de blanchiment. Pour cette raison, l'ancien président de la commission des finances de l'Assemblée nationale – aujourd'hui Premier président de la Cour des comptes –, Didier Migaud, a préconisé qu'ils soient retirés de la circulation, comme cela a été fait au Royaume-Uni.

que tout achat en liquide ne doit pas excéder les 3 000 euros, des hommes politiques manient quantité de gros billets. Pour étayer cette allégation, quelques images diffusées par la presse auront marqué les esprits : Jean-Claude Méry, de la fameuse « cassette », ancien collecteur de fonds du RPR, raconte avoir remis une mallette de cinq millions de francs en liquide à l'hôtel Matignon entre 1986 et 1988, dans le bureau de Michel Roussin, alors directeur de cabinet de Jacques Chirac, « en [sa] présence » ; quelque dix millions de francs en espèces sont déposés par une collaboratrice de Roland Dumas à l'agence Maubert-Mutualité du Crédit Lyonnais[1] ; le Parti républicain dépose cinq millions de francs en liquide à la banque Fondo[2]. Un ancien Premier ministre me raconte comment un ancien ministre de la Santé a reçu douze millions de francs en liquide pour favoriser la mise sur le marché d'un médicament antimigraineux[3].

---

1. À la suite d'une perquisition menée en 1998 dans le cadre de l'affaire Elf, à l'agence Maubert du Crédit Lyonnais, à Paris, il est apparu que Roland Dumas avait reçu, pour la période 1991-1996, près de 9,6 millions de francs en espèces. Roland Dumas affirme qu'il a vendu une œuvre d'art et des lingots d'or, provenant d'un héritage.
2. En 1996, l'ancien juge d'instruction Thierry Jean-Pierre, devenu trésorier du Parti républicain (rebaptisé alors Démocratie libérale), découvre que le siège parisien du parti a été acquis grâce à un prêt contracté auprès d'une banque italienne, Fondo, qui a ensuite cédé sa créance à une mystérieuse société britannique, qui l'a cédée à une société-écran. Un circuit qui aboutit au paradis fiscal de l'île de Man.
3. Entretien avec l'auteur, le 15 juin 2009.

Les balladuriens disposaient en mai 1995, après le premier tour de l'élection présidentielle, de beaucoup d'espèces, si l'on en croit les informations fournies par les nombreuses fuites issues de plusieurs instructions judiciaires, notamment celle sur l'affaire de l'attentat de Karachi. Sous les auspices et sur la recommandation de son président Roland Dumas, le Conseil constitutionnel avalisa les comptes de campagne d'Édouard Balladur, en particulier les 10,25 millions de francs en grosses coupures y figurant. Interrogé le 28 avril 2010 par une mission d'information parlementaire sur ces espèces, l'ancien Premier ministre a affirmé avoir collecté ces fonds auprès des militants « lors de centaines de meetings[1] ». L'explication n'est pas retenue par les enquêteurs travaillant sur l'affaire Karachi : « On peut conclure que ce versement d'espèces de 10,25 millions de francs ne correspond à aucune recette provenant de collectes publicitaires, de **remboursements** de frais ou de dons de particuliers, et par conséquent que cette somme n'est pas justifiable sur le plan comptable. »

Les enquêteurs de la Division nationale des investigations financières (DNIF) ont calculé que ce sont en réalité 20 millions de francs qui ont alimenté la campagne en espèces. Plusieurs témoins, interrogés par la

---

1. Gérard Davet et Fabrice Lhomme, « Affaire Karachi : plus de 20 millions de francs suspects pour la campagne de Balladur en 1995 », *Le Monde*, 30 juin 2011.

DNIF, ont évoqué la possibilité que ces espèces proviennent des fonds secrets de Matignon[1].

Jean-François Probst, permanent au mouvement gaulliste pendant une trentaine d'années, raconte avec truculence quelques scènes au cours desquelles les billets de 500 francs jouent un rôle de premier plan. À propos de Louise-Yvonne Casetta, il parle du chapeau trop large que l'on a fait porter devant la justice à la collaboratrice de Michel Roussin : « Elle a fait le job qu'on lui demandait de faire : gérer le coffre-fort. Et comme dit Armelle Laumond – l'épouse du chauffeur de Chirac – avec précision, certains soirs il fallait donner des coups de pied dans le placard pour bien le fermer parce que les liasses de billets de 500 francs étaient trop volumineuses[2]. »

Pendant l'affaire Bettencourt, au cours de l'été 2010, j'ai eu le sentiment que non seulement le temps s'était arrêté, mais que les aiguilles de l'horloge politique avaient tourné à l'envers. Claire Thibout, la comptable de la famille Bettencourt remerciée en 2008, n'avait-elle pas remis au goût du jour la pratique des enveloppes en papier kraft ? Elle déclara à Mediapart[3] se souvenir d'un « vrai défilé d'hommes politiques dans la maison, [qui] venaient surtout au moment des élections. "Dédé" arrosait large. Chacun

---

1. *Ibid.*
2. Jean-François Probst, *Chirac, mon ami de trente ans,* Denoël, 2007.
3. Le 6 juillet 2010.

venait toucher son enveloppe. Certaines atteignaient même parfois 100 000, voire 200 000 euros ». Ses déclarations concernaient notamment les campagnes de 2002 et 2007. Sans trop solliciter sa mémoire, elle citait également les noms de Nicolas Sarkozy, d'Édouard Balladur, de Bernard Kouchner, entre autres, qui s'empressèrent tous de démentir en qualifiant ces déclarations d'« absurdes ». Claire Thibout atténuait elle-même ses déclarations devant les enquêteurs.

Ce chapitre devrait d'ailleurs être rangé tout entier au rayon des invraisemblances, puisque la pratique de l'enveloppe ou de la mallette constitue une infraction et qu'elle est censée ne pas exister. Au citoyen-lecteur de faire la part entre des affirmations généralement sans preuves et les démentis, souvent outragés par l'éventualité même de la suspicion, de ceux qu'elles visent. À lui, en son for intérieur, de se faire une intime conviction. Pourtant, ces quelques éléments font apparaître en creux une structure, ses possibilités infinies, à laquelle seule l'imagination met une limite ; une structure qui a assurément évolué, mais qui repose sur une réalité ancienne, désormais connue...

Très jeune, j'ai été confronté à l'irrépressible fringale de certains politiques pour les espèces. En 1960, je suis attaché de cabinet d'Henri Rochereau, ministre de l'Agriculture (du 28 mai 1959 au 24 août 1961) dans le gouvernement de Michel Debré. À mon arrivée, le chef de cabinet m'expose les conditions inhérentes à ce poste : je suis embauché à mi-temps, mais je serai payé sur la base d'un plein temps ; à charge pour moi de venir le voir au début de chaque mois pour lui remettre en mains propres la moitié de mon salaire en liquide. J'osai lui demander ce qui allait se passer avec le fisc. « Ne vous inquiétez pas, on s'arrangera », me fut-il répondu.

Tous les mois, je me rendais donc dans un bureau situé dans les murs de l'hôtel de Villeroy pour verser les 600 francs indus. Je crois me rappeler que nous étions une cinquantaine ayant le même statut, approvisionnant ainsi mensuellement la « caisse noire » du ministre, dont la recette devait approcher les 30 000 francs de l'époque, soit quelque 46 000 euros d'aujourd'hui... Sans enquêter, en laissant seulement traîner mes oreilles, j'en ai entendu beaucoup sur la circulation de l'argent noir dans les cabinets. Quelques bénéficiaires m'avaient même fait des confidences. Rétrospectivement, les pratiques les plus extravagantes me semblent avoir été celles de Matignon, mais aussi de Rivoli – quand le ministère des Finances n'était pas encore installé à Bercy –, où les membres du cabinet, censés pourtant veiller à l'égalité de tous devant l'impôt, une des bases de la bonne démocratie, et donc de sanctionner ceux qui, utilisant notamment des espèces, omettent de déclarer tous leurs revenus, touchaient eux-mêmes chaque mois de grosses enveloppes de *black*, exemptées évidemment de tout impôt. Combien de ministres n'ai-je pas vus changer de train de vie, surtout d'appartement ou de maison, quand leurs émoluments, ou éventuellement la fortune de leur épouse, ne pouvaient expliquer une telle transformation ? En tout cas, tous n'avaient pas eu la chance d'hériter d'un oncle d'Amérique !

L'existence des fonds secrets a longtemps été une explication pratique quand un membre d'une équipe ministérielle ou élyséenne se retrouvait acculé par la justice à justifier de grosses sommes d'argent liquide. Exemple : les 5 millions en liquide versés, en juin 1996, par Renaud Donnedieu de Vabres, fidèle bras droit de François Léotard, à la banque Fondo. En échange de ce dépôt, ladite banque a accordé au Parti républicain un prêt – officiel, cette fois, mais qui n'avait pas vocation à être remboursé – du même montant. Léotard et Donnedieu ne n'ont pas nié les faits, parfaitement établis, mais se sont insurgés contre leur qualification pénale, affirmant qu'il n'y avait pas eu blanchiment d'argent sale et que ces 5 millions étaient un reliquat des fonds spéciaux du gouvernement Balladur dont Léotard était ministre de la Défense. L'État ne saurait être une source illégale, ont-il soutenu pour leur défense, et de s'abriter derrière la loi de 1946 qui institutionnalisa cette distribution budgétaire occulte[1]. Et quand Jacques Chirac fut attaqué pour avoir payé en liquide des billets d'avion utilisés par les membres de sa famille, son avocat évoqua le recours aux fonds spéciaux... Cette origine est

---

1. Les deux relaxés ont été néanmoins condamnés le 16 février 2004 pour blanchiment d'argent, car l'« opération de conversion » des fonds illicites est « parfaitement avérée ».

invérifiable, par nature. On peut mettre au crédit des uns que c'est en effet parfois la vraie source de ce financement. Un ancien Premier ministre, toujours vivant, s'est ainsi retrouvé, en quittant Matignon, avec des liasses de billets de 500 francs pour un montant correspondant à environ 4 millions d'euros. Que faire d'une pareille somme en liquide ? Une filiale de la Compagnie générale des Eaux résolut son problème. Elle a blanchi cet argent sur la base suivante : 40 francs blanchis en montages divers pour 100 francs remis. C'était « tout bénef » pour la société, qui avait besoin d'espèces pour arroser les élus locaux...

Jusqu'en 2001, date à laquelle le Premier ministre Lionel Jospin met fin aux fonds spéciaux en faisant voter la nouvelle loi organique relative aux lois de finances (LOLF), il existait en effet une tradition non écrite qui voulait que les Premiers ministres emportent avec eux, à leur départ de Matignon, le reliquat des fonds secrets – une pratique également vraie pour les titulaires de ministères bénéficiant de tels fonds. Jacques Chirac, qui a fait deux passages à Matignon, n'a-t-il pas en partant emporté lesdits fonds secrets ? Son chauffeur l'a en tout cas raconté, en précisant même qu'il lui avait fallu, en 1988, remplir deux sacs de sport[1].

Il me revient une petite scène datant de la fin des années 1970, dans le bureau de Marcel Dassault, entre l'avionneur et le général Gallois, un de ses prin-

---

1. Jean-Claude Laumond, *Vingt-cinq ans avec lui. Le chauffeur de Chirac parle,* Ramsay, 2001.

cipaux collaborateurs. Il y est question de l'argent versé par Dassault aux partis politiques et principalement au RPR[1].

« Monsieur le Président, il faut mettre fin à cette hémorragie d'argent ! dit Gallois.

– Mais, mon cher Gallois, vous n'avez rien compris : je finance la démocratie, je finance tous les partis, il le faut ! Et puis, nous vendons beaucoup à l'exportation, et c'est l'étranger qui finance les campagnes politiques. Il suffit de majorer un peu les prix de vente à l'exportation. »

On ne parlait pas encore de rétrocommissions !

Marcel Dassault et Pierre de Bénouville, le Fouché de l'avionneur, préparaient eux-mêmes les enveloppes de papier kraft qu'ils plaçaient dans un grand coffre appelé le « Frigidaire », en attendant la visite des hommes politiques ; ceux-ci défilaient au siège du groupe, au rond-point des Champs-Élysées. Provocateur facétieux, Marcel Dassault n'hésitait pas à dire à Philippe Bouvard, qui l'interrogeait pour *Paris-Match*[2] : « J'ai subventionné le RPR, c'est une de mes danseuses. »

Avant 1988, en dehors de la prise en charge de l'impression des bulletins de vote et des affiches officielles, l'État ne versait pas un centime aux partis pour leurs campagnes. Le financement ressortissait à la

---

1. *Marcel Dassault ou les Ailes du pouvoir*, 2003, livre de Guy Vadepied en collaboration avec l'auteur.
2. En date du 15 février 1980.

débrouille et à de petites ou grandes magouilles. Ce système avantageait les partis au pouvoir, surtout le parti gaulliste. Après mars 1988, la loi « relative à la transparence financière de la vie politique » encadre le financement de la vie politique par un régime juridique beaucoup plus strict. Des obligations de transparence sont imposées aux partis et aux candidats : afin d'éviter les financements occultes, les membres du gouvernement doivent désormais adresser à la Commission pour la transparence financière de la vie politique, nouvellement créée, une déclaration de situation patrimoniale, et des crédits budgétaires sont alloués aux partis en fonction de leurs résultats électoraux et de leur représentation à l'Assemblée nationale. Alors qu'il était de notoriété publique que le RPR avait organisé le meilleur et le plus juteux système occulte, c'est le PS qui est pris dans les turbulences du premier grand scandale : l'affaire Urba.

La loi de 1988 fait l'objet de plusieurs modifications censées réduire à néant les anciennes pratiques. En janvier 1990, les dépenses électorales sont plafonnées. En janvier 1995, tout financement provenant de personnes morales (entreprises et fondations) est interdit. Les dépenses électorales sont remboursées aux candidats à partir d'un certain seuil. Pour le scrutin présidentiel, le candidat doit atteindre 5 % des suffrages exprimés pour que les frais de sa campagne soient remboursés à son parti. Non seulement les dépenses sont plafonnées, mais elles doivent toutes être justifiées. L'argent public ne sert pas seulement au remboursement des campagnes, il finance également les formations politiques au prorata du nombre de suffrages qu'elles ont recueillis aux législatives et de leur nombre de parlementaires. En 2008, l'État a ainsi versé 73 millions d'euros, dont près de 35 millions à l'UMP et près de 24 millions au PS. L'aide publique est attribuée après examen des comptes des partis par la Commission nationale des comptes de campagne et des financements politiques (CNCCFP). Les particuliers peuvent faire des dons aux partis de leur choix dans la limite de 7 500 euros par an et par personne. En période de campagne, le plafond est abaissé à 4 600 euros.

Pour contourner ces limitations tout en restant dans la légalité, les politiques ont eu l'idée de multiplier les formations : ils ont créé de nombreux « partis satellites ». De 28 partis enregistrés en 1990, le nombre est passé à 255 en 2004 – ce sont les chiffres de la CNCCFP. Dans la loi, rien n'interdit à ces petits partis – surnommés les « partis de poche » au moment de l'affaire Bettencourt – de reverser ensuite ce qu'ils touchent à un plus grand.

Et puis, il y a le financement illégal et occulte, qui provient des activités diverses prospérant dans la principauté de non-droit, en cette zone trouble où se rejoignent les intérêts industriels, politiques et de l'État. Quelques « affaires », notamment celle des frégates de Taïwan et l'affaire Elf, ont permis dans les années 1990 de lever un coin du voile sur ces pratiques. L'instruction de l'affaire de Karachi, qui s'accélère depuis 2010, permet de les actualiser, en particulier concernant la campagne présidentielle de 1995. Ce qui a été aperçu par le grand public a évité à ceux qui tentaient de pénétrer les arcanes de la principauté de non-droit de passer pour des mythomanes.

Feu Alfred Sirven a été, en tant que numéro deux du groupe Elf, l'un des dignitaires de cette principauté, lui qui a arrosé tellement de monde, politiques de tous bords, hauts fonctionnaires, policiers, syndicalistes, cadres d'entreprise ! « Je les tiens tous. J'ai de quoi faire sauter vingt fois la République », s'est-il exclamé un jour. Les journalistes Gilles Gaetner et Jean-Marie Pontaut en ont fait un « Méphistophélès des temps modernes » dans *L'Homme qui en sait trop*, sous-titré « Alfred Sirven et les milliards de l'affaire Elf[1] ». Peu après sa sortie de prison, Sirven est mort sans parler, en 2005.

Christine Deviers-Joncour, qui le connaissait bien et s'est trouvée en situation d'en savoir long, à la fois sur l'affaire des frégates et celle d'Elf, avait décidé de livrer quelques précieux renseignements après avoir payé d'une peine d'emprisonnement son passage dans ce monde. La lecture d'*Opération Bravo*[2] révèle la gravité et l'étendue du cancer de la corruption au sein de l'*establishment* français. Ceux qui pensaient que ces

---

1. *L'Homme qui en sait trop. Alfred Sirven et les milliards de l'affaire Elf*, Grasset, 2000.
2. *Opération Bravo. Où sont passées les commissions de la vente des frégates à Taïwan ?* Plon, 2000.

pratiques répréhensibles étaient le fait de la seule droite ont été obligés de déchanter. Les histoires qu'elle rapporte se déroulent surtout au début des années 1990, en un temps où François Mitterrand, à l'Élysée, avait connaissance de ce qui se passait dans les deux affaires, ainsi que l'a notamment confirmé Loïk Le Floch-Prigent, président d'Elf de 1989 à 1993. Dans son livre, Deviers-Joncour raconte que Sirven pestait souvent contre les politiques de tous bords, en particulier contre ceux de gauche, qu'il trouvait « un peu trop boulimiques. Les longues années qu'ils avaient passées dans l'opposition, à voir les gâteaux défiler, le nez écrasé sur la vitre, sans être jamais conviés au festin, ne justifiaient pas, aux yeux d'Alfred, qu'ils se comportent en loups faméliques et malappris. [...] Alfred préférait le cynisme de la droite. Ceux-là, au moins, savaient laper discrètement leur pitance, sans la gourmandise insupportable des parvenus et sans la prétention de vouloir donner des leçons de maintien aux autres ». À l'en croire, toute la classe politique était donc concernée : gauche, droite, centre, extrêmes, que Sirven servait au prorata de leur audience électorale. « Avec l'impartialité d'un vrai professionnel, il "encourageait" la vie politique nationale », écrit la « putain de la République ».

Elle raconte qu'en septembre 1990 quatre députés socialistes (trois liés à la mutuelle étudiante, la MNEF, – Jean-Marie Le Guen, Jean-Christophe Cambadélis, Julien Dray – et Patrick Sève) firent le déplacement en procession au siège social d'Elf pour proposer leur aide aux négociations en cours – celles du contrat sur les frégates. Les quatre représentants du peuple feront le voyage à Taipei en ce même mois de septembre[1]. Plus tard, ils s'en défendirent. « Et, en octobre 1991, une association culturelle France-Taïwan vit le jour au moment même où Thomson commençait à distribuer les bons points. France-Taïwan fut un temps hébergée dans des locaux que la MNEF venait d'acquérir, puis dans les locaux d'un grand ami de Le Guen : Pierre Moscovici, à l'époque trésorier du Parti socialiste et, par la suite, ministre des Affaires européennes [...]. Tous ces gens se bousculèrent pour retrouver Alain Gomez au pince-fesses organisé par l'ambassade officieuse de Taïwan[2] à Paris à l'occasion de la signature du contrat *Bravo*[3]... » Dans son ordonnance de non-lieu concernant l'affaire des frégates, le juge Van Ruymbeke se contente de citer l'association et d'écrire que « les investigations ont montré l'existence de liens entre cette association et une société, Euroconsultants et associés, laquelle a reçu de Thomson 138 000 euros sur un compte ouvert à Singapour. Les autorités de Singapour ont

---

1. Karl Laske et Armelle Thoraval, « Taïwan, ses frégates, sa vue sur la MNEF. Où des acteurs de l'affaire Elf croisent ceux de la mutuelle », *Libération*, 5 novembre 1999.
2. En fait, il s'agit du bureau de la représentation de Taïwan en France, la République de Chine (Taïwan) n'ayant pas été officiellement reconnue par la France.
3. Christine Deviers-Joncour, *Opération Bravo, ibid.*

refusé d'exécuter la commission rogatoire internationale relative à ce compte ».

Dans son livre, Christine Deviers-Joncour décrit une scène qui se situe au début des années 1990 et s'est reproduite de nombreuses fois depuis, sous tous les gouvernements français, de droite comme de gauche. Une Jeep, avec à son bord trois Blancs en short kaki et verres fumés sur le nez, suivie par une Mercedes gris acier à l'arrière de laquelle sont installés deux Blancs, fonce sur le boulevard triomphal Omar-Bongo-Ondimba, bordé d'immeubles modernes : celui du ministère du Pétrole, du Sénat, de l'Assemblée nationale et de l'hôtel de ville. Les véhicules tournent à droite vers la voie Georges-Pompidou, qui borde le front de mer. Direction l'« Aviation », comme on dit à Libreville pour désigner l'aérogare, jusqu'à la piste. Le convoi s'arrête à la coupée d'un avion blanc marqué « République française » : « Le chauffeur se précipite pour ouvrir le coffre. Les deux hommes [ceux de la Mercedes] le rejoignent. Il y a trois grosses valises en toile et cuir brun. Et aussi une mallette, dont se contente l'homme le plus âgé [...]. À l'arrivée, à Villacoublay, il n'y a pas de formalités, pas de police ni de douane. Juste deux voitures attendent. L'une prendra les valises pour aller les porter en lieu sûr. L'autre [transportera] le ministre et son conseiller. Le ministre gardera sûrement la mallette, en souvenir de ce voyage éclair... » Scène somme toute banale, qui ne se passe pas seulement à Libreville, mais aussi à l'identique à Brazzaville, à Abidjan, Lomé, Yaoundé... Parce que, comme l'écrit Christine Deviers-Joncour, « l'Afrique, c'est le paradis du liquide, la tirelire de la Cinquième ». Des proches d'Omar Bongo m'ont raconté, détails à l'appui, que, lors de la dernière élection présidentielle, les mallettes ont beaucoup circulé et que toutes n'étaient pas à l'usage du vainqueur.

La scène la plus troublante rapportée par *Opération Bravo* est celle dans laquelle l'auteur raconte avoir accompagné Sirven dans sa « tournée » de livraisons à domicile. Pour la convaincre que ses confidences n'étaient pas exagérées, le directeur d'Elf avait ouvert devant elle le coffre de sa voiture : « J'ai pu m'apercevoir qu'il ne plaisantait pas. Il m'avait montré, en soulevant une couverture, des liasses de billets soigneusement empilées, comme dans les films. Un demi-mètre cube de billets de 500, ça doit faire une somme rondelette. Et c'était la distribution d'une seule journée. Les spécialistes pourront toujours se livrer à des calculs... Il fallait bien "donner à manger" aux partis politiques. Les métaphores d'Alfred étaient toujours d'ordre culinaire ou agricole. En père tranquille, il engraissait son cheptel [...]. Si l'argent versé par Alfred était destiné aux partis, beaucoup d'hommes politiques et de responsables ministériels avaient aussi de petits besoins qui se traitaient en liquide. »

D'où viennent ces masses impressionnantes de billets de banque qui irriguent le système occulte ? Des États, d'abord, qui peuvent sans contrôle international disposer de billets dans n'importe quelle monnaie. Depuis les indépendances, les États africains sont les principaux fournisseurs d'espèces aux hommes politiques, aux partis et à de très nombreux acteurs de ce qu'on appelle aujourd'hui la Françafrique. Le très sérieux Guy Labertit, ex- « monsieur Afrique » du Parti socialiste, de 1996 à 2006, ne dit-il pas ouvertement que « le système des valises a été couramment pratiqué entre l'Afrique et la France[1] » ? Les Émirats, la Libye, l'Arabie saoudite, la Russie et les nouvelles Républiques de l'ex-empire soviétique, devenues des partenaires politiques et commerciaux de la France, alimentent aussi aujourd'hui les monnéoducs de la principauté.

L'instruction de l'Angolagate a permis de démonter un autre système, reposant sur l'évasion fiscale pratiquée par des commerçants du Sentier. Au siège de la société Brenco, à Paris, Pierre Falcone disposait de manière habituelle de fortes sommes en espèces, en devises française ou étrangères, principalement en dollar américain. La plupart de ses salariés et collaborateurs recevaient régulièrement des compléments de rémunération en espèces. Plus intéressant pour notre propos, le « défilé » de personnalités de passage avenue Montaigne ou dans l'hôtel particulier de l'avenue Kléber de l'homme d'affaires, qui repartaient après avoir retiré l'enveloppe que son assistante avait préparée à leur intention, en se rendant au « coffre » dès l'annonce de leur venue. Le coffre était en réalité une sorte de buanderie où des liasses de billets étaient empilées sur

---

1. In *Le Post*, 30 décembre 2010.

des étagères. L'homme qui approvisionnait l'assistante en espèces, transportées dans des sacs en plastique de supérette comme Franprix ou Ed, était connu sous le sobriquet de « Plastic Bertrand ».

En réalité, Plastic Bertrand était connu sous le sobriquet de « Sam », un papi juif venu de Pologne. Quand l'assistante de Pierre Falcone lui demandait par téléphone : « On a besoin de 500 », il rappliquait avec un sac en plastique contenant 500 000 francs : « Sam » ramassait du *cash* en récoltant le produit de ventes sans factures et de recettes au noir chez des commerçants du Sentier ou du côté de « Château-Rouge », parfois aussi dans le faubourg Saint-Antoine. Ses fournisseurs habituels étaient une dizaine de sociétés commerciales ayant pour activité principale la confection de vêtements, lesquelles possédaient des comptes en Suisse, crédités de la contrepartie du *black* donné à « Sam ». Sachant qu'il allait être arrêté fin novembre 2000, le vieux monsieur a acheté à la compagnie El Al un aller simple pour Tel-Aviv. C'est un des tout derniers mouvements opérés sur sa carte de crédit en France...

Loïk Le Floch-Prigent[1], qui a payé pour tout le monde dans l'affaire Elf, probablement parce que la justice a estimé qu'il n'avait pas assez « balancé », est sans conteste l'un des meilleurs connaisseurs en matière de financements occultes de la classe poli-

---

1. Roger-Patrice Pelat, ami proche de François Mitterrand, Alfred Sirven, ancien collaborateur de Le Floch-Prigent, et Charles

tique[1] dans les années 1990. Il raconte que François Mitterrand savait parfaitement qu'une des fonctions d'Elf, dès sa création dans les années 1960 par l'unification de petites sociétés gazières et pétrolières françaises, était le financement du parti gaulliste : « Elf a servi au financement du parti gaulliste, et a même été créé pour ça... » lui confia le président de la République. François Mitterrand lui a-t-il délivré des consignes particulières ? L'ancien président d'Elf explique qu'il était « beaucoup plus subtil ». Il ne parlait jamais d'argent, mais lui a simplement dit : « Faites fonctionner le système comme l'avait voulu le général de Gaulle. » À Loïk Le Floch-Prigent d'apporter les correctifs qui s'imposaient pour que socialistes et autres soient également servis.

Avant le règne de Le Floch-Prigent, le système Elf distribuait quelque 200 millions de francs de *black* ; en 1988, sous le second septennat de Mitterrand, ce chiffre s'est trouvé *grosso modo* multiplié par quatre[2]. Le Floch-Prigent explique qu'il y avait plusieurs systèmes à l'intérieur d'Elf, chacun fonctionnant de façon autonome. Le système Sirven, le système Tarallo et le

---

Pasqua se seraient livrés à un intense lobbying pour que Le Floch-Prigent soit nommé à la tête d'Elf et n'omette pas de financer la droite.

1. Dans des entretiens avec Éric Decouty parus dans un livre intitulé Affaire Elf. Affaire d'État (Le Cherche-Midi, 2001), Loïk Le Floch-Prigent a bien expliqué les mécanismes de production et de distribution d'argent noir à la classe politique française.
2. Cote D 38 367 de l'instruction judiciaire Elf.

système « Sanofi », filiale d'Elf, « dont les dirigeants étaient eux aussi très proches de Jacques Chirac et du RPR ».

Le système des commissions versées par Elf, dont une partie revenait en France, était parfaitement connu des plus hauts représentants de l'appareil d'État : « le président de la République, le secrétaire général de la présidence de la République, le ministre des Finances, mais aussi certains hauts fonctionnaires ». Et Le Floch-Prigent de raconter que, d'un côté, le directeur financier d'Elf rendait visite au directeur des Douanes ; de l'autre, il allait voir le secrétaire général de l'Élysée Jean-Louis Bianco ; quand ce dernier est parti, il rendait compte directement à François Mitterrand : « Je me rendais donc une fois par an à l'Élysée avec une simple feuille sur laquelle étaient inscrits les noms des pays concernés et, en face, le montant de la commission. » Ne figuraient pas les noms des destinataires. Jean-Louis Bianco, comme François Mitterrand, ne demandait pas de détails : « François Mitterrand détournait la tête dès que l'on parlait argent. »

Éric Decouty a tenté plusieurs fois d'en savoir plus sur le ou les destinataires finaux des commissions. Voici l'une des réponses que lui a faites Le Floch-Prigent : « Le problème posé par les juges, les journalistes et l'opinion demeure insoluble, sauf à changer les mentalités, accepter l'inacceptable. Je ne pouvais pas dire : "Je donne une commission à un dignitaire d'un pays", et ajouter : "J'interdis à ce dignitaire de reverser une partie de ces fonds à un tel." C'était son argent, et il en faisait ce qu'il voulait ! Tout le monde se doutait bien que le versement des commissions supposait celui de rétrocommissions. » Au fil de ses réponses au journaliste, il en vient à estimer que tous les hommes politiques d'un certain niveau ont touché de l'argent d'Elf : « J'ai été condamné à trois ans et demi de prison parce que je n'ai pas été "en mesure de prouver que je n'étais pas coupable". Eh bien, j'aimerais que les hommes politiques de la génération Chirac et Mitterrand "prouvent" qu'ils n'ont jamais, en vingt ans, reçu d'argent d'Elf. S'ils en apportent la preuve, vous avez le pape en face de vous ! »

Le rôle de distributeur d'argent noir du président d'Elf était si institutionnalisé que, lorsque Édouard Balladur arrive à Matignon et forme son gouvernement en avril 1993, il n'a de cesse de débarquer Le Floch-Prigent pour installer à sa place Philippe Jaffré, un de ses anciens collaborateurs. C'est chose faite en août 1993. Charles Pasqua a déclaré bien plus tard dans la presse : « Édouard Balladur a remplacé Le Floch par Jaffré parce qu'il voulait couper les vivres aux socialistes, mais aussi parce qu'il voulait s'assurer qu'il n'y avait pas de soutien d'Elf à un de ses concurrents à l'élection présidentielle[1]. » André Tarallo, camarade de promotion de Chirac à l'ENA et directeur des affaires générales du groupe pétrolier, se souvient de la terrible colère du maire de Paris quand il lui a annoncé la décision de Balladur. Celui-ci chargea son ami

---

1. *Le Parisien*, 1er mars 2001.

Jacques Friedman d'une mission auprès du Premier ministre... qui lui fit répondre qu'il ne s'occupait pas de ça. Alain Gomez, longtemps patron du groupe Thomson, a raconté de son côté comment il fut débarqué en février 1996 par Alain Juppé[1] pour n'avoir pas procédé à une distribution équitable en prévision de l'élection présidentielle de 1995 et pour avoir privilégié les balladuriens : « J'ai beurré les deux côtés de la tartine, mais j'ai oublié le jambon[2]... » a-t-il plaisanté.

L'affaire des frégates (opération *Bravo*), à laquelle s'est greffée celle de Clearstream, s'est terminée par un non-lieu. L'instruction est éteinte. Le juge Renaud Van Ruymbeke l'a toutefois close en étant convaincu que plus de trois milliards de francs s'étaient évaporés dans la nature et qu'ils avaient profité à des bénéficiaires dont l'identité n'a pas été rendue publique[3]. On pourrait avoir la même conviction concernant l'opération *Tango* – la vente de Mirage 2000 et de missiles à Taïwan –, qui a généré des rétrocommisssions encore plus substantielles.

Le dossier de Clearstream et les fuites provenant de l'instruction judiciaire sur l'attentat de Karachi[4] permettent d'appréhender à nouveau et de dresser un état

---

1. Le Premier ministre a justifié l'éviction du P-DG par un changement de stratégie et par la privatisation de Thomson.
2. Airy Routier et Laïd Samari, « Frégates de Thomson, la justice se résout à enquêter », *Le Nouvel Observateur*, 28 juin 2001.
3. Voir le témoignage de Joël Bucher devant la commission parlementaire anti-blanchiment, dans le rapport précédemment cité (chapitre 2, page 76 et suivantes).
4. Révélées principalement par le site Mediapart.

des pratiques récentes de la principauté de non-droit française. La consultation des carnets d'Yves Bertrand, du général Rondot, de Gérard-Philippe Menayas, le rapport Nautilus de Claude Thévenet, le rapport de Jean-Claude Marin sur la DCN-I et les révélations faites par Mediapart dans une série commençant le 10 juillet 2011[1] sur le rôle de l'homme d'affaires Ziad Takieddine dans l'entourage de Nicolas Sarkozy montrent bien que l'affaire des frégates taïwanaises ne fut pas un cas unique. Les pratiques générant de l'argent noir se sont, à l'évidence, perpétuées, notamment à partir de contrats d'armement.

L'instruction menée sur l'attentat de Karachi a ainsi révélé quelques aspects des dessous des contrats *Agosta* – signé avec l'État pakistanais en septembre 1994, celui-ci concerne la vente de trois sous-marins de type « Agosta » pour plus de 5 milliards de francs – et *Sawari II* – signé en novembre 1994, celui-là porte sur la vente de trois frégates de classe « La Fayette » à l'Arabie saoudite pour 19 milliards de francs[2] – ; l'état actuel de l'instruction permet de dire que se trouvent ici mis en cause des membres du gouvernement Balladur, soupçonnés d'avoir voulu constituer un trésor de guerre en vue de l'élection présidentielle de 1995.

---

1. Au moment où je bouclais mon enquête.
2. La DCN, constructeur des sous-marins et des frégates, *via* sa branche internationale, la DCN-I, est partie aux deux contrats, dont le montant total dépasse les 3,7 milliards d'euros.

Je vais me limiter ici à un survol de ces carnets et rapports, dont le contenu a été rendu public.

Les carnets d'Yves Bertrand, ex-patron de la Direction centrale des Renseignements généraux (DCRG), qui n'étaient pas destinés à être publiés, renferment les rumeurs qui lui ont été rapportées par ses informateurs et n'ont fait l'objet d'aucune vérification. Celles-ci ne peuvent donc être prises pour des informations. Néanmoins, si le patron des RG en prend note, c'est qu'il estime certaines plausibles, d'après ce qu'il sait déjà. D'où la difficile mais nécessaire appréciation de ses notes. À lire ces carnets dans cette perspective d'une éventuelle plausibilité, on éprouve un sentiment de malaise : ils brossent le tableau d'une classe politique largement corrompue. Les mêmes noms cités dans les grandes affaires – frégates, Elf et Angolagate – reviennent souvent sous la plume du grand flic, mais d'autres noms moins connus émergent au fil des pages. Des hommes politiques touchent du *black* pour refaire leur appartement, d'autres règlent de gros investissements en espèces. D'où viennent ces liquidités ? On pense immédiatement à ces hommes qui gravitent autour des politiques et font le déplacement de Libreville pour y faire la manche. Après cela, on a du mal à imaginer les personnalités, objet de quelques lignes fielleuses dans ces carnets, être préoccupées du bien commun...

Les carnets du général Rondot témoignent de l'intérêt du conseiller pour le renseignement et les opérations spéciales (CROS) pour les éventuelles affaires de corruption, susceptibles de menacer les institutions de la République si de hauts personnages de l'État venaient à être mis en cause. Leur auteur a beaucoup enquêté sur l'affaire du supposé compte japonais de Jacques Chirac, parce qu'elle était partie de l'intérieur de la DGSE et s'est révélée sans fondement. Le maître espion français mentionne de temps à autre le nom de Rafic Hariri, président libanais assassiné en 2005, à propos de soupçons qui courent sur ses relations avec Jacques Chirac. L'affaire Clearstream prend une part importante, car l'apparition sur les listings d'Imad Lahoud de nombreux membres des services secrets et de personnalités politiques posait potentiellement un grave problème à la République. Il était alors parfaitement dans son rôle de vérifier si les listings étaient authentiques. Il lui revient d'abord d'élucider la question des rétrocommissions dans l'affaire des frégates de Taïwan. Le 30 octobre 2003, ne souligne-t-il pas ce sous-titre dans ses notes : « *le pb des rétrocommissions en France* » ? Au fur et à mesure des livraisons, on sent poindre chez le général un mélange d'excitation, de peur et de doute devant le possible tableau qui s'esquisse. L'arrivée de Dominique de Villepin, alors ministre des Affaires étrangères, et, derrière lui, de Jacques Chirac, en ombre chinoise, transforme l'histoire en possible affaire d'État d'une ampleur inédite. Même succinctes, les notes prises par le général après la réunion du 9 janvier 2004 au Quai d'Orsay avec Gergorin et Villepin laissent deviner une discussion sur l'existence possible d'une corruption généralisée au sein de la classe politique. Il y a été question de « réseaux tangentiels à explorer », parmi lesquels figureraient Laurent Fabius, Dominique Strauss-Kahn, Charles Pasqua, Jean-Charles Marchiani, Bernard Squarcini ; de la possible compromission de Patrick Ollier, le compagnon de Michèle Alliot-Marie, des liens entre Nicolas Sarkozy et Serge Dassault, du possible double jeu de Patrick Maugein, un homme qui passe pour être un financier du clan chiraquien... Rondot semble retranscrire des propos exaltés de Dominique de Villepin, qui insiste « sur le croisement des réseaux en dehors des clivages politiques » et demande que soit « démonté le système et [...] explorée la nature des relations pour comprendre les opérations qui sont rémunérées, un travail historique à faire ». Certes, le général Rondot doute et se demande si Gergorin et Villepin n'ont pas succombé à la théorie du complot, mais, trois jours plus tard, il écrit néanmoins au ministre des Affaires étrangères en indiquant dès la première phrase : « Grâce au travail de recherche de notre source, nous avons, semble-t-il, mis au jour une structure intéressante. »

Les carnets de Gérard-Philippe Menayas conservent les affirmations et réflexions de l'ancien directeur administratif et financier de la DCN-I, la branche internationale de la Direction des Constructions navales (DCN). À propos du contrat *Sawari II* portant sur les frégates, Menayas note : « L'un des principaux bénéficiaires [...] serait Édouard Balladur.

L'autre, Élisabeth Guigou[1], grâce à un système élaboré de prêts adossés. [...] trois milliards de francs se sont évaporés vers des bénéficiaires dont la liste reste à établir. » Il évoque « des masses financières dont Andrew Wang assurait la circulation occulte [et qui] étaient destinées à la France et, pour une part substantielle, à l'Allemagne. Pour notre pays, elles devaient revenir au Parti socialiste, à des membres du Parti républicain et des balladuriens, *via* Charles Pasqua... ». Il fait mention de la découverte par les autorités luxembourgeoises de l'intérêt de Nicolas Sarkozy pour le contrat *Sawari II,* « avec le concours de Nicolas Bazire [directeur de cabinet d'Édouard Balladur], voire de J.-L. Lagardère, dont il a fréquenté les haras... ». Il parle longuement de la création de la société Heine, créée avec l'aval du ministre du Budget de l'époque, un certain Nicolas Sarkozy[2].

Le rapport Nautilus, commandé par la DCN à Claude Thévenet, un ancien commissaire de la Direction de la Surveillance du Territoire (DST), établit un lien entre l'attentat de Karachi et l'annulation des commissions promises par le réseau Abdul Rahman El-Assir[3] lors de la signature avec le Pakistan du

---

1. Édouard Balladur et Élisabeth Guigou avaient aussitôt démenti.

2. Sur la société Heine et les prolongations de cette affaire, voir chapitre 9, « Dans le fatras des listings », pp. 180-184.

3. L'« intermédiaire » libanais Abdul Rahman Salaheddine El-Assir est associé à Ziad Takieddine pour la finalisation des deux gros contrats d'armement français signés en 1994 : *Agosta* et *Sawari II.*

contrat *Agosta* en septembre 1994 ; la décision d'annuler le versement est prise en 1995 par le nouveau Président, Jacques Chirac, qui souhaite par là assécher les réseaux de financement occulte de l'Association pour la réforme de son adversaire d'hier, Édouard Balladur. « En France, le réseau El-Assir a eu pour principale fonction d'assurer le financement de la campagne d'Édouard Balladur (c'est Renaud Donnedieu de Vabres qui a présenté Abdul Rahman El-Assir à Emmanuel Aris [directeur international de la DCN[1]]). Après l'échec de sa candidature, au printemps 1995, ce financement devait être transféré à l'Association pour la réforme, située 40 rue Pierre-Charron à Paris, destinée à poursuivre le mouvement initié par les balladuriens. Les valises d'argent étaient déposées à la boutique Arij, située au rez-de-chaussée du 40, rue Pierre-Charron, avant de monter dans les étages (boutique tenue par la veuve de Georges Chalouhi, marchand d'armes libanais[2]). En septembre 1995, le président de la République a ordonné de cesser toute rémunération du réseau El-Assir. Charles Millon, ministre de la Défense, conserve trace d'une visite de l'homme d'affaires proche de l'Élysée, Patrick Maugein, venu pour régler la succession du réseau El-Assir (Patrick Maugein... important contributeur des

---

1. Chargé de la gestion des agents d'influence.
2. La boutique, célèbre joaillerie-horlogerie du Triangle d'or, près des Champs-Élysées à Paris, s'appelle en réalité Arije, et Georges Chalouhi n'était pas un marchand d'armes.

campagnes politiques en Corrèze dans les années 1970 et 1980). »

Charles Millon a confirmé une partie de la teneur des rapports **Menayas** et **Nautilus** à *Paris-Match*[1] : « Peu après ma nomination au ministère de la Défense, en 1995, Jacques Chirac m'a demandé de passer en revue les différents contrats de ventes d'armes en cours, et de stopper le versement des commissions pouvant donner lieu à des rétrocommissions. C'est ce qui a été effectué : chacun d'entre eux a fait l'objet d'une expertise particulière [...]. Dans tous les pays du monde, les grands contrats industriels ou commerciaux à l'exportation font appel à des intermédiaires. Ceux-ci sont rémunérés lorsqu'ils effectuent un travail réel et vérifiable. En revanche, il est tout à fait anormal qu'il soit demandé à ces intermédiaires, par des officines diverses, un pourcentage sur les commissions prévues. C'était le sentiment du président Chirac, avec lequel j'étais en parfaite adéquation. De plus, dès mon arrivée au ministère, les autorités gouvernementales de plusieurs pays m'ont "gentiment signalé" ne pas comprendre la persistance de telles pratiques nuisibles à l'image de la France. »

L'ancien ministre de la Défense a confirmé cette déclaration devant le juge Van Ruymbeke le 15 novembre 2009, disant notamment : « En ce qui concerne le contrat pakistanais, au vu des rapports des services secrets et des analyses qui ont été effectuées

---

1. En date du 25 juin 2009.

par les services du ministère, on a eu l'intime conviction qu'il y avait eu des rétrocommissions [...]. Le président de la République m'a dit, comme il l'a déclaré lors d'une conférence de presse aux alentours du 14 juillet 1995, qu'il souhaitait une moralisation de la vie publique et politique, et qu'il y avait trop de bruit autour des contrats d'armement, dû à l'existence de rétrocommissions. Il m'a donc demandé de faire procéder à une vérification sur tous les contrats. »

Les documents Takieddine[1] semblent confirmer que Ziad Takieddine a bien été l'intermédiaire imposé par le clan balladurien pour s'assurer de grosses rétrocommissions sur les marchés d'armement signés peu avant la présidentielle de 1995 : *Agosta* au Pakistan et *Sawari II* en Arabie saoudite. Des rétrocommissions qui, selon l'hypothèse des magistrats instructeurs, auraient pu servir à alimenter le financement de la campagne électorale d'Édouard Balladur. Ces documents montrent que Ziad Takieddine a réussi à surmonter les obstacles placés sur son chemin par

---

1. Documents inédits provenant de plusieurs sources, principalement des notes personnelles et des photos de Ziad Takieddine, mais aussi des papiers et écoutes provenant de perquisitions menées par la Division nationale des investigations financières (DNIF), notamment des documents relatifs à une perquisition menée le 7 juillet 2011, à la demande des juges Renaud Van Ruymbeke et Roger Le Loire, au domicile de Thierry Gaubert, ancien collaborateur de Nicolas Sarkozy. Ces documents ont été récupérés par Fabrice Arfi et Karl Laske ; une partie d'entre eux a commencé à être publiée par le site Mediapart le 11 juillet 2011.

Dominique de Villepin et Charles Millon pour empêcher que lui-même et le clan Balladur touchent les commissions et rétrocommissions prévues dans les contrats signés en 1994. Grâce à l'intervention de Rafic Hariri, alors Premier ministre libanais, auprès de Jacques Chirac, président de la République, il a finalement obtenu 130 millions de dollars de commissions dans la vente des frégates de classe La Fayette en 1997 et 1998 : ces fonds ont été aussitôt répartis entre plusieurs comptes offshore. Les documents saisis par la DNIF appuient les nombreux témoignages recueillis par les juges d'instruction sur le rôle de l'intermédiaire libanais dans les contrats *Agosta* et *Sawari II*. Ils permettent cependant d'aller beaucoup plus loin, en ce qu'ils montrent que Ziad Takieddine est à nouveau un conseiller important du clan Sarkozy à compter de 2003, année à partir de laquelle il aurait consacré 11,8 millions d'euros en « paiements secrets » en provenance de comptes offshore.

Des photos publiées par Mediapart permettent de visualiser l'incroyable proximité entre l'intermédiaire franco-libanais et les hommes de Nicolas Sarkozy : Jean-François Copé, Brice Hortefeux, Thierry Gaubert et Dominique Desseigne, patron du *Fouquet's* et organisateur de la fameuse soirée bling-bling...

La chronique judiciaire se poursuit donc aujourd'hui : au premier plan médiatique, l'affaire *Sawari II* lancée par l'attentat de Karachi nous replonge à nouveau au milieu des années 1990, au cœur de la guerre sauvage entre balladuriens et chiraquiens pour la maîtrise des filières de l'argent noir. Les juges d'instruction et les journalistes ont encore du travail. J'en ai moi-même débusqué quelques-unes en supplément, comme celle d'un socialiste bien connu pour la radicalité de ses positions contre l'argent-roi, mais qui n'a guère éprouvé d'états d'âme en acceptant cinq millions de francs qui devaient l'aider à financer un projet de communication, vite abandonné.

Michel de Bonnecorse, alors ambassadeur auprès de l'ONU à Genève, se souvient que, en février-mars 1995, deux banquiers français – qui ne se connaissaient pas – lui téléphonèrent pour l'informer que Nicolas Sarkozy était venu participer à Genève à un meeting de soutien à la candidature d'Édouard Balladur. Des valises de billets étaient sorties ce jour-là de leur banque, et il n'y aurait pas eu de problème pour les rapporter en France. Quelle astuce aurait-elle permis d'acheminer lesdites valises jusqu'en France ? Le diplomate en eut peu après la révélation : Nicolas Sarkozy, alors ministre du Budget, s'était déplacé escorté de policiers et avait emprunté la sortie française de l'aéroport de Genève, c'est ainsi qu'il était revenu dans l'Hexagone. Si l'histoire était vraie, il est évident qu'aucun policier de la PAF n'aurait osé demander que soient ouvertes une ou des valises placées à bord de l'avion.

Les espèces ont-elles cessé de circuler parmi la classe politique après 2000 ? Évidemment non ! L'affaire Bettencourt a montré que le flux des espèces ne s'était pas tari. Que ce soit du côté de Neuilly-sur-

Seine ou du côté de Marseille. Les fuites autour de l'instruction menée par le juge marseillais Charles Duchaine, qui enquête sur des marchés publics présumés frauduleux dans les Bouches-du-Rhône et en Haute-Corse, semblent montrer que la direction du Parti socialiste n'a pas encore trouvé la chimiothérapie qui éradique le cancer de la corruption : n'a-t-on pas trouvé 13,7 millions d'euros dans des comptes domiciliés en Suisse et au Luxembourg, liés à différentes sociétés contrôlées par Alexandre Guérini[1], le frère de Jean-Noël Guérini, patron de la fédération PS des Bouches-du-Rhône ? Dans un rapport confidentiel sur la fédération PS des Bouches-du-Rhône, révélé en mars 2011 par *Le Point*, Arnaud Montebourg ne parle-t-il pas d'« un système de pression féodal reposant sur l'intimidation et la peur », « des menaces physiques et des intimidations » ? Réagissant à la passivité de la direction du parti, qui a fait preuve de clémence à l'égard du système Jean-Noël Guérini, Montebourg affirme que « le guérinisme, c'est de l'affairisme. Tout cela va apparaître pendant la campagne présidentielle » : « C'est la défaite du Parti d'avoir donné une victoire à Jean-Noël Guérini alors que les faits sont d'une extrême gravité. C'est une défaite pour l'honneur du PS[2]. » Et, dans un entretien vidéo accordé à *L'Écho républicain*, le député de Saône-et-Loire se dit

---

1. « Affaire Guérini : 13 millions d'euros saisis », *Le Journal du Dimanche*, 14 mai 2011.
2. *Le Parisien*, 8 juillet 2011.

« inquiet que le PS soit solidaire d'élus dont les liens avec le grand banditisme apparaissent[1] ».

Au niveau national, les intermédiaires sont toujours en activité, au premier rang desquels Alexandre Djouhri et Ziad Takieddine. Ce dernier s'est même fait prendre avec 1,5 million d'euros en espèces dans une valise[2] à l'aéroport du Bourget le 5 mars 2011, alors qu'il revenait de Tripoli en compagnie de deux journalistes du *Journal du Dimanche* : il avait « facilité » une interview du « Guide » par Laurent Valdiguié ! Les grands contrats, notamment ceux d'armement, génèrent encore et toujours commissions et rétrocommissions, mais, échaudés, les acteurs prennent de plus en plus de précautions.

Je ne peux me dispenser de faire état des arguments, prononcés à demi-voix, qui invoquent la nécessité, pour un État, de disposer de *black*, et donc d'utiliser à bon escient des moyens illégaux, mais légitimes. L'État étant de plus en plus traqué par les trois

---

1. Au lendemain de la révélation de son rapport confidentiel, en mars 2011, Jean-Noël Guérini et la fédération des Bouches-du-Rhône ont annoncé qu'ils portaient plainte pour diffamation contre Arnaud Montebourg. Parallèlement, après les élections cantonales, au printemps 2011, un audit était mené au sein de la fédération départementale par le PS, qui permit au Parti d'amortir les retombées de cette affaire, et à Jean-Noël Guérini d'imposer à la tête de la fédération son homme, Jean-David Ciot.

2. Après l'interpellation de Ziad Takieddine, une enquête préliminaire portant sur des manquements aux obligations déclaratives et sur une suspicion de blanchiment d'argent a été ouverte par le parquet ; elle est menée par le Service national de la Douane judiciaire.

pouvoirs – judiciaire, médiatique et législatif –, il a besoin d'*externaliser* certaines de ses actions pour les garder secrètes, estiment ces plaideurs. Et ceux-ci de prendre l'exemple bien connu des négociations des grands contrats, assortis de commissions, qui doivent échapper au contrôle américain exercé notamment par le système d'écoutes Echelon[1]. L'État a besoin d'espèces pour payer des actions qui sont censées ne pas exister, notamment dans le cadre de sa stratégie de puissance. Les exigences de transparence ont paradoxalement eu pour effet de pousser l'État à trouver des parades aboutissant à une opacité plus grande. En 2006, Tony Blair n'avait-il pas tonné haut et fort que si le Royaume-Uni avait vendu ses armements à l'Arabie saoudite, ce n'était pas avec de belles paroles uniquement ? Alors, nous Français, avec nos Rafale ? Ne vaudrait-il pas mieux se mettre à l'école anglaise, sans hypocrisie[2] ? Autre exemple, celui des rançons versées aux ravisseurs pour qu'ils libèrent leurs otages. Offi-

---

1. Echelon est le réseau mondial d'interception de toutes les communications (privées et publiques, transmises par tous les moyens actuels, du mail au téléphone et aux échanges satellitaires) le plus puissant au monde ; il a été conçu par les États-Unis, auxquels sont associés le Royaume-Uni, le Canada, l'Australie et la Nouvelle-Zélande dans le cadre d'un traité international baptisé UKUSA. Toutes les données collectées par Echelon sont traitées aux États-Unis, au quartier général de la National Security Agency, à Fort George G. Meade, dans le Maryland.

2. Tony Blair intervient en 2006 pour que l'enquête ouverte par la justice britannique sur le versement de pots-de-vin à des membres

ciellement, la France ne verse jamais de rançon et n'a donc pas besoin d'argent pour satisfaire les exigences des preneurs d'otages. La réalité est différente. Les négociations menées ne se soldent pas par de bonnes paroles mais par des libérations de prisonniers, des livraisons d'armes, des services rendus, mais aussi des espèces. Dès lors, d'où vient ce *black* qui est censé ne pas exister ? Dans le cas des libérations des membres du personnel d'Areva et de Vinci, enlevés à Arlit, au Niger, en septembre 2010, lesdits groupes ont mis la main à la poche. Mais on voit bien qu'un système aussi ambigu peut générer de terribles soupçons sur l'utilisation d'une partie des rançons par les « libérateurs »...

---

de la famille royale saoudienne à l'occasion d'un gigantesque contrat d'armement (« *Al-Yamamah* », signé en 1985 et concernant la vente et la maintenance d'une centaine de chasseurs Tornado) soit abandonnée ; ce qui est chose faite en décembre 2006 (*Le Monde*, 18 décembre 2006). L'éventuelle corruption par le groupe BAE Systems s'élèverait à plus d'un milliard de livres (soit 1,25 milliard d'euros). L'Arabie saoudite menace d'annuler un nouveau contrat, cette fois portant sur des chasseurs Eurofighter, si certains de ses dignitaires sont mis en cause. Riyad aurait alors donné dix jours à Londres pour enterrer l'enquête.

En avril 2008, la Haute Cour de Londres a toutefois jugé illégale la décision prise par le gouvernement de Tony Blair.

7

Le nom de Sarkozy
est inscrit dans l'« annuaire »

En ce premier jour de l'année 2004, Jean-Louis Gergorin se dirige vers le quai d'Orsay sans rendez-vous, avec l'espoir d'être reçu par le ministre des Affaires étrangères. L'huissier de permanence l'informe que le ministre est dans son bureau, Gergorin le prie de l'annoncer. Villepin accepte de recevoir le visiteur au nom d'une amitié de vingt ans. Après une discussion consacrée à la situation internationale et à l'organisation d'une rencontre du ministre des Affaires étrangères avec Henry Kissinger, Gergorin lui expose comment il a été amené à découvrir jour après jour le délabrement éthique de l'*establishment* français. Il lui parle d'un *annuaire* de la corruption, qui révèle une énorme structure de financement occulte liant hommes politiques de gauche comme de droite, mais aussi hauts fonctionnaires et industriels. Il lui raconte dans quelles circonstances l'affaire a été mise au jour et comment elle est gérée au ministère de la Défense par leur ami commun, Philippe Rondot. Considérant visiblement ces informations comme très crédibles, Villepin lui demande de rédiger une note pour présenter l'affaire à Jacques Chirac. Même si Jean-Louis Gergorin ne l'a jamais indiqué et n'a d'ailleurs jamais été questionné à cet égard, il est vraisemblable que Dominique de Villepin l'a interrogé sur l'éventuelle présence des noms de Nicolas Sarkozy et de Brice Hortefeux, ses têtes de Turc, dont ils parlaient ouvertement à ses interlocuteurs – y compris à moi-même, qui ne l'ai rencontré qu'une seule fois – à propos de l'affaire du contrat *Miksa*, comme nous allons le voir plus loin.

Dans les jours qui suivent, Jean-Louis Gergorin raconte en détail à Imad Lahoud, à qui il fait une totale confiance, son entretien avec Villepin et ensemble ils rédigent la courte note technique sur Clearstream réclamée par le ministre. Note qui explique le fonctionnement de la chambre de compensation luxembourgeoise, notamment celui des « comptes dual », qui désignent deux comptes couplés, le premier chez Clearstream, le second dans une banque qui ne connaît comme bénéficiaire que la chambre de compensation elle-même : ce système permet de faire circuler l'argent de façon occulte. Quelques jours plus tard, Imad Lahoud lui indique que sa source chez Clearstream a entendu parler d'un « compte couplé Bocsa-Sarkozy[1] »... C'est avec cette nouvelle informa-

---

1. Jean-Louis Gergorin ne s'est pas montré aussi précis lors de l'instruction ni lors du procès. Il a toutefois déclaré le 26 juin 2007

tion non vérifiée, mais importante puisqu'elle émane d'Imad Lahoud, que Gergorin se rend le 9 janvier 2004 à la convocation du ministre des Affaires étrangères, en ses bureaux, où il retrouve le général Rondot. Gergorin sort de la poche intérieure de sa veste le listing qu'il a remis au général Rondot au mois de novembre précédent, et le lit au ministre. L'affaire va dès lors prendre une tout autre ampleur, puisque Dominique de Villepin affirme qu'il a rendu compte au président de la République de sa rencontre du 1er janvier avec Jean-Louis Gergorin[1], et que Jacques Chirac lui a donné des instructions : d'abord de traiter directement cette affaire avec lui, en lui recommandant la plus grande prudence et le plus grand secret, et de s'efforcer de « tenir compte des manipulations politiques ».

Lors de cette entrevue, Dominique de Villepin demande clairement au général Rondot de vérifier l'authenticité du listing pour savoir si les personnalités

---

aux enquêteurs : « Je fais donc l'hypothèse qu'à la veille de la réunion du 9 janvier 2004, j'ai dû faire un point avec Imad Lahoud et, comme souvent, il a dû mentionner toute une série d'informations ou de rumeurs qu'il disait tenir de sa source humaine au sein du service informatique de Clearstream, et il a dû être mentionné un compte couplé "Bocsa-Sarkozy", sous forme de vague rumeur... »

1. J'ai fait le choix ici de privilégier la version du général Rondot parce qu'il prenait des notes pour son propre usage à l'issue de chaque réunion et de chaque coup de téléphone ; ces notes n'étaient pas destinées à assurer sa défense. De surcroît, le général Rondot est pour moi digne de foi, ayant toujours été un grand serviteur de l'État.

citées possèdent effectivement un compte chez Clearstream ; il précise que la DGSE est à sa disposition pour effectuer les vérifications techniques qui s'imposent.

Suivons dans les grandes lignes le compte rendu de cette réunion du 9 janvier 2004, tel qu'il a été établi par le général Rondot. Gergorin et Villepin parlent de « réseaux tangentiels à explorer », évoquent les cas de Laurent Fabius, DSK, Charles Pasqua, Jean-Charles Marchiani et Bernard Squarcini, avant d'arriver à ce que Rondot appelle « l'enjeu politique » – Nicolas Sarkozy – et de souligner que les deux hommes font une « fixation » sur le ministre de l'Intérieur, ce qui est une allusion directe au conflit existant entre celui-ci et Jacques Chirac. Cette « fixation » est soulignée par l'évocation du « soutien apporté à Nicolas Sarkozy » par les Américains. Il est aussi question des liens entre Sarkozy et Dassault. Surtout, Jean-Louis Gergorin mentionne qu'Imad Lahoud a entendu parler de l'existence possible d'un « compte couplé Bocsa-Sarkozy ». Villepin évoque un peu plus tard le voyage de Sarkozy en Chine et se demande s'il n'y a pas là derrière des intérêts financiers. S'il peut sembler que ce sont des sujets divers qui sont abordés, comme l'action de la mafia russe – à cet égard, il est envisagé de faire envoyer par Jacques Chirac au président Poutine un message que Jean-Louis Gergorin rédigera –, la « compromission » de Patrick Ollier[1], l'action du juge

---

1. Allusion au fait qu'il a fondé en 2003 et présidé le groupe interparlementaire d'amitié France-Libye et qu'il est considéré comme

Marsaud[1], l'attitude de *Paris-Match*[2], l'évocation du rôle de Jean-Jacques Martini[3], la connexion Pasqua-Marchiani, l'« action trouble » de maître Szpiner[4]..., c'est manifestement Nicolas Sarkozy qui est au centre des préoccupations de Dominique de Villepin. Lequel s'inquiète aussi de savoir si les noms des personnages qui, à un moment ou un autre, ont été impliqués dans le financement occulte du RPR apparaissent dans les listings, à commencer par celui d'Alexandre Djouhri, qu'il connaît bien, mais aussi ceux de Michel Roussin et de Patrick Maugein.

Deux ans plus tard, le général Rondot commente en ces termes sa note « impressionniste » du 9 janvier 2004 devant le juge Jean-Marie d'Huy : « Le thème principal était d'exercer une plus grande vigilance à

---

un lobbyiste en faveur du régime libyen, plusieurs fois mentionné dans les notes du général Rondot.

1. Ancien magistrat spécialisé dans la lutte antiterroriste, Alain Marsaud est alors député RPR de la Haute-Vienne. Un temps cadre de la Compagnie générale des Eaux, lorsque celle-ci devient Vivendi, sous la présidence de Jean-Marie Messier, il est proche d'Alexandre Djouhri – influent auprès du patron de Veolia, Henri Proglio – et de Maurice Gourdault-Montagne, le conseiller diplomatique de Jacques Chirac.

2. Est-ce une allusion à la promotion médiatique de Sarkozy par l'hebdomadaire, que Villepin trouve outrancière?

3. Commissaire de la DST chargé de l'espionnage économique et industriel, son nom va bientôt apparaître dans les faux listings d'Imad Lahoud.

4. Maître Francis Szpiner a été proche de Dominique de Villepin à partir de 1995. Il passe pour avoir présenté Alexandre Djouhri au secrétaire général de l'Élysée.

l'égard des transactions financières illicites et des circuits de blanchiment du crime organisé. »

Pour comprendre la suite de l'histoire, il est important de garder en tête que, devant le tribunal, dans le procès en première instance, Dominique de Villepin a affirmé que le dossier *Miksa* – un énorme contrat portant sur la sécurisation des frontières de l'Arabie saoudite – a également été abordé au cours de cette réunion du 9 janvier, et il cite à ce propos le président de la République, qui vient de décider de demander à Nicolas Sarkozy et à ses collaborateurs de ne pas se rendre en visite dans la péninsule arabique : « Il s'agit que l'image de la France ne soit pas touchée », retranscrit Rondot. Je reviendrai au prochain chapitre sur ce dossier, qui permet de comprendre la violence qui caractérise alors les rapports entre les clans Chirac et Sarkozy dans le contexte de la conquête de l'UMP par ce dernier et dans celui de la future élection présidentielle. Un dossier qui, à lui seul, permet de comprendre le volet politique de l'affaire Clearstream...

Rondot envoie, le 12 janvier 2004, une lettre au ministre des Affaires étrangères qui résume l'esprit de la réunion tenue trois jours avant au Quai d'Orsay : « Grâce au travail de recherche de notre source, nous avons, semble-t-il, mis au jour une structure intéressante. Elle paraît cohérente, s'agissant en particulier de certains de nos Services à des fins condamnables[1],

---

1. Le général Rondot fait déjà allusion à l'émergence de noms de hauts fonctionnaires appartenant aux services secrets français

comme cela a été condamné dans l'affaire que nous avions traitée ensemble [Rondot fait ici allusion à l'affaire du prétendu compte japonais de Jacques Chirac, montée de toutes pièces par des agents de la DGSE]. Il convient certes d'agir "avec prudence, dans un cadre secret, en tenant compte d'éventuelles manipulations politiques", selon les propos du Président, tels que tu les as rapportés... », ajoute le général, soulignant ainsi que la réunion du 9 janvier et les instructions qui y ont été prises revêtent un caractère officiel et relèvent d'une opération ayant reçu l'aval du président de la République. Il est donc important de retenir que les trois amis qui se sont réunis au Quai d'Orsay pensent vraiment avoir découvert « une structure intéressante » de très grande corruption dans les plus hauts cercles du pouvoir français.

Le général Rondot souhaite désormais recevoir en « temps réel » les données extraites par Imad Lahoud. C'est pour cela que, entre la mi-février et le début mars 2004, celui-ci communique à Rondot et à Gergorin plus de 360 transactions Clearstream, supposées saisies en temps quasi réel et impliquant plus de trente personnalités nouvelles venues de tous les horizons. C'est alors qu'apparaissent les noms du conseiller du ministre de l'Intérieur, Brice Hortefeux, pour un compte ouvert à la Banque populaire de Bergame,

---

(DST, DGSE, DCRG) dans des réseaux de corruption qui vont plus tard figurer dans les faux listings, comme les noms de Jean-Jacques Martini, Gilbert Flam et Bernard Squarcini.

mais aussi du sénateur du Puy-de-Dôme Michel Charasse, du journaliste Bernard Guetta, du patron de la FNAC Denis Olivennes, sans compter ceux de la superbe Laetitia Casta et de trois dignitaires maçonniques. Inutile de préciser que tous ces comptes sont faux et ont probablement pour objectif d'embrouiller un peu plus les méninges de Jean-Louis Gergorin.

Fin février-début mars, Lahoud annonce à ce dernier qu'il a identifié deux comptes Clearstream, l'un attribué à « Stéphane Bocsa » (le R6439) et l'autre à « Paul de Nagy » (le R6440), localisés à Sondrio (Italie). Les deux comptes, dont l'intitulé suggère qu'ils appartiennent à Nicolas Sarkozy ou à son père, font partie d'un petit tableau remis à Gergorin et à Rondot, censé décrire un réseau distinct de celui des frégates de Taïwan, mais lié néanmoins aux rétrocommissions des grands contrats à l'exportation du gouvernement Balladur. Dans la liste figurent aussi quelques numéros de comptes à la Banca Popolare di Sondrio, sans noms accolés, dont le numéro 16438 que le lecteur gardera en mémoire et dont on reparlera...

Durant la première quinzaine d'avril 2004, Lahoud continue ses importantes livraisons, mais un seul nom nouveau apparaît, celui du conseiller de Paris Pierre Charon, un proche de Nicolas Sarkozy. Cependant, ce sont les plus gros fichiers de données Clearstream jamais transmis : 8 265 transactions (chacune avec 34 paramètres) datées de mars, et la liste de plus de 33 000 comptes référencés à Clearstream (chacun également caractérisé par 34 paramètres[1]). Comme il le dira aux enquêteurs, ces dernières remises donnent à Jean-Louis Gergorin un sentiment de cohérence interne totale, qui a contribué à forger son intime conviction, telle qu'il l'a exprimée à la fois au général Rondot puis plus tard au juge Van Ruymbeke.

Depuis le 9 janvier, Jean-Louis Gergorin rend compte à Dominique de Villepin des développements de l'affaire[2]. À cause de la réaction de MAM, qui n'a pas apprécié d'être court-circuitée par le ministre des Affaires étrangères, le général Rondot n'assiste plus à ces entretiens au Quai d'Orsay. Lors de leur dernière rencontre au Quai, fin mars 2004, soit quelques jours avant le remaniement qui va muter Villepin Place Beauvau, Gergorin informe le ministre de la présence des patronymes de Sarkozy dans les listings. Villepin estime qu'aucune vérification par les services de

---

1. L'expert judiciaire établira que ces milliers de transactions se sont réellement déroulées entre août 2000 et août 2001, mais que, ligne à ligne, les dates ont été changées, ainsi que l'intitulé des bénéficiaires dans une centaine de cas. Quant aux 33 000 comptes, plus de 6 000 d'entre eux ont des dates falsifiées, et près de 200 ont des intitulés falsifiés ou inventés, les quelque 27 000 autres étant authentiques.

2. Ce que Dominique de Villepin dément, mais qui est confirmé par les dépositions de ses chauffeur et agent de sécurité et leurs carnets de route. Jean-Louis Gergorin parle de treize rencontres avec Villepin du 1er janvier à la mi-septembre 2004 ; l'intéressé n'en reconnaît que deux : celles des 1er et 9 janvier 2004. Toutefois, il a déclaré avoir « croisé à diverses reprises Jean-Louis Gergorin dans les couloirs du Quai d'Orsay ou de la Place Beauvau ».

renseignement n'est désormais possible et qu'il faudrait réfléchir à la possibilité de saisir un juge d'instruction.

Début avril, Dominique de Villepin fait venir Jean-Louis Gergorin au ministère de l'Intérieur. Il lui a envoyé une voiture officielle conduite par un officier de sécurité. Il lui dit qu'il n'y a plus d'autre issue que de saisir un juge d'instruction, puis ajoute non sans emphase que c'est là « une instruction du président de la République », ce que Gergorin croit toujours aujourd'hui et que Dominique de Villepin dément avoir dit. Au passage, il convient de souligner que la décision de Villepin et de Gergorin, même couverte par Jacques Chirac, est une preuve que l'un comme l'autre croient au moins à la plausibilité de la teneur des listings, sinon ils n'auraient pas pris le risque d'être percés à jour dans le rôle de falsificateurs.

Parce qu'il instruit depuis 2001 l'affaire des frégates de Taïwan, au centre du dossier Clearstream, c'est tout naturellement que Jean-Louis Gergorin choisit le juge Renaud Van Ruymbeke. Dominique de Villepin se contentant de dire : « C'est à toi de voir. » En accord avec un avocat, Jean-Louis Gergorin décide de se mettre complètement à découvert en se rendant à trois reprises chez le magistrat. Et c'est en accord avec lui[1] qu'il lui envoie sa première lettre anonyme, le 3 mai.

---

1. Dans la procédure, le juge ne peut « s'auto-saisir », la « lettre de dénonciation », même anonyme, est une pièce qui lui permet de se saisir.

Quelques jours plus tard, Imad Lahoud indique à Jean-Louis Gergorin et au général Rondot qu'il ne peut plus « pénétrer » la base de données de Clearstream, car de nouveaux pare-feu informatiques ont été mis en place, très probablement en raison des investigations lancées au Luxembourg par le juge. De toute évidence, inquiet que Gergorin ait donné son nom au juge et indiqué qu'il est l'informaticien ayant réussi à s'introduire dans le système de la chambre de compensation luxembourgeoise, Imad Lahoud souhaite se désengager et ne pas avoir à actualiser les informations sur Clearstream données au juge.

Dans les jours suivant le week-end des 15 et 16 mai, Lahoud informe Gergorin et le général Rondot que, grâce à une approche innovante et complexe qu'il a développée, il a réussi à pénétrer à nouveau la base de données Clearstream et constaté – nouvelle majeure – que 895 comptes, dont la totalité de ceux avec des noms de personnes physiques, ont été fermés en bloc le 12 mai, c'est-à-dire une semaine après la perquisition opérée le 5 mai chez Clearstream suite à la commission rogatoire du juge Van Ruymbeke. De quoi donner une poussée de paranoïa à Gergorin, qui lie instantanément cette fermeture à sa démarche auprès du juge, qu'il n'a pas cachée, ce qui le conforte encore dans sa croyance en l'authenticité des listings. Pour Gergorin, qui croyait déjà dur comme fer aux listings, c'est également là le signe que la direction allemande récente de Clearstream, non impliquée dans les errements anciens, veut faire le ménage.

Ce n'est qu'au bout de trois semaines, le 11 juin, que Jean-Louis Gergorin communique au juge cette liste des 895 comptes pour qu'il obtienne de Clearstream confirmation de cette fermeture massive, ce qui constituerait une avancée majeure de son enquête. Or, parmi ces centaines de comptes, en figurent deux localisés à Sondrio, attribués à « Paul de Nagy » et à « Stéphane Bocsa », ainsi que quatre autres attribués à la Banca Popolare di Sondrio. Il est évident que la soudaine découverte par Imad Lahoud des 895 comptes fermés ne vise qu'à porter à la connaissance du juge ces comptes spécifiques, alors que Jean-Louis Gergorin n'a mentionné aucun nom d'homme politique dans la lettre anonyme qu'il envoie à Renaud Van Ruymbeke, reçue par lui le 3 mai. Cette action d'Imad Lahoud, s'il agit seul, est totalement irrationnelle et contradictoire avec le réflexe de prudence qu'il a manifesté quelques jours plus tôt, se déclarant désormais incapable de pénétrer le système d'information de Clearstream. La seule explication est qu'il a agi à la demande d'une ou plusieurs personnes voulant déstabiliser Nicolas Sarkozy. Or, le seul tiers avec qui il a des relations intimes et continues, grâce au BlackBerry qui lui a été confié, à l'insu de Jean-Louis Gergorin et du général Rondot, c'est François Casanova, de la DCRG.

C'est alors que les premiers articles de presse commencent à ébruiter l'affaire.

Lors de cette période délicate, Villepin et Gergorin se rencontrent discrètement place Beauvau (les 19 mai,

24 juin, 3 ou 4 juillet, 11 juillet). Les deux hommes sont toujours aussi convaincus l'un et l'autre de l'authenticité des listings : ils espèrent que le juge Van Ruymbeke va démanteler très vite un énorme réseau occulte de corruption, pour le plus grand bien du pays.

Ce n'est que le 4 mai que Gergorin a avisé Rondot de sa démarche auprès du juge, sur décision de Villepin. Les carnets du général témoignent qu'il montre un peu moins d'enthousiasme que ses deux compères dans l'appréciation de l'authenticité des listings : « Mes doutes persistent », écrit-il. Mais, dans le même temps, il garde sa confiance à Lahoud, ce dernier l'ayant aidé à récupérer à Beyrouth de prétendus documents sur le réseau alimentant les finances d'Oussama Ben Laden. Sa confiance est telle qu'il va jusqu'à le présenter à des agents de la CIA, dans le cadre d'une opération montée conjointement au Liban, l'« opération Franklin », qui sera avalisée par Jacques Chirac et George W. Bush.

Le 11 mai, les doutes de Rondot s'expriment dans une annotation : « Mais qui peut être derrière ? » Le même jour, il informe Michèle Alliot-Marie et Philippe Marland, son directeur de cabinet, de l'entrée de Van Ruymbeke dans le circuit. Le 20 avril précédent, il avait déjà exprimé des doutes dans ses carnets, renforcés par le fait que les services suisses, qu'il a saisis, pensent que les listings sont un montage ; mais, ajoute-t-il, « il y a sans doute quelque chose » là-dessous. Et ce même jour, à propos des comptes de la « filière Sarkozy », Philippe Marland avait évoqué devant lui le « trésor de guerre ».

Fin juin, Tony Dreyfus, un des avocats du groupe Thales (ex-Thomson) dans l'affaire des frégates[1], parle à une journaliste politique du *Point* de l'arrivée dans le dossier d'instruction des frégates de deux lettres anonymes au contenu explosif. Franz-Olivier Giesbert, informé à son tour, demande à Dominique de Villepin ce qu'il faut en penser et s'entend répondre que c'est de l'hypersolide : le ministre l'encourage à foncer. Interrogé de son côté par un autre journaliste du *Point*, Yves Bertrand fait de même. Sur instruction de Giesbert, les journalistes en charge du dossier se rendent au cabinet de Me Tony Dreyfus et prennent en résumé la teneur des lettres anonymes. Ils obtiendront une copie de la première auprès d'une avocate de Christine Deviers-Joncour, mise en examen dans l'affaire des frégates. Autrement dit, l'enquête du *Point* est parrainée à la fois par le clan chiraquien et par le clan sarkozyste. Toutefois, le patron de l'hebdomadaire décide de ne pas citer de noms. La *cover-story* du *Point* du jeudi 8 juillet 2004 titre : « Clearstream, un scandale d'État ? », mais le papier se contente de parler de ministres et d'anciens ministres : « *Le Point* a eu accès à des lettres anonymes envoyées au juge Renaud Van Ruymbeke dénonçant un système de blanchiment d'argent par "la banque des banques",

---

1. Tony Dreyfus est aussi un homme politique, député socialiste et maire du Xe arrondissement de Paris.

Clearstream. Parmi les personnes "dénoncées", notamment de nombreuses personnalités politiques. »

Deux jours avant la parution du *Point*, Imad Lahoud a informé Rondot et Gergorin que François Pérol, directeur adjoint du cabinet du ministre des Finances Nicolas Sarkozy, lui a donné rendez-vous à son bureau le mardi 6 juillet. Pérol, qui connaît Lahoud, affirme que son ministre souhaite le rencontrer pour l'interroger sur l'homme d'affaires Iskandar Safa[1], cousin d'Imad Lahoud. En sortant du rendez-vous, Imad Lahoud raconte à Rondot, puis à Gergorin, que Sarkozy lui a proposé de rejoindre son cabinet pour s'occuper d'économie numérique[2] !

Après la parution du numéro du *Point*, les doutes sur l'authenticité des listings s'accentuent, de même que les inquiétudes du clan chiraquien : « Si nous apparaissons, le président de la République et moi, nous sautons », déclare Villepin à Rondot qui l'a mis en garde sur les retombées négatives que cela risque

---

[1]. Né à Beyrouth, Iskandar Safa est un homme d'affaires français, propriétaire de l'entreprise de construction navale Constructions mécaniques de Normandie. Ami de Jean-Charles Marchiani, son nom était apparu lors de l'affaire des otages du Liban libérés en 1988.

[2]. Pendant l'instruction, Lahoud reconnaîtra qu'il a bien eu rendez-vous le 6 juillet avec François Pérol, mais déclarera que ce n'est pas ce jour-là, mais au mois de septembre, qu'il a rencontré Nicolas Sarkozy, à une date qui se révélera matériellement impossible. Puis, au procès, Imad Lahoud prétendra n'avoir jamais rencontré Sarkozy!

d'avoir pour le « PR » (président de la République)[1]. Il ne faut pas oublier que les listings ne mettent pas seulement en cause Sarkozy, même s'il en est le « gros poisson », mais de nombreux industriels, hauts fonctionnaires, hommes politiques, journalistes et agents des services secrets et que, s'il s'agit bien d'un montage, la « marmite », en explosant, va causer beaucoup de dégâts ! MAM a finalement décidé de rencontrer Villepin, et le Président suit de très près l'affaire.

Au travers des notes de Rondot, cette fébrilité est palpable et a pour conséquence une méfiance accrue à l'endroit de Jean-Louis Gergorin. Rondot et Marland s'interrogent sur les origines de l'affaire et évoquent un possible montage, une opération de désinformation, une manipulation. Fin juillet, au ministère de la Défense, on évoque la mise à l'écart de « Madhi » et de « Mabuse », le nouvel alias de Gergorin ! L'hallali contre ce dernier, qui croit encore dur comme fer à la réalité des informations transmises par Lahoud, va bientôt retentir.

Dominique de Villepin y croit encore lui aussi et y croira même jusqu'à la mi-octobre 2004. Le 27 juillet, alors que Rondot lui parle d'un montage à la suite d'une communication des services suisses, il dit encore que ce qui ressort dans les listings sur les milieux financiers « est vrai », et que la vive inquiétude des milieux politiques incline à penser qu'il y a là un fondement.

---

1. Note de Rondot du 19 juillet 2004.

Le 2 septembre, le ministre estime toujours que, malgré les résultats négatifs des vérifications, « il y a quelque chose, car tout ce beau monde s'agite et s'inquiète ». Pour le général, Villepin a alors Sarkozy en tête...

Le 15 octobre, Rondot et Villepin, qui ont reçu de multiples informations des « services », sonnent la fin de la récréation. Le général confie à ses carnets que, pour Villepin, « il est maintenant presque établi qu'il y a eu montage et que Gergorin en est à l'origine avec Madhi ». La fin de la note est terrible : « Jean-Louis Gergorin : qu'il se soigne ! Le voir ? » Désormais, l'infortuné est *persona non grata*. Pourtant, Rondot le reverra encore deux fois en 2005, Villepin aura des dialogues amicaux avec lui la même année, à l'occasion de manifestations officielles, comme le Salon du Bourget ou la Conférence des ambassadeurs, sans que pour autant l'« affaire » ne soit évoquée.

Gergorin entame sa descente aux enfers. Toutefois, il est encore et toujours persuadé de la réalité du « système opaque Clearstream » et pense que les « politiques » se sont mis d'accord pour « neutraliser » l'affaire. La pression médiatique qui le met en cause dès novembre 2004 est si forte que, pour y faire face, et par loyauté envers Rondot, Villepin et bien sûr le juge Van Ruymbeke, il n'hésite pas à nier avoir joué le moindre rôle dans l'affaire : une attitude qui pèsera lourd dans son dossier. Il n'avouera publiquement son implication que fin mai 2006, après les interrogatoires de Rondot et de Van Ruymbeke. Il est alors encore tellement convaincu de la réalité des listings qu'il investit personnellement 400 000 dollars dans une ultime opération de vérification confiée au meilleur expert américain du blanchiment, l'ancien procureur John Moscow, qui avait fait tomber au début des années 1990 la BCCI[1].

À part Gergorin, à l'automne 2004, tous les acteurs sont désormais convaincus que les listings d'Imad Lahoud, acheminés par Gergorin, sont des faux et qu'ils ont affaire à un montage spectaculaire. Pourtant les choses ne sont peut-être pas aussi simples. Le 18 août 2004, Renaud Van Ruymbeke a lancé une commission rogatoire internationale sur les comptes de la Banca Popolare di Sondrio. Il se demande si ces comptes n'auraient pas effectivement servi de réceptacles à Nicolas Sarkozy pour des rétrocommissions dans l'affaire des frégates. Il sait que le contrat des frégates a fait l'objet d'un avenant le 4 juin 1993, précisant que leur assemblage serait effectué en France et non plus à Taïwan. Or, à cette date, Sarkozy était ministre du Budget, donc décisionnaire. « Le prix restait fixé à 2,5 milliards de dollars, mais s'y ajoutait un montant de 1 269 100 000 francs, ce

---

[1]. La Bank of Credit and Commerce International a servi dans les années 1980 à recycler l'argent sale du cartel de Medellín de Pablo Escobar, à héberger les avoirs de terroristes et de dictateurs, tel Noriega, et à couvrir les activités de subversion américaines (Contra).

qui a eu pour effet d'augmenter les commissions versées. Il est nécessaire de vérifier pour le compte de quel client la Banca popolare a fait fonctionner ces comptes », écrit à ce propos le juge Renaud Van Ruymbeke.

8

De l'existence des réseaux tangentiels

Tout le monde sait aujourd'hui que les listings remis par Imad Lahoud étaient des faux. Il en résulte que l'expression « réseaux tangentiels à explorer », prononcée lors de la réunion du 9 janvier au Quai d'Orsay, ne suscite, au mieux, que des sarcasmes. Qui ajouterait crédit à une idée qui a échauffé les esprits de Villepin, Gergorin et Rondot, ces piètres manipulateurs paranoïaques ? Pensez donc, des réseaux auxquels appartiendraient à la fois des personnalités de gauche et de droite ? Ridicule ! Et pourtant...
Pour avoir voulu dénoncer ce type de réseaux dans lesquels étaient cités les noms de Jean-Marie Messier, proche d'Édouard Balladur, d'Henri Proglio, mais aussi d'Olivier Spithakis, aux côtés des socialistes Jean-Christophe Cambadélis, Jean-Marie Le Guen et Dominique Strauss-Kahn, Jean-Pierre Davant, alors président de la Mutualité française, a été confronté pendant une douzaine d'années à des « coups » barbouzards en tous genres : voiture sabotée, vols de documents, écoutes sauvages, appels téléphoniques

anonymes, menaces contre sa personne et ses proches, tracts non signés le mettant gravement en cause, plainte en dénonciation calomnieuse... et, bouquet final, une dénonciation anonyme qui lui vaudra une perquisition des bureaux de la Mutualité française pendant plusieurs heures et une enquête confiée à l'un des juges les plus en vue de la Brigade financière.

Armelle Thoraval, journaliste à *Libération*, qui a fait éclater l'affaire de la MNEF, a, elle aussi, été harcelée par des officines qui lui ont « pourri » l'existence pendant des années. Quant à Jean-Jacques Rosalia, le commissaire de la Brigade financière qui a instruit les plaintes de la Mutualité française contre Jean-Marie Messier, il se souvient fort bien des dix-huit mois tumultueux au cours desquels il aura eu la charge de ce dossier, des mois ponctués de pressions et d'événements bizarres, comme un accident de voiture qui lui a laissé un goût amer, avant qu'il ne soit dessaisi du dossier...

Raconter l'histoire de Jean-Pierre Davant relèverait plus du « polar » à l'américaine que du document ordinaire. Et si un tel roman était écrit, il serait tenu pour l'œuvre d'un mythomane. Précisons tout de suite que Jean-Pierre Davant ne l'est pas, mythomane. Inspecteur des impôts, grand amateur de rugby, militant socialiste dans sa jeunesse, bien qu'étant profane[1], il

---

1. Jean-Pierre Davant est non initié en maçonnerie, ce qui était une première à la tête de la Mutualité française!

avait été élu président de la Mutualité française : il a occupé ce poste pendant dix-huit ans[1].

Peu de temps après son arrivée, le 7 mai 1992, à la tête de la Mutualité française, qui regroupe 18 millions de mutualistes, il fait faire un audit à l'issue duquel il apparaît que 950 millions de francs ont été investis dans des affaires douteuses : une partie sur des places internationales les moins recommandables, comme les îles Caïmans, d'autres en France. Jean-Pierre Davant découvre que c'est Jean-Marie Messier, alors associé-gérant à la banque Lazard, qui conseillait son prédécesseur[2] : un Messier à l'époque proche d'Édouard Balladur, au cœur du dispositif de sa campagne présidentielle, celle de 1995.

Le 18 novembre 1992, Davant dépose plainte avec constitution de partie civile contre l'ancien directeur financier de la Mutualité française, lequel est mis en examen le 1er avril 1994 pour abus de confiance, escroquerie, faux en écritures. La juge d'instruction Marie-Pierre Maligner-Peyron est chargée du dossier ; le commissaire Jean-Jacques Rosalia dirige l'enquête. Bientôt, c'est au tour de Messier d'être

---

1. Il est aujourd'hui président de la Mutuelle des sportifs, P-DG de l'IMAPS, président du conseil de surveillance de la Fondation Gustave-Roussy et président du club de rugby de Tarbes.

2. Après avoir été directeur de cabinet du ministre délégué chargé de la Privatisation, puis conseiller technique chargé des privatisations dans le cabinet d'Édouard Balladur, pendant la première cohabitation, l'ancien inspecteur des Finances devient banquier d'affaires chez Lazard en 1989.

visé par une information judiciaire dans le dossier des détournements de fonds de la Mutualité. Les enquêteurs sont en effet en possession de différents documents signés par Messier[1], qui semblent indiquer qu'il en a antidaté certains et a demandé des pouvoirs en blanc à l'ancien directeur financier[2]. La Mutualité française a porté plainte dans ce volet du dossier.

Jean-Pierre Davant se confie à François Mitterrand sur ce qui pourrait devenir une « affaire ». À la fin de son exposé, le vieux Président ne peut s'empêcher d'éclater de rire :

« Avec l'argent, ils ont toujours été plus forts que nous ! C'est quand même incroyable : on présente la Mutuelle comme un repère de gens de gauche, et c'est là que la droite s'alimente ! C'est vraiment très, très malin ! »

Alors que l'enquête continue, pendant l'été 1994, une mutuelle se rapproche de la Compagnie générale des Eaux (CGE). Elle se trouve en grandes difficultés financières. Olivier Spithakis, directeur général de la Mutuelle nationale des étudiants de France (MNEF), conseillé par Jean-Marie Le Guen, salarié de la MNEF et député socialiste, et Jean-Christophe Cambadélis, qui a perdu son siège de député en mars 1993, sollicite Dominique Strauss-Kahn pour qu'il assiste la mutuelle

---

1. Jean-Marie Messier n'a pas donné suite à ma demande de rendez-vous.
2. Dans cette affaire, un non-lieu a été prononcé.

dans une négociation avec la CGE. Alors avocat d'affaires (DSK Consultants), Strauss-Kahn n'est-il pas une connaissance d'Henri Proglio, alors patron d'une filiale de la Compagnie, la CGEA, puisqu'ils ont été de la même promotion à HEC ? À partir d'octobre 1994, les pourparlers s'engagent. Olivier Spithakis, Philippe Plantagenest, son directeur de cabinet, quelques juristes et DSK négocient avec Henri Proglio, assisté d'Alain Bentejac, directeur général d'une filiale de la CGE, qui présente aussi la particularité d'avoir été membre du cabinet de DSK à l'Industrie en 1990-1991, ainsi que de quelques conseillers, tantôt au *Bristol*, tantôt au siège de la CGE, rue d'Anjou à Paris...

Le 10 avril 1996, la juge Marie-Pierre Maligner-Peyron mène une perquisition au siège de la banque Lazard. Pour Jean-Jacques Rosalia, qui a été, juste auparavant, dessaisi du dossier, cette perquisition a été menée *a minima*. Pourtant, pour celui qui va devenir J2M, cette affaire tombe au plus mauvais moment. Il est en effet administrateur-général de la Compagnie générale des Eaux et dauphin désigné de Guy Dejouany, pour lui succéder à la tête du groupe. Fureur de Messier à l'encontre de Davant qui, avec ses plaintes, risque de mettre en péril son irrésistible ascension ! D'autant que Jacques Chirac, le nouveau Président, ne le porte pas dans son cœur et fait tout pour contrarier son accession à la présidence de la Compagnie : il suit d'ailleurs avec la plus grande attention les démêlés du protégé d'Édouard Balladur avec Jean-Pierre Davant.

Il serait évidemment hasardeux, dira-t-on, d'établir un rapport entre cette ambiance de plus en plus détestable et le cambriolage des locaux de la Mutualité française : un fric-frac raté puisque les monte-en-l'air ne sont pas parvenus à forcer le coffre-fort.

Messier demande à rencontrer Davant en tête-à-tête. Il lui dit qu'il ne dort plus depuis des mois : il a la hantise de voir débarquer chez lui des flics à l'heure du laitier ; de même, chaque matin, il est angoissé à la perspective d'ouvrir les journaux. Alors que, dit-il, tout cela ne le concerne en rien. Jamais, poursuit-il, l'idée ne lui serait venue de détourner de l'argent à des fins politiques, ou davantage encore, à des fins personnelles. Mais en tout placement il existe une part de risques... *In fine,* Messier propose à son vis-à-vis de gérer la chaîne des cliniques privées appartenant à une des filiales de la Compagnie, en toute responsabilité et aux conditions que lui, Davant, définirait. Offusqué par ce marché, le président de la Mutualité refuse. Messier annonce alors en termes très étudiés, c'est-à-dire ne pouvant pas être retenus contre lui, que la guerre entre eux va être totale et que les dégâts collatéraux seront importants...

Le 6 juin 1996 est signé un protocole aux termes duquel la SNIG, l'une des filiales de la Générale des eaux, prend une participation de 35 % dans le capital de Raspail Participations et Développement, une holding de la MNEF en très mauvaise posture. Un « réseau tangentiel » entre Messier, Proglio, DSK, Le Guen, Cambadélis, décrivant un arc avec à chaque bout Balladur et Jospin, s'est formé grâce à un entremêlement de fils parmi lesquels on trouve des liens maçonniques, des solidarités trotskistes, des relations politiques et affairistes. Le noyau dur de la MNEF autour de « Spit » est en effet constitué d'ancien « trotz » de l'OCI, organisation dirigée par Pierre Lambert et à laquelle a appartenu Lionel Jospin ; après avoir mis la main sur la mutuelle étudiante, ceux-ci ont fait de l'entrisme à la fois dans certaines loges maçonniques et au Parti socialiste.

Ce protocole de juin 1996 sera à l'origine de la mise en cause, trois ans plus tard, de DSK, qui l'obligera à quitter le gouvernement Jospin, avant d'être mis en examen, le 14 décembre 1999, pour faux et usage de faux, avant d'être finalement relaxé, en particulier grâce au témoignage de son ami Proglio, qui a affirmé qu'il avait vraiment accompli un travail pour faire aboutir la négociation. DSK a touché 603 000 F pour ce « travail » entre 1994 et 1996[1]. L'ensemble des documents juridiques relatifs à cette négociation a été préparé et établi par d'autres cabinets d'avocats que celui de DSK. S'il est établi qu'il a participé à plusieurs réunions pour faire aboutir le « deal », c'est davantage en tant qu'intermédiaire ou « apporteur d'affaires » qu'en tant que conseil juridique. Le maire de Sarcelles s'est également réjoui de la construction

---

1. Armelle Thoraval affirme dans *Libération* (du 30 octobre 1999) que la rémunération prévue à l'origine était de 2 millions de francs, ce que contestait DSK.

de studios pour étudiants dans sa ville, suite à l'accord passé entre la Compagnie générale des Eaux et la MNEF. Quant à Jean-Marie Le Guen, il sera gratifié d'un poste d'administrateur de la holding...

Objet d'attaques de plus en plus virulentes de la part de la Compagnie générale des Eaux, et au courant de l'accord passé entre la CGE et la MNEF, Davant voit dans ses propres déboires une retombée de cette nouvelle alliance.

Jacques Chirac dissout l'Assemblée nationale le 21 avril 1997. Lionel Jospin entre à Matignon le 3 juin 1997. Dominique Strauss-Kahn raccroche sa robe d'avocat d'affaires (et laisse les dossiers de ses clients : Alcatel, EDF, Cogema, Lafarge... et la MNEF, qui lui vaudront d'essuyer quelques soupçons de conflits d'intérêts[1]), pour prendre Bercy, cependant qu'Élisabeth Guigou arrive place Vendôme.

Davant est bien obligé de constater que l'arrivée de la gauche à Matignon ne va en rien résoudre ses problèmes. Au contraire ! Pour lui, les ennuis s'amoncel-

---

1. Lire *Les Vies cachées de DSK*, de Véronique Le Billon et Vincent Giret (Le Seuil, 2000). Dans son édition du 9 juin 1999, *Le Point* publiait un papier intitulé « Interventions dangereuses » ; son auteur, Olivier Toscer, écrit que DSK est dans une situation plutôt inconfortable vis-à-vis du scandale du Crédit Lyonnais parce qu'avant d'être nommé ministre des Finances, il aurait usé de son influence pour le compte d'hommes d'affaires en conflit avec la banque. Dans *Le Nouvel Observateur*, Airy Routier reprend le 4 novembre 1999 l'information sous le titre « Les imprudences du ministre démissionnaire ». Dans *L'Express* du 6 juillet 2011, dans un

lent. DSK lui annonce son intention de lever une taxe sur certaines prestations de la Mutualité. De virulentes campagnes sont lancées contre lui. Et, *the last but not the least,* Lionel Jospin reçoit officiellement Jean-Marie Messier à Matignon. Le patron de la Mutualité française est dès lors convaincu que celui-ci, qui a la caution de la MNEF et de DSK, est en train d'obtenir la bienveillance du Premier ministre. Olivier Spithakis, le patron de la MNEF, ne discutera-t-il pas en direct avec Lionel Jospin sitôt qu'il y a, ou aura, un conflit avec les étudiants ? Il y a beau temps que Spithakis, protégé par DSK, Le Guen et Cambadélis, a su se rendre indispensable aux socialistes[1].

Tout naturellement, le socialiste « de cœur » Davant prend contact avec le ministère de la Justice, convaincu qu'il peut faire avancer l'instruction des plaintes déposées par la Mutualité française contre un homme du clan Balladur. Mais le directeur de cabinet

---

article intitulé « Quand DSK conseillait les entreprises », Anne Vidalie donne la parole à l'avocat Francis Terquem, qui reproche à son ex-ami DSK de lui avoir dissimulé ses relations, en 1995, avec la Compagnie générale des eaux, au détriment de l'un de ses clients.

1. Lors du procès de la MNEF, en mars 2006, Olivier Spithakis met Lionel Jospin en cause, en affirmant que son chef de cabinet lui avait demandé un salaire de complaisance pour une des plus proches collaboratrices de Jospin. Et Dominique Levêque, ancien président du conseil d'administration, a fait état de liens quasi institutionnels entre le PS et la MNEF: « Il y avait un parfum d'implicite », a-t-il déclaré.

d'Élisabeth Guigou n'a manifestement que faire de ce combat. Il est même préoccupé par les rumeurs qui courent sur la MNEF, et davantage encore par les dégâts que pourrait provoquer la mise au jour de l'affaire. Celui-ci sait que l'association France-Taïwan est totalement imbriquée dans la MNEF, or l'on parle beaucoup d'elle dans l'affaire des frégates... Créée en octobre 1991, cette association, désactivée depuis 1994, a été un temps abritée dans un immeuble de la MNEF, rue Tiphaine à Paris, immeuble dont les modalités d'acquisition sont loin d'être claires. Présidée par Pierre Bergé, qui dirige Yves Saint Laurent couture, puis par l'ancien ministre gaulliste François Missoffe, l'association avait pour trésorier... Olivier Spithakis. Jean-Marie Le Guen en fut successivement l'un des vice-présidents puis le secrétaire général. Jacques Cresson, le mari d'Édith Cresson, a fait également partie du bureau de l'association. Le haut fonctionnaire de la Place Vendôme, qui dispose manifestement d'informations de première main, craint que, dans les mois qui viennent, n'éclate « le plus grand scandale que la République ait connu ».

Davant comprend qu'Élisabeth Guigou ne l'aidera pas, de crainte de déclencher, par ricochets, l'affaire des frégates dans laquelle, semble-t-il, les membres de France-Taïwan pourraient être impliqués...

Si, dans l'ombre, Jean-Pierre Davant se bat contre l'association contre-nature de la Compagnie générale des Eaux et de la MNEF, Armelle Thoraval, journaliste à *Libération*, monte elle aussi au front pour démonter l'organisation de type mafieux que serait devenue la MNEF et, comme lui, elle va essuyer de très nombreux coups. Le 7 avril 1998, elle publie un long article, intitulé « L'obscure gestion à tiroirs de la MNEF », dans lequel elle annonce la tempête prochaine sur la mutuelle. L'essentiel est déjà dans cet article : elle rappelle que plusieurs enquêtes sont menées parallèlement sur la mutuelle étudiante ; dès décembre 1997, explique-t-elle, les membres de l'Inspection générale des affaires sociales (IGAS) – gendarmes au service de la commission de contrôle des mutuelles – ont fait parvenir à leurs autorités de tutelle leur programme de travail. Au chapitre MNEF, ils ont constaté une « gestion particulièrement opaque des filiales ». Fin mars 1998, la commission de contrôle s'est réunie pour constater – une fois de plus – que la grande figure du système mutualiste étudiant est devenue une nébuleuse à filiales et sous-filiales. Quant à la Cour des comptes, elle achève un contrôle commencé plusieurs mois avant. Enfin, un expert-comptable vient de remettre son rapport au comité d'entreprise. Il est préoccupant.

Armelle Thoraval décrit la MNEF comme « un système contrôlé par une poignée de gens, forgés par le syndicalisme étudiant, issus des rangs trotskistes (lambertistes) du Parti communiste internationaliste (PCI), ou encore recrutés parmi les amis marseillais et aixois d'Olivier Spithakis. Parmi les fidèles du cercle étroit d'amis, Spithakis peut ainsi compter sur le député socialiste Jean-Marie Le Guen, directeur médical de la mutuelle, puis "conseiller orientation stratégique" à mi-temps entre 1981 et 1997 ; sur Jean-Christophe Cambadélis, actuel secrétaire national du PS, salarié des filiales de la MNEF ou de mutuelles "jumelles" pendant près de huit ans ».

Fin 1995, Armelle Thoraval avait déjà accroché une belle casserole[1] à « Camba ». Après sa défaite aux législatives de 1993, Jean-Christophe Cambadélis avait été recruté par Yves Laisné, ancien membre du Front national, comme chargé de mission de l'Agence des foyers et résidences hôtelières privées (AFRP), une association logeant plusieurs milliers de travailleurs immigrés. Pendant deux ans, l'ancien trotskiste de l'OCI avait touché 20 000 francs par mois, pour un emploi sans contrepartie. Au-delà de la dimension pénale de l'emploi fictif, c'est le versant politique et moral de cette affaire qui avait choqué beaucoup de ses camarades. Cambadélis n'a-t-il pas été, en 1993, le fondateur du « Manifeste contre le Front national », et celui qui avait mis les jeunes dans la rue pour militer en faveur des étrangers[2] ? Pour cette affaire d'emploi fictif, il sera condamné, le 28 janvier 2000, à cinq mois de prison avec sursis et 100 000 francs d'amende...

Dans son article d'avril 1998, la journaliste de *Libération* évoque le plus que confortable train de vie des

---

1. In *Libération* du 21 novembre 1995.
2. Armelle Thoraval, « Les liaisons dangereuses de Cambadélis devant les juges. L'ex-numéro 2 du PS comparaît aujourd'hui à Paris », *Libération*, 2 décembre 1999.

amis de Spithakis¹. La commission de contrôle des mutuelles signale : « Des rémunérations sont versées aux administrateurs sans justification de sujétions particulièrement importantes, en infraction à l'article L. 125-5 du code de la mutualité. » Treize administrateurs, étudiants ou non, épisodiquement présents pour certains, bénéficient d'un peu plus d'un million de francs d'indemnités annuelles. Dans les structures délocalisées, le régime est identique. À Marseille, il a suscité l'étonnement de la Ddass : le système installé dans la cité phocéenne, avec la MIF, la MIJ et l'UTMP, est particulièrement nébuleux ; il constitue notamment un précieux relais pour François Bernardini, alors président du conseil général des Bouches-du-Rhône.

Au fil des années, la MNEF, qui gère le régime de sécurité sociale d'un peu plus de 820 000 étudiants et distribue plus d'un milliard de francs de prestations par an, a développé des activités dans l'immobilier (elle gère 14 000 logements étudiants), la communication, la gestion de cafétérias, les espaces universitaires, l'informatique, la création de nouvelles mutuelles. Selon l'IGAS, la politique de la MNEF « a été marquée par de nombreuses dérives juridiques et financières » et se solde « par un bilan financier fortement négatif [...], au détriment des intérêts des adhérents

---

1. Faute de preuves formelles, elle n'évoquera pas dans ses nombreux articles la circulation d'éventuelles valises dans et autour de la MNEF.

de la mutuelle ». L'enquête souligne encore que, par le biais de cessions et de rachats successifs, « les résultats médiocres enregistrés par la MNEF contrastent avec les profits importants encaissés par certains de ses associés privés ». Le rapport examine l'activité et les comptes de 55 sociétés commerciales, des mutuelles satellites et des associations périphériques du « groupe » MNEF, et y décèle nombre de « dysfonctionnements, d'anomalies et d'irrégularités »...

Le 9 septembre 1998, le parquet de Paris ouvre une information judiciaire contre X. Un rapport provisoire de la Cour des comptes sur la gestion de la Mutuelle nationale des étudiants de France est transmis à la mi-septembre au gouvernement. Douze personnes sont finalement mises en examen : parmi elles, Olivier Spithakis, l'ancien directeur général de la MNEF, et François Bernardini, le patron du PS dans les Bouches-du-Rhône. Mis en cause, Dominique Strauss-Kahn a démissionné de son poste de ministre de l'Économie et des Finances. Ce n'est que le 14 décembre 1999 qu'il est mis en examen pour « faux et usage de faux ».

Juges et enquêteurs vont de surprise en surprise dans ce dossier. L'une des toutes premières curiosités de l'affaire de la MNEF concerne un bateau, le *Derya*, utilisé notamment par Olivier Spithakis et ses invités, dont Jean-Marie Le Guen, député du XIIIe arrondissement de Paris. Le *Derya* était un deux-mâts de 25 mètres de long pouvant accueillir à son bord douze personnes. Son port d'attache était Bastia, et il avait une vocation officielle : l'accueil de séminaires organisés par la MNEF. Mais le *Derya* aura surtout été un lieu de vacances de l'état-major de la mutuelle étudiante. Le Guen s'est longtemps souvenu d'une de ses escapades à bord du voilier, puisqu'un filin s'était enroulé accidentellement autour de sa cheville qui faillit être sectionnée. Il a fallu toute l'habileté du professeur Letournel, à la clinique de la porte de Choisy à Paris, pour que l'ami de DSK recouvre l'usage de son pied.

Juges et enquêteurs ne purent se rendre sur le bateau de plaisance, car le *Derya* n'existait plus : il avait sombré, en août 1996, au large de Bonifacio dans des conditions mystérieuses. Le mystère s'épaissit davantage encore quand on se penche sur la façon dont la perte du *Derya* fut indemnisée, rubis sur l'ongle, par les assurances...

Revenons à Jean-Pierre Davant. Non seulement les plaintes qu'il a déposées au nom de la Mutualité française n'« avancent » pas – elles vont déboucher sur un non-lieu –, mais il est mis en examen pour dénonciation calomnieuse[1]. Il est l'objet de vives attaques de la part de Le Guen, qui voit dans l'« affaire de la MNEF » un règlement de comptes fomenté par Davant pour se venger d'avoir vu la mutuelle étudiante échapper à sa tutelle.

De son côté, Armelle Thoraval, qui a mis au jour les turpitudes de la MNEF, est l'objet de menaces et

---

[1]. L'affaire s'est terminée par un non-lieu.

de surveillance. Pis, son appartement est cambriolé. Dominique Levêque, ancien cadre de la MNEF, dont il a été président du conseil d'administration, a reconnu qu'un cambriolage a bien été commis au domicile de la journaliste en 1998, à la demande de la présidence de la MNEF : l'épouse de Levêque, un agent de la DGSE, qui a des comptes à régler avec son mari, avait remis aux enquêteurs la copie d'un relevé bancaire appartenant à Armelle Thoraval. « À ce moment, Spithakis gérait la politique de communication de la MNEF sur ses difficultés. Il était question de mettre de côté des documents, des pièces, qui puissent participer à discréditer ceux qui s'intéressaient de trop près à la MNEF. [...] Dominique Levêque était chargé de traiter ces informations », expliquent ses avocats. Dominique Levêque est mis en examen pour « vol avec effraction » ; il déclare que l'auteur de l'infraction est un certain « Michel », dont il n'a jamais connu l'identité exacte, mais il précise toutefois qu'il s'agit d'un ancien fonctionnaire de police, à la tête d'une officine qui était à l'origine utilisée par la MNEF pour rechercher des informations à caractère économique sur les concurrents de la mutuelle et chargée de missions plus ponctuelles visant à discréditer les « curieux ». La même officine que celle qui s'occupe de Jean-Pierre Davant ?

Dans les mois qui suivent, plusieurs acteurs du dossier suggèrent à la journaliste que d'autres informations à caractère privé la concernant, telles que le numéro de sa plaque d'immatriculation, l'adresse de la crèche et de l'école de ses enfants, etc., sont connues à la direction de la MNEF. « Lorsque ces témoignages m'ont été rapportés, j'étais aussi indignée qu'en colère. Mais je ne voulais pas me retrouver dans un statut de victime, et donc d'actrice de cette affaire. J'en ai seulement parlé à deux confrères et à un magistrat du parquet. J'imaginais à l'époque faire une main courante pour prendre date, avant de prendre le parti d'ignorer cette histoire », a expliqué la journaliste[1].

Le 2 juin 2006, la 11ᵉ chambre du tribunal correctionnel de Paris condamne 22 des 29 mis en examen à des peines allant de quatre mois à deux ans d'emprisonnement avec sursis. Jean-Christophe Cambadélis, député PS, écope de six mois avec sursis ; il était poursuivi, rappelons-le, pour avoir touché 620 000 francs (94 500 euros) d'une filiale de la MNEF de 1991 à 1995. Le député assurait avoir exercé une activité « bien réelle » de conseil, mais le tribunal estima qu'il s'agissait d'un emploi fictif. L'ancien président Jean-Michel Grosz a été condamné à deux ans de prison avec sursis et 150 000 euros d'amende ; l'ancien directeur général, Olivier Spithakis, à deux ans avec sursis et 50 000 euros d'amende. Le tout amnistiable...

Personnage-clé du dossier, Olivier Spithakis avait assumé, à l'audience, le versement de salaires « militants » à des permanents d'organisations proches de la MNEF, comme le syndicat étudiant UNEF-ID ou l'association SOS Racisme. En décembre 2005, la

---

1. Fabrice Tassel, in *Libération*, 3 juillet 2001.

cour d'appel de Paris l'avait déjà condamné à trois ans d'emprisonnement, dont dix-huit mois avec sursis, pour détournement de fonds au préjudice de la mutuelle. L'affaire était donc close, mais subsistaient encore beaucoup de zones d'ombre.

La plus mystérieuse est probablement l'incendie survenu à Marseille, le 29 septembre 2000, en pleine nuit, à deux pas du Vieux-Port, qui fit trois morts et un blessé, une femme grièvement brûlée. L'hypothèse du court-circuit fut émise, mais celle-ci ne tenait pas. Une information judiciaire fut ouverte. Les premières conclusions des enquêteurs privilégièrent la piste de l'acte criminel et firent état de deux foyers distincts : l'un dans la cage d'escalier de l'immeuble, l'autre devant la porte battante de l'entresol. Toutes les archives de la MIF, filiale marseillaise de la MNEF, s'étaient envolées en fumée !

Armelle Thoraval, la meilleure spécialiste du dossier, considérait la MIF comme une « structure-clé du système de pouvoir de la MNEF ». La MIF était la gardienne de tous les secrets portant sur l'écheveau des filiales de la mutuelle et de nombreux documents compromettants. Deux perquisitions avaient été effectuées auparavant dans ses locaux. Les pyromanes destructeurs de preuves ne furent jamais retrouvés.

Après son procès, Olivier Spithakis a changé de secteur d'activité. Il s'est mis dans le secteur « porteur » des énergies renouvelables : il est entré bientôt à EDF-Énergies nouvelles, dont le P-DG est l'homme d'affaires français Pâris Mouratoglou, et dont une part du capital est détenue par le groupe familial de celui-ci. Après le drame de Fukushima en février 2011, Henri Proglio, le nouveau patron d'EDF, a décidé que le groupe électricien français devait opérer un choix stratégique : s'impliquer davantage dans les énergies nouvelles ; il a racheté les parts de Pâris Mouratoglou[1]. Olivier Spithakis n'a plus qu'un seul patron, Proglio.

---

1. « EDF se renforce dans les énergies renouvelables », *Le Figaro*, 8 avril 2004.

9

Dans le fatras des listings, un compte Clearstream était bon !

Ce n'est qu'à la mi-janvier 2006 que le juge Van Ruymbeke reçoit la réponse de la Banca Popolare di Sondrio (BPS) à sa commission rogatoire du 18 août 2004. Surprise : si les comptes intitulés « Stéphane Bocsa » et « Paul de Nagy » sont faux, un des six comptes des listings, localisés à Sondrio, le numéro 16438, est un authentique compte de banque, ouvert par BPS à Clearstream et utilisé par de nombreux clients. L'établissement italien réclame donc au magistrat français une nouvelle demande motivée précisant la personne visée. Le juge hésite à produire un nouvel acte. Il sait déjà que les listings communiqués par Jean-Louis Gergorin ont été trafiqués et il est par ailleurs bloqué par le pouvoir, qui l'empêche d'avoir accès à des documents essentiels, protégés par le secret-défense. Renvoyer une nouvelle commission rogatoire reviendrait à faire état, noir sur blanc, de soupçons qui porteraient sur Nicolas Sarkozy lui-même. Il est évidemment tenté de jouer le funambule, puis renonce finalement. Deux ans plus tard, il bouclera son enquête sur les frégates de Taïwan par une ordonnance de non-lieu.

Le 31 janvier 2006, Nicolas Sarkozy porte plainte pour dénonciation calomnieuse. Y a-t-il un lien entre la fin de l'enquête sur un éventuel compte de Sarkozy à la Banca Popolare di Sondrio et le déclenchement de cette procédure judiciaire par l'intéressé ?

Je ne tiens pas la preuve que ce compte numéro 16438 a pu servir de réceptacle à des rétrocommissions en faveur du clan balladurien, mais j'ai rencontré plusieurs personnes qui l'affirment. Anciens de la DGSE, magistrats et policiers ne parlent de cette affaire qu'à mots couverts et en « off », confirmant que des transferts de ce type sont bien passés par la filiale de Lugano (Suisse) de la BPS.

Avant d'évoquer plus longuement ce compte de la Banca Popolare di Sondrio, il est important de revenir à l'année 1995, juste après l'élection de Jacques Chirac à la présidence de la République. Le nouveau locataire de l'Élysée n'a pas digéré la trahison de son ancien Premier ministre, son « ami de trente ans ». Il veut tout savoir du « trésor de Balladur », comme il dit. Il donne des instructions pour que soient mises au jour les filières utilisées par les balladuriens entre 1993 et 1995 aux fins de constituer leur « trésor de guerre », et pour que soient empêchés les versements encore à effectuer dans plusieurs contrats d'armement passés avec le Pakistan et l'Arabie saoudite. Dominique de Villepin, secrétaire général de l'Élysée, et Charles Millon, ministre de la Défense, sont à la manœuvre.

Quelques articles de presse lâchent, au fil du temps, des bribes d'information sur cette rude bataille entre chiraquiens et balladuriens, mais tout est fait pour qu'elle reste discrète. C'est un contrôle fiscal opéré en 2006 à Kourou (Guyane) sur la société MJM Partners Consultants, puis les développements de l'instruction judiciaire relative à l'attentat du 8 mai 2002 à Karachi (Pakistan) – qui coûta la vie à onze employés de la Direction des constructions navales (DCN)[1] –, qui vont révéler de très nombreux éléments inédits sur les filières balladuriennes de financement occulte et sur la guerre implacable à laquelle se sont livrés les deux clans de la droite.

En 1995, Charles Millon avait demandé à la DGSE de placer sur écoute les principaux acteurs de la signature des deux marchés, *Agosta* et *Sawari II*, afin de trouver la trace des chemins empruntés par les commissions et rétrocommissions. Rappelons-le, le premier concerne la vente de trois sous-marins au Pakistan pour un montant de 826 millions d'euros. Il avait été signé en août 1994 avec le Pakistan ; le second, *Sawari II*, concerne la vente de trois frégates, pour 2,9 milliards d'euros. Il avait été signé en novembre 1994 avec l'Arabie saoudite. Pour ces deux

---

1. Lire l'excellent *Le Contrat*, de Fabrice Lhomme et Fabrice Arfi (Stock, 2010). Enquête si documentée qu'elle devint document de référence pour le juge Trévidic.

contrats, le gouvernement de l'époque, dirigé par Édouard Balladur, avait imposé deux intermédiaires libanais : Abdul Rahman Salahheddine El-Assir et Ziad Takieddine. Ces deux acteurs n'ont pas participé préalablement à la négociation des contrats. Ils ont surgi, selon des témoignages d'anciens de la branche internationale de la DCN, deux mois avant la signature de l'accord. Il semble bien qu'ils aient été imposés par le gouvernement pour générer des rétrocommissions dans la perspective de la future élection présidentielle.

C'est François Léotard, ministre de la Défense, et son cabinet qui supervisent l'opération, mais c'est Renaud Donnedieu de Vabres qui est chargé de mettre les mains dans le cambouis : il présente l'intermédiaire El-Assir à Emmanuel Aris, responsable de la DCN-I. Pour garder le péage, là où se valident les commissions des contrats, est posté Nicolas Sakorzy, ministre du Budget : dans le cadre de la législation, en vigueur jusqu'à la fin de 1995, c'est effectivement le ministère du Budget qui avalise le montage financier des contrats d'exportation, et donc les commissions inhérentes pudiquement appelés « FCE » (frais commerciaux exceptionnels[1]).

Entre juillet et octobre 1995, grâce notamment aux écoutes de la DGSE, à celles de deux anciens de ses services, qui ont tous deux été membres du cabinet

---

1. Ces FCE étaient légaux jusqu'en 2000. Ils servaient à rémunérer des intermédiaires dans les pays acheteurs.

du ministre de la Défense Léotard, soit Patrice Molle et Louis-Pierre Dillais, des « traces des rétrocommissions ont bien été retrouvées dans des établissements bancaires de cinq pays : l'Espagne, la Suisse, Malte, Chypre et le Luxembourg », déclare Millon au juge Trévidic. De son côté, Dominique de Villepin, à la barre du procès Clearstream, a raconté : « Après l'élection de 1995, Chirac n'a pas donné d'instructions à Millon sans éléments. Il n'y avait peut-être pas de preuves matérielles, mais de nombreux indices. Notamment des écoutes, beaucoup d'écoutes. Et quand vous entendez toujours les mêmes noms revenir, ceux d'intermédiaires, surtout Takieddine dans mon souvenir, mais aussi de directeurs de cabinet, de ministres eux-mêmes, de Balladur et de son financement... Ces noms ne revenaient pas une fois ou deux, mais des dizaines de fois. Il n'y avait aucune ambiguïté... »

Villepin était bien placé pour en connaître, puisque, parallèlement à Charles Millon, il était le chef d'orchestre de la mission secrète chiraquienne. Il avait constitué de fait une sorte de « cabinet noir », mobilisant notamment quelques officines de surveillance tenues par d'anciens policiers et agents des services. Frédéric Bauer, patron de Control Risk Management, est ainsi chargé de faire rendre gorge aux intermédiaires El-Assir et Takieddine. Villepin donna l'ordre formel à Michel Mazens, patron de la Société française d'exportation de systèmes avancés (Sofresa) – une société chargée de gérer les accords d'armement entre la France et l'Arabie saoudite –, d'utiliser tous les moyens pour empêcher le versement de commissions aux filières balladuriennes...

En 2006, donc, des documents saisis par le fisc à la société MJM Partners Consultants, co-dirigée par Claude Thévenet, ancien commissaire de la DST, et par Michel Mauchand, ancien de la DGSE, permettent de découvrir les mécanismes mis en place par la DCN-I pour « gérer les réseaux internationaux », termes pudiques pour désigner les filières montées entre 1993 et 1995 en vue d'alimenter le « trésor de guerre » balladurien. Parmi elles, une société offshore dénommée Heine ; elle a été créée, fin 1994, au Luxembourg par trois personnes : Gérard-Philippe Menayas, directeur administratif et financier de la DCN-I ; Yves Schmit, le comptable, et Jean-Marie Boivin, l'homme qui est passé maître dans l'architecture financière. La société Heine fut constituée avec l'aval de Nicolas Bazire, alors directeur de cabinet d'Édouard Balladur quand celui-ci était Premier ministre, et de Nicolas Sarkozy, alors ministre du Budget. Un document chronologique d'une page, non daté ni signé, saisi lors des perquisitions[1], « laisse supposer des relations ambiguës avec les autorités poli-

---

1. Les éléments sur la société Heine sont tirés d'une note de Jean-Claude Marin, le procureur de la République, datée du 22 novembre 2007, et adressée au procureur général près la Cour d'appel de Paris ; intitulée « Révélations de faits délictueux par l'administration fiscale concernant la société MJM Partners Consultants, sise à Kourou en Guyane. Affaire JRS ».

tiques en faisant référence au financement de la campagne électorale de M. Balladur pour l'élection présidentielle de 1995 ("pour payer BAL, AGO [Alain Gomez?] refuse de payer 2e réseau. Loi spéciale de BAL pour 4e mandat[1]") (scellé DCN-I 7 page 40) ». D'autres documents montrent que les dirigeants de Heine – devenue ensuite Eurolux –, furieux de la faible indemnité de rupture qui leur a été proposée, ont lancé, à partir de 2004, contre la DCN-I « des menaces de révéler la nature des missions qui leur avaient été confiées ».

La découverte des documents de MJM Partners a pour conséquence directe une perquisition menée au siège de Heine au Luxembourg : « En 1995, des références font croire à une forme de rétrocommissions pour payer des campagnes politiques en France [...]. Finalement, une partie des fonds sont passés par le Luxembourg et reviennent en France pour le financement des campagnes politiques françaises[2]. » Ironiques, les policiers luxembourgeois adressent leurs « compliments à celui qui a mis ce système en place, il s'agit d'un travail méticuleux et en avance sur son temps ». Le rapport mentionne un courrier adressé le 29 novembre 2006 par Jean-Marie Boivin à Nicolas Sarkozy, alors ministre de l'Intérieur, dans lequel il lui

---

1. L'interprétation de « AGO » qui pourrait renvoyer à Alain Gomez est faite dans le texte de Jean-Claude Marin.
2. Fabrice Arfi et Fabrice Lhomme, « Karachi : la police luxembourgeoise met en cause Nicolas Sarkozy », Mediapart, 2 juin 2010.

demande des « instructions par rapport à la démarche à suivre concernant le risque de liquidation judiciaire de la société Heine ». Commentaire des policiers : « Il est pour le moins étonnant de poser une telle question à un ministre français » ! Les policiers du Grand-Duché sont encore plus surpris par l'attitude des policiers français, qui n'ont saisi qu'*une partie* des dossiers trouvés, en laissant sur place « une bonne partie » ! Ils ne se privent pas d'un nouveau commentaire sarcastique : « Ce choix a été fait par rapport à l'enquête initiée qui est ouverte en France. Il faut se souvenir qu'une partie du "présent dossier" est classée "secret-défense" en France et que l'enquête se limite donc à certains faits. »

Au cours de l'instruction de l'affaire, il appert que l'une des principales missions confiées par la DCN-I à MJM Partners était d'obtenir des informations sur les procédures qui concernaient directement ou indirectement le contrat *Bravo*, c'est-à-dire l'affaire des frégates de Taïwan : celle suivie par le juge Van Ruymbeke, celle du juge Perraudin en Suisse, mais aussi celle engagée par la chambre de compensation Clearstream contre le journaliste Denis Robert, et plus généralement tout ce qui concernait Thales, ex-Thomson-CSF, chef de file commercial lors de la vente des frégates. Le dossier portant sur l'instruction judiciaire du juge Van Ruymbeke est baptisé « Bonaparte », le magistrat y figurant sous l'alias « Méditerranée ». MJM Partners entre ainsi en contact avec les magistrats, avocats et experts qui suivent l'affaire.

L'affaire Clearstream II, celle des listings trafiqués par Imad Lahoud, qui surgit sur les écrans de veille de MJM Partners au début de juillet 2004, lors de la publication de la *cover-story* du *Point*, engendre beaucoup d'agitation. La DCN-I redoute les conséquences que pourrait avoir cette nouvelle affaire sur l'instruction judiciaire menée par Van Ruymbeke. MJM Partners repart donc à la chasse aux informations et documents et parvient à se faire remettre copie des listings, « dans les milieux judiciaires », dès le 28 juillet.

Un document mentionne que « YS (Yves Schmit) [en charge de la comptabilité de Heine] aurait peur du développement de l'affaire *Bravo*, car Heine SA aurait été impliquée indirectement dans le paiement des soldes de tout compte dans cette affaire ». Il est également précisé que Heine a versé 83 millions de francs au fils d'Andrew Wang, à Zurich, le 28 septembre 2000. Un autre compte rendu manuscrit d'un entretien daté du 18 novembre 2005 entre Boivin et Menayas témoigne de la peur qu'inspire toute révélation sur l'affaire des frégates : « Les dossiers transmis par les Suisses ne contenaient que très peu de révélations sur des rétros. Il se confirme que celles-ci ont pris un autre chemin. JMB [Jean-Marie Boivin] en déduit que le contenu du coffre de Zurich prend de la valeur, et il compte l'exploiter en tant que de besoin. » Jean-Claude Marin, procureur de la République, qui a rédigé une note sur le dossier MJM Partners, commente : « Il apparaît en tout état de cause que M. Boivin semble particulièrement informé sur cette affaire dite des frégates de Taïwan. » Et Claude Thévenet aussi : dans son rapport intitulé *Nautilus*, rédigé en 2002, qui fait le lien entre l'attentat de Karachi et des commissions non acquittées, suite à une démarche de Jacques Chirac visant à empêcher le versement de fonds au clan balladurien, il écrit : « En France, le réseau El-Assir a eu pour principale fonction d'assurer le financement de la campagne d'Édouard Balladur [...]. Après l'échec de sa candidature, au printemps 1995, ce financement devait être transféré à l'Association pour la réforme, située 40, rue Pierre-Charron à Paris, destinée à poursuivre le mouvement initié par les balladuriens. »

La DCN, qui redoute la mise sur la place publique des secrets de Boivin, a chargé la société EPEE de les connaître. Un hacker reçoit mission de pirater l'ordinateur de l'ex-administrateur de Heine. Sept cents fiches décrivant la « tuyauterie » des commissions « frégates », *Sawari II* et *Agosta*, sont découvertes. Les juges Van Ruymbeke et Trévidic les ont dans leurs dossiers d'instruction. Y trouveront-ils la preuve irréfutable qu'une commission a transité par le compte numéro 16438, à la Banca Popolare di Sondrio ?

À ce point, il faut envisager de rapprocher ces éléments avec un aspect de l'affaire Clearstream. Un fait troublant est l'importance qu'a attachée Imad Lahoud aux prétendus comptes « Stéphane Bocsa » et « Paul de Nagy », qu'il disait être ceux de Sarkozy ou de son père, en 2004 (au moins jusqu'en septembre). Depuis décembre 2008, il reconnaît que c'est lui qui a inscrit ces noms, même s'il prétend que c'est à la demande de Jean-Louis Gergorin dans le bureau d'Yves Bertrand, au ministère de l'Intérieur, alors dirigé par Nicolas Sarkozy. Ce qui n'est pas crédible. Mais il en parle à plusieurs reprises dans son livre, *Le Coupable idéal*[1]. La première fois, il affirme que le journaliste Éric Merlen[2] – celui-là même qui lui a présenté Denis Robert – lui aurait raconté que « Nicolas Sarkozy aurait des comptes bancaires en Italie. Ces comptes auraient été utilisés pour encaisser des rétrocommissions sur le contrat de vente d'armes *Sawari II* à l'époque de Balladur ». Lahoud poursuit dans son livre : « Je rends compte à Rondot de ce maigre résultat. Y compris du volet Sarkozy. » Faisant état d'une prétendue rencontre avec Nicolas Sarkozy, le 8 décembre 2004, Imad Lahoud affirme avoir interpellé le ministre de l'Intérieur : « Écoutez, la seule chose que j'ai évoquée avec Philippe Rondot, ce sont des comptes que vous auriez en Italie à propos de rétrocommissions sur le contrat d'armement *Sawari II*. » Et Lahoud de commenter : « Je me dis que c'est le genre de chose qui ne devrait pas lui faire plaisir. Je voulais l'agacer. Je réussis mon coup au-delà de mes espérances. Devant moi, Sarkozy explose littéralement de rage. Je reste stupéfait devant son accès de fureur. »

Si Jean-Louis Gergorin se souvient fort bien des confidences de Lahoud sur les comptes de Sarkozy,

---
1. Éditions Privé, 2007.
2. Version de Merlen.

en Italie, au printemps 2004, Denis Robert, lui, se souvient très bien de l'appel d'Imad Lahoud, le 24 juin 2004. Un appel d'une cabine téléphonique au cours duquel Lahoud lui cite des noms d'hommes politiques figurant sur la liste : Chevènement, Strauss-Kahn, Madelin et... « Paul de Nagy » et « Stéphane Bocsa ». Il lui explique qu'il s'agirait d'un compte ouvert par le père de Nicolas Sarkozy dans une banque italienne et qu'il a relevé sur ce compte des mouvements financiers en provenance du Luxembourg. Il lui soutient que Michel-Édouard Leclerc y aurait effectué un virement, *via* une filiale de son groupe, en guise de remerciement pour une décision favorable aux grandes surfaces prise par le ministre.

Or, début juillet 2004, Imad Lahoud reparle à Denis Robert, accompagné de Laurent Léger, journaliste au *Point*, de ce prétendu virement de Michel-Édouard Leclerc. Le 14 septembre, à minuit et dix minutes, sous le pseudonyme de « Matrix Neo », il répond aux questions que lui pose par messagerie électronique Denis Robert ; à propos du compte italien attribué à Sarkozy, il écrit : « Celui du petit est bien réel en tout cas. »

Le 15 septembre, en réponse à une nouvelle batterie de questions d'un Denis Robert de plus en plus méfiant et qui parle, à propos du compte de la Banca Popolare di Sondrio, de « suspicion de manip », Imad Lahoud réplique par une argumentation alambiquée : « Comme beaucoup de comptes de Ritals, il y a parfois des gars qui ouvrent en leur nom propre [...]. Donc, cela ne me choque pas. Que Bocsa... soit tout seul et en Italie est OK. En revanche, et ce qui est étonnant et pour le moins bizarre, c'est que la lettre commence par R et non par C... Après quelques recherches, il semble que le compte de Bocsa et de Nagy ait eu un précédent propriétaire... »

Le 17 septembre, lorsque Denis Robert revoit Imad Lahoud à Paris, ce dernier, tétanisé, lui dit « qu'il ne comprend pas ce qui se passe. Il l'interroge à propos de Renaud Van Ruymbeke. Il l'assure que, s'il fait bien son travail, les retours de commissions rogatoires internationales vont apporter des éclaircissements. Il lui répète que le compte Sarkozy doit être bon... ».

Depuis le mois de janvier 2004, Nicolas Sarkozy est parfaitement au courant qu'autour d'Imad Lahoud se concocte un coup retors visant à l'éliminer de la course à l'élection présidentielle. Le 25 janvier, il a en effet confié à un membre de la majorité : « Il y a une énorme opération montée contre moi par les chiraquiens, je les ai pénétrés, ils vont l'avoir dans le c... ! » Propos confirmés le 25 septembre 2006 devant les deux juges d'instruction en charge du dossier Clearstream par Charles Pasqua : « Sarkozy m'avait indiqué qu'il savait qu'une machination était montée contre lui [...]. À cette époque-là, je n'avais pas entendu parler de Clearstream, et lui n'a pas prononcé ce nom. Mais il avait l'air très sûr de lui, quant à la fiabilité de l'information qu'il avait eue, selon laquelle il faisait l'objet d'une machination. Il pensait qu'à l'approche de la présidentielle, tous les coups seraient bons pour l'abattre, politiquement s'entend [...]. Il m'a semblé que, dans son esprit, il s'agissait de l'empêcher d'être candidat à l'élection présidentielle, et que, par conséquent, cela ne pouvait venir que de son propre camp. » Les deux juges demandent alors au sénateur des Hauts-de-Seine à quelle date Nicolas Sarkozy lui a fait cette confidence. Pasqua répond : « Je ne peux préciser davantage la date à laquelle j'ai eu cette conversation, mais c'était forcément avant que la presse ne se fasse l'écho du fait que son nom était cité sur ces listes Clearstream. Ce devait être au premier trimestre de l'année 2004, puisque je me souviens que, lors de cet entretien, j'exerçais encore les fonctions de conseiller général des Hauts-de-Seine où Nicolas Sarkozy m'a succédé fin mars ou début avril 2004[1]. »

En mai 2004, Philippe Delmas, vice-président d'Airbus, a affirmé à Philippe Rondot que « Nicolas Sarkozy suit l'affaire ». Yves Bertrand, ancien patron des Renseignements généraux, déclare au juge la même chose : « Compte tenu des éléments dont je dispose, mon intime conviction est que Nicolas Sarkozy a été informé de cette affaire plus tôt qu'on ne l'a dit. » Il ajoute même qu'il surveillait Imad Lahoud depuis 2001, car ce dernier était traité par François Casanova, « un homme de Bernard Squarcini »... proche de Nicolas Sarkozy.

Dans les notes du général Rondot, à la date du 7 septembre 2004, est écrit : « Mise en cause de Nicolas

---

1. In *Le Parisien* du 8 septembre 2009.

Sarkozy... [*illisible*] Contact Madhi-Sarko. Instrumentalisation ?... » Rondot a traduit là fidèlement ce que lui a dit Lahoud, qui, dans son livre, raconte également avec force détails cette rencontre à Bercy. Rondot en vient à se demander si Nicolas Sarkozy lui-même n'est pas à l'origine de la rumeur le visant. Cependant, devant le tribunal, puis la cour d'appel, Lahoud affirmera n'avoir jamais rencontré Sarkozy. De son côté, Sarkozy l'affirmera lui aussi : « Je n'ai jamais rencontré et ne connaît nullement Gergorin, Lahoud, Rondot, ces personnages hauts en couleur que j'ai découverts comme tout le monde dans la presse. » Déclaration pour le moins inexacte ! Sarkozy a vu au moins une fois Lahoud[1] et trois fois Gergorin[2].

« La balle est passée à quelques millimètres », murmura-t-on dans l'entourage proche de Nicolas Sarkozy. Alain Bauer[3] a confié à plusieurs de ses amis que, jusqu'à la fin de l'enquête du juge, « Nicolas avait

---

1. Conviction établie à partir des carnets Rondot, où est mentionnée, à la date du 7 septembre 2004, une rencontre entre Lahoud et Sarkozy.

2. Une première fois, Gergorin et Sarkozy sont brièvement présentés l'un à l'autre en 1992 au *Plaza-Athénée*, par Jean-Pierre Elkabach ; la deuxième rencontre a lieu le 10 décembre 2003, à l'Assemblée nationale, à l'issue d'un panel où les deux hommes parlent de Jean-Luc Lagardère ; enfin, en mars 2004, lors d'un déjeuner-débat à *Challenges*...

3. Le criminologue Alain Bauer est alors président du conseil d'orientation de l'Observatoire national de la délinquance.

eu des sueurs froides[1] ». Le même offrit en juillet 2004 un livre sur Alfred Hitchcock à Jean-Louis Gergorin avec cette dédicace : « À l'homme qui en savait trop et qui donne des sueurs froides... »

Le 10 mars 2011, Brice Hortefeux m'a confirmé avoir « entendu dire que l'un des comptes "Sondrio" était un vrai compte ».

L'affaire Clearstream a, depuis son démarrage, fait enrager Nicolas Sarkozy. Les témoignages à ce propos sont très nombreux. Citons celui d'Éric Woerth, alors trésorier de l'UMP. Un jour que *Le Monde* fait sa « une » sur l'affaire, à l'automne 2004, il débarque dans le bureau de Nicolas Sarkozy, place Beauvau : « Il était hors de lui, je ne l'ai jamais vu dans cet état, une vraie colère. Persuadé que c'était un coup venant des chiraquiens[2]... » Un passager d'un vol Paris-New York entend Cécilia, encore Sarkozy, confier à son futur mari : « Nicolas me réveille à 4 heures du matin pour me parler de Clearstream. » Et puis, il y a la scène dans l'Airbus présidentiel, en 2008, que j'ai décrite en ouverture, dans laquelle il raconte avec force détails le coup monté par les chiraquiens, avec à la manœuvre un certain Alexandre Djouhri...

---

1. Confidences de plusieurs informateurs exigeant l'anonymat.
2. Entretien avec l'auteur, le 8 juin 2011.

10

Djouhri à la manœuvre contre Sarkozy ?

Impossible de comprendre l'affaire Clearstream, notamment l'apparition des noms de Sarkozy et Hortefeux sur les faux listings, si on ne la replace pas dans le contexte de la guerre entre chiraquiens et sarkozystes, au tournant de l'année 2003-2004. Dès le début du deuxième quinquennat de Jacques Chirac, la question de la place de Nicolas Sarkozy au sein du gouvernement avait été posée. Sarkozy voulait Matignon ; Chirac s'interrogeait : à quel poste pourrait-il être le mieux maîtrisé ? Comment juguler son ambition démesurée, alliée à un savoir-faire que tous lui reconnaissaient ? Comment barrer la route à celui qui était en train d'évincer Alain Juppé et de lui ravir le titre de « meilleur d'entre nous » ?

Peut-être était-il le plus fin connaisseur des arcanes de la vie politique sous la Ve République, et des chausse-trapes que se tendirent ses protagonistes les uns aux autres : Omar Bongo avait fait parvenir à Jacques Chirac sa configuration idéale, la *dream team* gouvernementale qu'il avait imaginée : il voyait Nicolas

Sarkozy à Matignon et François Fillon à l'hôtel de Brienne (la Défense). Malin, le président gabonais savait que, s'il lui accordait cette promotion, son ami Jacques satisferait l'ambition du jeune loup, en même temps que la fonction de chef du gouvernement bloquerait assurément pour un certain temps son irrésistible ascension... Cette promotion, même apparente et assortie d'arrière-pensées, était manifestement trop rude à accepter pour l'ami Jacques. Le Président décide finalement d'installer Sarkozy place Beauvau. « Cette fois, Nicolas Sarkozy en est sûr : Jacques Chirac ne jouera jamais franc jeu avec lui[1]. » Sarkozy impose néanmoins rapidement son image de ministre efficace, présent sur tous les fronts en même temps. Avec l'une des meilleures équipes de la place, il devient le ministre le plus populaire du gouvernement Raffarin. De quoi agacer d'autant plus le Président et sa garde rapprochée.

À la mi-2003, les relations entre le Président et son ministre de l'Intérieur commencent pour de bon à s'aigrir. Sarkozy réforme à tout-va, les chiffres de la délinquance et des accidents de la circulation sont à la baisse. « Il ne cache pas l'ambition qui l'habite : la présidence de la République à laquelle il pense "chaque matin, en se rasant, et même davantage"[2]. » Il acquiert la stature d'un homme d'État en peu de

---

1. Serge Raffy, *La Guerre des trois*, Fayard, 2006.
2. Franz-Olivier Giesbert, *La Tragédie du Président*, Flammarion, 2006.

temps et devient déjà le candidat préféré de la droite pour la prochaine présidentielle, distançant notablement Jacques Chirac. Ce dernier ne voit pas ce qu'il peut faire pour garder la main et fulmine. Il ne le quitte plus des yeux, fasciné comme par le regard du cobra qui va le mordre.

Le 14 octobre 2003, devant les parlementaires de l'UMP, Nicolas Sarkozy exhorte députés et sénateurs à réfléchir et à agir, critiquant en creux la méthode de Raffarin et, *in fine*, Chirac lui-même. Celui-ci condamne immédiatement les « manquements à la solidarité » gouvernementale, ce qui déclenche en retour la colère du ministre de l'Intérieur. Jacques Chirac ne le lâche plus d'une semelle, d'autant qu'il sait que son challenger vise la présidence de l'UMP, occupée alors par Alain Juppé. Franz-Olivier Giesbert rapporte les échanges du Président et de son ministre lors de l'un de leurs tête-à-tête :

« Est-il vrai que tu veux prendre la présidence de l'UMP ? lui demande Chirac.

– Ça ne m'intéresse pas follement.

– Ça tombe bien, figure-toi. Tu t'es fait une très bonne image, place Beauvau.

– Je n'irai que si on m'emmerde, dit alors Sarkozy.

– Qu'entends-tu par là ?

– Eh bien, tout ce qu'on est en train de me faire en ce moment. »

Si les échanges verbaux entre le Président et son turbulent ministre sont empreints d'une grande franchise, comme disent les diplomates, le premier cercle du clan chiraquien est à la manœuvre : Dominique de Villepin, Maurice Gourdault-Montagne et... Alexandre Djouhri, proche des deux précédents.

La lutte fratricide se cristallise autour du projet de contrat *Miksa*, qui concerne la fourniture d'équipements de surveillance des cinq mille kilomètres de frontière de l'Arabie saoudite : il prévoit la vente d'avions de reconnaissance et d'une vingtaine d'hélicoptères, l'installation de 225 radars, la mise en place d'un réseau de télécommunications, un QG à Riyad, 400 postes-frontières et des casernes, le tout étant estimé à 7 milliards d'euros.

En 2003, c'est déjà une vieille affaire, qui avait été initiée par une lettre d'Édouard Balladur, Premier ministre, adressée au roi Fahd et datée du 1er septembre 1993. Le dossier avait ensuite été suivi et traité par Charles Pasqua, ministre de l'Intérieur, lequel avait signé en novembre 1994, avec le prince Nayef ben Abdelaziz Al Saoud, son homologue, un mémoire définissant les lignes directrices de *Miksa*. Alors même que les négociations en tant que telles n'avaient pas encore été entamées, un accord secret avait été signé entre la société Sofma – société chargée de l'export des produits militaires français –, les frères Abou Diwan, intermédiaires libanais, et la société représentant le prince Nayef, prévoyant la mise à disposition d'un coffre (numéro 10138) au Crédit Suisse de Zurich, destiné à abriter le futur contrat, rédigé en un exemplaire unique, fixant les clés de répartition des diverses commissions. Mais la société Sofma fut ensuite remplacée par la

Sofrantem, à laquelle Édouard Balladur donna ses instructions par lettre du 15 mars 1995. Un autre coffre conservant les secrets de l'affaire, notamment les liens existant entre Thomson-CSF, qui était alors l'opérateur principal de *Miksa*, et les frères Abou Diwan, fut ouvert à l'agence BNP de l'avenue de Friedland à Paris. Jusqu'en 2000, Joseph Abou Diwan fut le principal négociateur et intermédiaire du contrat, suivi de près par les ministres de l'Intérieur successifs.

Sitôt arrivé place Beauvau, Nicolas Sarkozy reprend en main le dossier. Il écrit le 8 juillet 2002 au prince Nayef pour lui confirmer l'intérêt que porte le gouvernement au projet *Miksa*. La France, écrit-il, « apportera sa garantie à la bonne exécution du contrat » qui doit être signé entre Thales – nouveau nom de Thomson depuis 2000 – et l'Arabie saoudite. À la fin de l'été 2003, une agitation fébrile se laisse percevoir autour du projet. Ziad Takieddine, l'intermédiaire libanais qui s'était occupé en 1993-1995 des contrats *Sawari II* et *Agosta*, est à la manœuvre, la finalisation du contrat semble en vue. Il traite avec Claude Guéant, le directeur de cabinet, et Brice Hortefeux, le conseiller et ami du ministre de l'Intérieur. Les propositions financières de la Place Beauvau sont envoyées fin septembre.

Brice Hortefeux se rend à trois reprises dans le royaume wahhabite et Claude Guéant une fois. Nicolas Sarkozy prévoit à son tour une visite officielle à Riyad pour rencontrer le prince Nayef et faire valider le projet, voire y apposer sa signature. Ziad Takieddine fait des allers et retours à Riyad. Fin octobre 2003, il fait une note qui traduit les inquiétudes du prince Nayef sur les relations entre le « patron », terme utilisé par Takieddine pour désigner Nicolas Sarkozy, et le « numéro 1 », c'est-à-dire Jacques Chirac : « Mes interlocuteurs ne souhaitent en aucune façon intervenir dans cette "bagarre" et solliciteront des garanties personnelles de la part du "patron" lui-même. » Le « patron » abandonne l'ancien système et crée une nouvelle structure, complètement dépendante de son ministère, destinée à « assurer le rôle de conseil sur le Projet » et qui « sera capable de couvrir le sujet "sensible" par le biais de ses honoraires ». La même note[1] évoque le rôle que doit être amené à jouer, dans le projet *Miksa*, Civipol, la société de conseil et service du ministère de l'Intérieur créée en 2001 : elle pourra s'occuper du sujet « sensible », c'est-à-dire de la gestion des commissions et rétrocommissions. Il y est question de l'intervention de la banque d'affaires du « P » – probablement le « Patron ».

Claude Guéant se rend secrètement en Arabie saoudite début novembre 2003... Malgré toutes les précautions prises par le clan Sarkozy, ces allées et venues n'ont pas échappé à Maurice Gourdault-Montagne, aidé d'Alexandre Djouhri, dans le rôle de chevau-léger, ni à Michel Mazens, patron de la Société française d'exportation de systèmes avancés (Sofresa),

---

1. Révélée par Mediapart dans sa série « Les documents de Ziad Takieddine », juillet 2011.

proche de l'Élysée, qui ont suivi de très près le dossier : le clan chiraquien a observé, non sans inquiétude, le nouveau tropisme saoudien des principaux collaborateurs de Nicolas Sarkozy. L'implication personnelle de deux d'entre eux, Hortefeux et Guéant, alimente leurs soupçons d'une éventuelle mise en place de « dérivations financières » avec Thales : il se pourrait bien que Nicolas Sarkozy veuille constituer à l'occasion de la signature du contrat *Miksa* son trésor de guerre pour l'élection présidentielle de 2007.

Mais, on l'a vu, le 12 décembre 2003, un ordre venu de l'Élysée interdit brutalement à Nicolas Sarkozy de se rendre à Riyad. C'est Michel Mazens qui apporte la mauvaise nouvelle à Claude Guéant. Jacques Chirac exige que son ministre se dessaisisse du dossier. Pourquoi ? Officiellement, le prince Abdallah, régent du royaume, aurait, lors d'un entretien téléphonique du 30 novembre 2003 avec le président de la République française, exigé de lui que l'accord soit signé « d'État à État », par « la plus haute autorité », spécifiant qu'il s'opposait au « versement de toute commission ». Alexandre Djouhri a poussé à ce que le clan sarkozyste soit dessaisi du dossier, en affirmant qu'il est lui-même capable de s'en charger, de prendre la place de Ziad Takieddine et d'obtenir la signature du mirifique contrat grâce aux relations qu'il affiche avec la famille saoudienne : il est notamment proche de Mansour Ojjeh, fils de l'homme d'affaires multimilliardaire saoudien Akram Ojjeh, qui a été élevé avec le fils du prince Nayef. Sur ordre du Président,

Michel Mazens prend connaissance du dossier *Miksa* dans le bureau de Claude Guéant, plusieurs samedis de suite[1].

Conséquences immédiates de la décision de l'Élysée, Jean-Paul Périer, président de Thales, doit désormais en référer à Maurice Gourdault-Montagne ; Alexandre de Juniac, son secrétaire général, ancien membre du cabinet de Sarkozy au ministère du Budget, est écarté, tout comme l'est la société Civipol-Conseil, qui travaille pour le ministère de l'Intérieur. C'est désormais la Sofresa, liée au ministère de la Défense et dirigée par Michel Mazens, qui la remplace.

Quant aux « petites mains » officielles ou officieuses du « cabinet noir » élyséen, elles sont chargées de développer des actions ciblant le ministre de l'Intérieur. Le patron de la Direction centrale des Renseignements généraux (DCRG), Yves Bertrand, a constitué à cette fin une équipe spéciale qui surveille tous les faits et gestes de Nicolas Sarkozy, y compris en scrutant sa vie privée. Un ancien flic de la Brigade financière, Hervé Séveno, patron de la société I2F, enquête sur Ziad Takieddine[2], le principal concurrent d'Alexandre Djouhri, et sur tout ce qui tourne autour du contrat *Miksa* : I2F a passé un accord avec la Sofresa pour enquêter sur ledit contrat. Frédéric Bauer, patron de

---

1. *Ibid.*
2. Lors d'une perquisition opérée chez Veolia par la juge Isabelle Prévost-Desprez, on a trouvé un cahier appartenant à Hervé Séveno, dans lequel était conservée une longue note sur Ziad Takieddine.

Sécurité Sans Frontières (SSF), qui avait déjà été sollicité en 1995-1996 par Dominique de Villepin pour retrouver la trace des bénéficiaires de commissions occultes « balladuriennes », est lui aussi appelé à la rescousse...

Parallèlement, alors que tombe le veto soudain de l'Élysée, ce même 12 décembre 2003, Nasr Abou Diwan, frère de Joseph Abou Diwan qui entre-temps est décédé, porte plainte pour corruption contre le groupe Thales auprès d'Édith Boisette, doyen des juges du tribunal de grande instance de Paris. Au-delà de la dénonciation d'un pacte de corruption, Nasr Abou Diwan serait prêt à révéler les noms des bénéficiaires des commissions déjà versées.

Affleurent dans les médias des signes d'énervement des divers acteurs qui se livrent cette bataille de l'ombre. Au retour d'un voyage officiel en Asie, Nicolas Sarkozy se lance, devant les journalistes qui l'accompagnent, dans une charge contre Jacques Chirac : « Comment peut-on être fasciné par ces combats de types obèses au chignon gominé ? Ça n'est vraiment pas un sport d'intellectuel, le sumo ! » Il sera obligé de présenter ses excuses à l'ambassadeur du Japon en France pour cette saillie. Quant à Chirac, il se gausse de son ministre qui n'a pas pu rencontrer à Pékin le Président chinois : « Même moi, quand je n'étais rien, le Président chinois me recevait[1]. »

---

1. Au journal télévisé de 20 heures sur France 2, le 13 janvier 2004.

Alors qu'enfle la rumeur de la condamnation prochaine d'Alain Juppé dans le cadre de l'affaire des emplois fictifs de la mairie de Paris, Nicolas Sarkozy se prépare déjà à prendre sa place à la présidence de l'UMP. Le 29 janvier 2004, son nom est inscrit sur la liste de candidats qui se présentent à sa succession, et, le soir même, en compagnie de Cécilia, il dîne avec le Premier ministre Jean-Pierre Raffarin et son épouse. Un « ticket » est déjà envisagé par les deux hommes. Le lendemain, la condamnation d'Alain Juppé est effective : dix-huit mois de prison avec sursis et dix ans d'inéligibilité[1]. La présidence de l'UMP est désormais vacante, et le terrain est dégagé pour mettre la main sur le trésor de guerre officiel et les investitures.

Persuadé que le Premier ministre est en train de conclure un pacte avec Nicolas Sarkozy, le clan Chirac suit de près les « conjurés », qui se rencontrent à plusieurs reprises au cours du mois de février... Depuis le 9 janvier 2004, jour où Jean-Louis Gergorin a évoqué au Quai d'Orsay l'existence d'un « compte couplé Bocsa-Sarkozy », Dominique de Villepin confie à ses proches que Sarkozy ne sera jamais président, « qu'on le tient »... Ce jour-là – et ce n'est évidemment pas le fait du hasard –, il aurait aussi évoqué devant Gergorin et Rondot le dossier *Miksa* et indi-

---

[1]. Après sa condamnation en première instance, Alain Juppé a interjeté appel. La cour d'appel a rendu son arrêt en décembre 2004 : la peine de prison avec sursis a été réduite à quatorze mois, et la peine d'inéligibilité à un an.

qué que le président de la République avait décidé de demander à Nicolas Sarkozy et à ses collaborateurs de ne pas se rendre en Arabie saoudite : « Il s'agit que l'image de la France ne soit pas touchée[1] », avait-il commenté. Dominique de Villepin s'était aussi inquiété auprès du directeur de la stratégie d'EADS de savoir si le nom de Djouhri figurait ou non sur les listings... Les éventuels liens entre l'affaire Clearstream et la bataille autour du dossier *Miksa* méritent donc d'être analysés.

Rappelons ici encore une fois la scène qui se déroule dans l'Airbus présidentiel volant à destination de Riyad, le dimanche 13 janvier 2008 : devant ses ministres, Nicolas Sarkozy évoque les coups que lui ont portés les « chiraquiens », en particulier Dominique de Villepin. Il raconte comment et pourquoi l'affaire Clearstream aurait pu l'empêcher de prendre la tête de l'UMP, puis de partir à la conquête de la fonction suprême. Et il conclut, à propos de Djouhri : « S'il n'était pas venu à Canossa, il aurait reçu une balle entre les deux yeux[2] ! »

Deux journalistes du *Nouvel Observateur* ont évoqué cette conversation de Nicolas Sarkozy dans un portrait consacré à Djouhri, dans lequel celui-ci est présenté comme « le villepiniste, soupçonné par l'actuel chef de l'État, au temps de l'affaire Clearstream, d'ourdir des

---

1. Déclaration de Dominique de Villepin devant le tribunal.
2. Phrase que m'a rapportée Hervé Morin, ancien ministre de la Défense nationale.

complots contre lui *via* un "cabinet noir", [mais qui] est aujourd'hui très en vue au Château[1] ». Ce n'est donc pas un hasard si Me Thierry Herzog, avocat de Nicolas Sarkozy, a essayé de faire citer Alexandre Djouhri dans l'affaire Clearstream et a évoqué une note du général Rondot affirmant qu'il était un proche de Chirac – ce que l'intéressé n'a pas apprécié : lors de la remise de la Légion d'honneur à Me Pierre Haïk par Michel Roussin, le 18 décembre 2009, Alexandre Djouhri a eu des mots menaçants à l'encontre de Thierry Herzog[2].

Si le soupçon visant Djouhri d'avoir trempé dans un complot politique – hypothèse qui, rappelons-le, n'a pas été reprise par l'instruction judiciaire – correspond à une réalité, il reste alors à comprendre par quel biais Alexandre Djouhri aurait pu être mêlé à une telle machination. Dans la mesure où il est établi que la fabrication des faux listings, notamment l'inclusion dans ceux-ci de comptes de (ou touchant) Nicolas Sarkozy, est l'œuvre d'Imad Lahoud, ainsi qu'il l'a reconnu lui-même devant les enquêteurs, il nous faut examiner si Alexandre Djouhri aurait pu y participer et, le cas échéant, comment il aurait pu manœuvrer.

L'ami de Maurice Gourdault-Montagne et de Dominique de Villepin était-il dans l'entourage d'Imad Lahoud à la fin 2003 ou au premier trimestre

---

1. Marie-France Etchegoin et Ariane Chemin, « Un homme d'ombre au cœur du pouvoir », *Le Nouvel Observateur*, 4 mars 2010.
2. *Ibid.*

2004, période durant laquelle a été montée la machination politique ? La réponse est oui : le lien entre Lahoud et Djouhri se fait en la personne de François Casanova, commandant de la DCRG, auquel Lahoud rapportait tous ses faits et gestes depuis sa sortie de prison. Celui-ci était redevable à Casanova d'avoir intercédé pour lui auprès de Corses qui voulaient sa peau parce qu'il ne leur versait pas le million de francs qu'ils lui réclamaient. Les liens entre les deux hommes se sont resserrés à un point tel qu'Imad Lahoud a même déclaré avoir confié au commandant tous ses secrets sur les listings, ses rencontres avec Jean-Louis Gergorin et le général Rondot. À l'issue de chaque rencontre avec ce dernier, il passait voir son ami Casanova, rue des Saussaies, au ministère de l'Intérieur. Cette proximité dans l'affaire Clearstream s'est *in fine* concrétisée par la remise à Casanova d'un BlackBerry et d'un nom de code, « Moscou ». Casanova était ainsi clandestinement inséré dans le réseau qui permettait au général Rondot (« Amsterdam »), à son assistante (« Fanou »), à Jean-Louis Gergorin (« Londres »), à Imad Lahoud (« Madrid ») et à Thibault de Montbrial[1] (« Paris »), ainsi qu'à quelques autres, de communiquer grâce à un système crypté

---

1. Thibault de Montbrial était l'avocat de Jean-Louis Gergorin. Il est le fils de Thierry de Montbrial, ami de longue date de Gergorin, qui fut, de 1973 à 1979, le premier directeur du Centre d'analyse et de prévision au ministère des Affaires étrangères, avant que ne lui succède Gergorin.

indétectable. Mais ni Rondot ni Gergorin n'étaient au courant de l'existence de « Moscou ». La remise de ce BlackBerry à Casanova ne peut donc être analysée autrement que comme la matérialisation d'une complicité dans une opération spéciale. Or, Casanova se révèle être à l'intersection des deux clans : il est à la fois proche de Bernard Squarcini[1], d'Hervé Séveno, le « factotum », mais aussi et surtout d'Alexandre Djouhri, qu'il connaît depuis le début des années 1980, quand ce dernier jouait encore les voyous à Sarcelles et que lui-même exerçait à la 2ᵉ Brigade territoriale. « L'ancien banlieusard turbulent [...] et Casanova étaient des intimes : quand le cancer avait gagné, M. Djouhri avait d'ailleurs proposé à son ami – en vain – le meilleur établissement suisse pour le soigner. Pour quels services rendus ? Quels deals ? Là encore silence », complète la journaliste Ariane Chemin pour décrire l'étroitesse des relations entre Djouhri et le traitant d'Imad Lahoud[2]. Quand Imad Lahoud fournissait les faux listings à Jean-Louis

---

1. La proximité entre Squarcini et Casanova est ancienne. Depuis qu'il l'avait aidé à capturer Yvan Colonna, en juillet 2003, le premier considérait le second comme son « meilleur chien de chasse ».

2. Alexandre Djouhri a réagi à ce passage dans une lettre – un droit de réponse – adressée au *Monde* et publiée le 30 juillet 2011: « ... ce qui suggère, de manière odieuse, que je serais un personnage cynique qui monnaie son amitié et sa compassion. Bien évidemment, ni dans ce cas ni dans un autre, je ne me suis comporté de cette manière. »

Gergorin, Casanova présentait son ami Djouhri à Imad Lahoud : les trois hommes ont déjeuné ensemble au *Ritz*, une des cantines habituelles de Djouhri, à une date inconnue mais qui se situe entre mars et juin 2004. Si, lors de son procès en appel, Imad Lahoud a confirmé l'existence de ce déjeuner, il n'a pas été très prolixe sur ses motifs ni sur la teneur de la conversation.

Lors du procès Clearstream, le bâtonnier Iweins, avocat de Jean-Louis Gergorin, rappelle à l'audience que parmi les noms des amis d'Imad Lahoud figure Alexandre Djouhri, et il reprend ce qu'Imad Lahoud a déclaré, lors de son interrogatoire du 11 février 2008, avant de l'interroger sur ce déjeuner :

LAHOUD : « Casanova m'avait dit qu'il connaissait Djouhri.

IWEINS : – Pourquoi ce déjeuner ?

LAHOUD : – Pour faire connaissance.

IWEINS : – Dans quel but ?

LAHOUD : – Il n'y avait pas de projet particulier à ce moment-là [ce qui sous-entendrait qu'il aurait pu y en avoir un à un autre moment ?].

IWEINS : – Combien de fois avez-vous vu Djouhri ?

LAHOUD : – Je n'ai déjeuné avec lui qu'une seule fois, ça n'a pas eu de suite, c'était organisé par Casanova.

IWEINS : – De quoi a-t-il été question lors de ce déjeuner ?

LAHOUD : – Il m'a surtout posé des questions sur ma vie, sur Volter, sur mes activités chez EADS... Des questions très générales... Un déjeuner pour faire connaissance, Casanova m'avait dit : "Rencontre-le, ça ne nuit pas." Je n'avais aucune raison de ne pas y aller. Je n'ai jamais revu ce monsieur, il ne m'a jamais recontacté. C'était après la réunion du 9 janvier 2004. Son nom a été évoqué pendant la réunion du 9 janvier, mais moi je n'étais pas au courant.

IWEINS : – C'était une coïncidence ? Vous avez pris rendez-vous par le réseau BlackBerry ?

LAHOUD : – Je ne sais plus. C'était un rendez-vous organisé par Casanova, une rencontre pour faire connaissance. Je ne sais plus dans quelles circonstances... »

Ce lien entre Djouhri et Casanova a fait dire au journaliste Stéphane Ravion, considéré comme très proche d'Yves Bertrand, que « Clearstream est une séquelle des affaires Djouhri », et à Pierre Sellier, patron de l'officine Salamandre[1], qu'Imad travaillait avec Djouhri[2]. S'appuyant sur une surveillance de quelques sociétés de renseignement privées menée par le service B3[3], Pierre de Bousquet de Florian, directeur de la Direction de la Surveillance du Territoire

---

1. Salamandre Stratégies, société de renseignement privée, est l'une des premières à avoir été créées en France ; fondée par Pierre Sellier, elle a compté dans son conseil d'administration des anciens de la DGSE.

2. Dans le dossier d'instruction de l'affaire Clearstream.

3. Service qui dépend de la sous-direction B de la DST, en charge de la sécurité et de la protection du patrimoine, c'est-à-dire notamment de la défense économique.

(DST), envoyait à Dominique de Villepin une note datée du 9 décembre 2004, dans laquelle étaient désignés « trois agents privés de recherche » – Frédéric Bauer, Pierre Miallot (ancien militaire, fondateur de l'un des premiers cabinets d'intelligence économique français) et Hervé Séveno – comme « ayant pu déployer des moyens techniques en relation avec l'affaire Clearstream[1] ». Deux de ces agents travaillaient pour les chiraquiens, spécialement pour Alexandre Djouhri.

Le commandant François Casanova, proche à la fois des chiraquiens Djouhri et Séveno, et du sarkozyste Bernard Squarcini, est omniprésent dans l'affaire Clearstream. Imad Lahoud n'a-t-il pas placé Anne Casanova, la fille du commandant, en stage chez Michel Piloquet, le beau-frère de Dominique de Villepin ? Le 10 mars 2004, Michel Piloquet n'a-t-il pas surpris Imad Lahoud et Anne Casanova dans son bureau et constaté qu'une clé USB était introduite dans son ordinateur ? Anne Casanova n'a-t-elle pas démissionné le lendemain de cet incident ? Alexandre Djouhri ne l'a-t-il pas recommandée auprès de son ami François Roussely, président d'EDF, pour qu'elle soit recrutée par l'entreprise nationale ?

Imad Lahoud, plaque tournante de l'affaire Clearstream, semble ainsi « branché » à la fois avec des chiraquiens et avec des sarkozystes, alors que les deux

---

1. Hervé Séveno a fait un procès au patron de la DST pour cette affirmation et l'a gagné.

factions se livrent une guerre féroce. Casanova a une main tendue du côté Sarkozy, *via* Bernard Squarcini, et l'autre, du côté Chirac, *via* Alexandre Djouhri. Imad Lahoud est également très proche de François Pérol, proche conseiller de Sarkozy. À preuve, ses multiples rencontres avec lui, notamment à dîner, les 12 février, 25 février, 18 mars, 14 mai et 11 juin 2004, soit avant et juste après l'apparition du patronyme de Sarkozy dans les listings. Si l'on en croit Anne-Gabrielle Heilbronner, la femme d'Imad Lahoud, un temps directrice de cabinet du secrétaire d'État Éric Woerth, qui l'a déclaré aux enquêteurs, selon ce dernier « Nicolas Sarkozy n'en voulait pas du tout à [son] mari à cette époque ». Dans une écoute figurant au dossier, elle parle de la protection totale dont bénéficiait son mari.

Cette configuration complexe des liens autour d'Imad Lahoud tend à prouver que Nicolas Sarkozy a possiblement été tenu au courant de la machination montée contre lui, sans pour autant rien faire pour l'enrayer, pensant qu'il la contrôlerait et pourrait d'autant mieux « coincer » ceux qui voulaient le « tuer » pour l'empêcher de se présenter à la présidentielle. Dans cette optique, si Nicolas Sarkozy laisse la machination se développer, c'est probablement qu'il sait que les numéros de comptes associés à son nom sont faux, et qu'il n'a pas vu et/ou pas su que le compte numéro 16438, au milieu d'une multitude d'autres faux, était, lui, un vrai compte. Alors, quand il a appris qu'il y avait un vrai compte dans les listings, il a attendu le retour de la commission rogatoire internationale et la clôture de l'instruction sur l'affaire des frégates de Taïwan pour déposer sa plainte pour dénonciation calomnieuse. Ses collaborateurs les plus proches ont pu alors pousser un « Ouf ! » de soulagement... « La balle est passée à quelques millimètres », se répétera-t-on dans son proche entourage, après le renoncement de Van Ruymbeke à répondre à la Banca Popolare di Sondrio.

En juin 2004, Sarkozy provoque le chef de l'État en réunissant 237 parlementaires à Bercy. Dans son entretien télévisé du 14-Juillet, Chirac met son ministre en demeure de choisir entre la présidence de l'UMP, qu'il brigue, et son ministère. À une question posée à ce propos, le président de la République réplique : « Je décide, il exécute. » Dès lors, Sarkozy peut jouer les victimes, alors même que la grande majorité des élus de l'UMP le soutiennent.

Le 1er septembre 2004, Nicolas Sarkozy annonce officiellement sa candidature à la présidence de l'UMP. Lors du congrès du 28 novembre, il est élu président de sa formation par les militants, avec 85,09 % des voix : un triomphe ! Le lendemain, il présente sa démission du gouvernement à Jacques Chirac et à Jean-Pierre Raffarin.

Pour donner un peu plus de poids à l'hypothèse d'une implication d'Alexandre Djouhri dans l'affaire Clearstream – piste qui, rappelons-le, n'a pas été retenue par les juges –, il n'est pas inutile de signaler qu'il a été l'un des observateurs les plus attentifs du déroulement du procès en première instance. Le jour du rendu du jugement, le 28 janvier 2010, installé dans un restaurant parisien, face à son ami Dominique de Villepin qui vient d'être relaxé, il jubile et annonce la nouvelle à plusieurs de ses correspondants : « Je te passe Dominique pour que tu le félicites ! » crie-t-il en passant son portable au « Poète ».

Les enquêteurs qui ont mené l'instruction de l'affaire Clearstream n'ont pas cherché à comprendre la nature des liens très forts qui unissaient Imad Lahoud, François Casanova et Alexandre Djouhri et les fils qui reliaient chacun d'eux à Bernard Squarcini, à Dominique de Villepin et à quelques membres de l'entourage de Nicolas Sarkozy. Imad Lahoud n'était-il pas traité par François Casanova, lui-même travaillant à la DCRG pour son ami Bernard Squarcini ? Lahoud étant donc un indic des RG, tout en étant Madhi, l'honorable correspondant du général Rondot, « Amira » pour la DST et « Imoud » pour la CIA... Et il n'est pas impossible qu'il ait travaillé encore pour d'autres services. Si François Casanova a bien présenté formellement son ami Alexandre Djouhri à Bernard Squarcini, l'ancien mauvais garçon de Sarcelles est, pour le patron de la DCRG, une vieille connaissance, car Djouhri, comme on le verra[1], a vraisemblablement été recruté comme indic de la police au milieu des années 1980 par François Antona, un

---

1. Voir le chapitre 16, « Dans les zones grises de l'État », pages 327 et suivantes.

autre flic proche de Squarcini et de François Casanova. Faute d'avoir braqué leur loupe sur cet entrelacs, les enquêteurs n'ont pas essayé de comprendre comment a surgi le nom de Sarkozy entre le 1ᵉʳ et le 9 janvier 2004, et dans quelles conditions Imad Lahoud a affirmé à Jean-Louis Gergorin, avant que celui-ci ne se rende à la réunion du Quai d'Orsay avec Dominique de Villepin et Philippe Rondot, qu'il avait une source au Luxembourg lui ayant parlé d'un « compte couplé Bocsa-Sarkozy ». Ils n'ont pas essayé davantage de comprendre pourquoi et comment Imad Lahoud a relancé Jean-Louis Gergorin après sa première lettre au juge Renaud Van Ruymbeke, avec sa liste des 895 comptes fermés en bloc, dont ceux attribués à Nagy et Bocsa... Un homme savait probablement, mais il est mort durant l'été 2004 en « emportant tous ses secrets[1] ».

Alors, revenons à la question cruciale. Qui, dans l'entourage d'Imad Lahoud, a-t-il pu faire insérer le numéro d'un vrai compte ?

Il ne me semble pas absurde, conformément aux soupçons de Nicolas Sarkozy, d'envisager un possible rôle de Djouhri dans la machination. Un Djouhri très proche de Dominique de Villepin et de Maurice Gourdault-Montagne. Aurait-il été jusqu'à souffler l'intitulé d'un vrai compte à Imad Lahoud ? Djouhri n'était-il pas au courant depuis longtemps de

---

1. Référence à l'article d'Ariane Chemin, « Un flic mort en emportant tous ses secrets », *Le Monde*, 21 juin 2011.

l'enquête menée contre les balladuriens par Dominique de Villepin, Charles Millon et Marwan Lahoud (frère d'Imad), conseiller industriel du ministre de la Défense, après l'accession au pouvoir de Jacques Chirac en mai 1995 ?

Un autre personnage désigne « Alex » comme étant à la manœuvre. L'homme d'affaires tunisien Mohamed Ayachi Ajroudi, résidant en Arabie saoudite, qui, le 6 décembre 2004, se fait boxer devant témoins dans sa chambre à l'hôtel *George-V*, par les poings d'Alexandre Djouhri[1], dit de façon lapidaire : « Clearstream, c'est Alex ! Il connaît bien Imad Lahoud et c'est lui qui a introduit le compte "Sondrio"[2]... » Doit-on mettre cette accusation sur le compte de la rancœur ?

Pour donner plus de crédit à notre hypothèse, il est intéressant de revenir encore à la bataille autour du contrat *Miksa*, dans lequel les chiraquiens ont vu l'occasion pour le clan sarkozyste de constituer un « trésor de guerre ».

Dans ce tournoi-là, rappelons que deux champions, l'un arborant le gonfanon sarkozyste, l'autre la bannière chiraquienne, sont en lice et se livrent un combat sans merci, où tous les coups semblent permis : Ziad Takieddine et Alexandre Djouhri. Le premier, Libanais, est un intermédiaire qui a été utilisé par les balladuriens en 1994-1995 dans les contrats *Agosta* et

---

1. Voir chapitre 12, « Autour de Veolia », p. 253.
2. Entretien avec l'auteur.

Sawari II. Le second est Alexandre Djouhri, qui, depuis dix ans, est devenu un élément incontournable dans les menées secrètes de Dominique de Villepin et un personnage-clé dans la conclusion des contrats d'armement suivis par Maurice Gourdault-Montagne, devenu son ami.

Ziad Takieddine, lui, est revenu dans le circuit avec l'arrivée de Sarkozy place Beauvau. Il est proche de Brice Hortefeux, de Thierry Gaubert, ancien conseiller de Nicolas Sarkozy à Neuilly, de Jean-François Copé et de Claude Guéant. Il a proposé ses services pour faciliter les relations du ministre de l'Intérieur avec l'Arabie saoudite et la Libye. À partir de documents, Mediapart affirme que, à partir de 2003, Ziad Takieddine aurait versé 11,8 millions d'euros en « paiements secrets » en provenance de comptes offshore[1]. Ziad Takieddine s'occupe particulièrement du contrat *Miksa* et organise les voyages à Riyad de Claude Guéant et Brice Hortefeux. À la mi-décembre 2003, Claude Guéant demande au Libanais comment il pourrait contourner le veto de Chirac. Takieddine propose de continuer en secret la négociation pour leur compte, et il fait part de toutes ses démarches à Rafic Hariri. Fin janvier 2004, il débarque à Riyad avec une nouvelle proposition, excluant Dassault mais incluant Eurocopter. Il rencontre d'abord le fils Nayef, puis son père. Il propose de faire venir Sarkozy à la

---

1. « Les documents Takieddine », Mediapart, juillet 2011, déjà cité.

fin février pour parapher le contrat. L'intermédiaire libanais débine le contrat qui a été présenté aux Saoudiens par Michel Mazens, le président de la Sofresa soutenu par Maurice Gourdault-Montagne et Dominique de Villepin, dont, affirme Ziad Takieddine[1], le montant est supérieur de 22 % à celui présenté par lui pour le compte du ministère de l'Intérieur. Il obtient des Saoudiens que Michel Mazens ne puisse plus remettre les pieds en Arabie, que la Sofresa soit éliminée du circuit et remplacée par Civipol, la société de conseil et de service du ministère de l'Intérieur. Il revient rendre compte à Claude Guéant : « Vous avez intérêt à aller très vite, le contrat Sofresa ne sera jamais signé[2]. »

Takieddine met tout en œuvre pour qu'une signature de Sarkozy intervienne à la fin février 2004. Avant de repartir pour le Liban pour rendre compte à Hariri, Premier ministre libanais et ami de Jacques Chirac, il convient avec Claude Guéant que celui-ci lui donnera une date pour le voyage de Sarkozy dans les quarante-huit heures. Mais Guéant ne le rappelle pas. Problème : Jacques Chirac entend signer lui-même le contrat *Miksa* à l'occasion du prochain voyage à Paris du prince héritier Abdallah. De ce fait, le contrat n'est en définitive pas signé. Gourdault-Montagne et Mazens désignent Ziad Takieddine comme responsable de cet échec. Djouhri est ivre de rage contre

---

1. Entretien avec l'auteur, le 7 décembre 2010.
2. Tout ce passage sort de la bouche de Ziad Takieddine.

l'intermédiaire libanais. Chirac et Raffarin subissent un très grave revers aux élections régionales du 24 mars. La droite est battue dans toutes les régions sauf une : l'Alsace. Chirac remanie son gouvernement, il retire la Place Beauvau à Sarkozy pour la confier à Villepin ; il a en tête que celui-ci pourra ainsi mieux se préparer à affronter l'« ennemi ». À contrecœur, Sarkozy prend les Finances, estimant qu'il est trop tôt pour quitter le gouvernement.

Dans son imposant hôtel particulier de l'avenue Paul-Doumer, Ziad Takieddine se souvient avec une vive amertume de cette période. Ne s'était-il pas d'abord retrouvé au centre de l'empoignade entre chiraquiens et balladuriens, puis harcelé en 1996 pour avoir aidé les seconds à obtenir le contrat *Sawari II* ? La voiture de sa femme avait écopé à cette époque de deux impacts de balles et il avait reçu la visite d'émissaires plutôt rugueux[1]... Il prétend avoir reçu en janvier 2004 un coup de fil du général Rondot[2], « de la part du président de la République », désireux de lui rendre visite en son hôtel particulier. Le conseiller du ministre de la Défense lui aurait proposé un partage des commissions entre chiraquiens et sarkozystes dans le contrat *Miksa*. Il dit avoir poliment reconduit le général à la porte après lui avoir signifié que le contrat était conclu « d'État à État » et n'allait générer aucune commission.

---

1. Voir chapitre 11, « Alexandre et le "Poète" », p. 243.
2. Affirmation formellement démentie par le général Rondot.

Le 20 avril 2004, en vacances dans l'île Moustique avec sa famille, il est victime d'un bizarre accident de voiture en rentrant de la plage. Il se retrouve dans le coma. La veille, déjà, un Français aurait été tué à sa place, explique-t-il[1]. Il soupçonne quelqu'un, mais, pour sa tranquillité d'esprit, préfère considérer qu'il s'est agi d'un « accident ». Les notes personnelles de Ziad Takieddine récupérées par Mediapart permettent de compléter la version de l'intermédiaire franco-libanais : Takieddine séjourne alors dans la superbe propriété, baptisée *Shogun*, du marchand d'armes Abdul Rahman El-Assir, qui avait été son associé dans le contrat de vente des sous-marins *Agosta*, conclu avec le Pakistan par le gouvernement Balladur. Ce 20 avril, vers 13 h 30, Ziad Takieddine perd le contrôle de sa voiturette 4x4 : il est éjecté de l'habitacle. Il est emmené à la clinique de l'île : une fracture du crâne est diagnostiquée. Jean-François Copé, alors porte-parole du gouvernement, qui était encore délégué auprès du ministre de l'Intérieur Nicolas Sarkozy un mois auparavant, envoie un neurochirurgien par avion privé vers l'île Moustique. Avant l'arrivée du médecin français, Ziad Takieddine a subi une craniotomie et a été plongé dans un coma artificiel. Copé et le neurochirurgien organisent son rapatriement vers l'hôpital de la Pitié-Salpétrière. Les chirurgiens fran-

---

1. Ziad Takieddine avait déjà raconté cet épisode à Laurent Valdiguié, dans l'édition du *Journal du Dimanche* du 30 mai 2010. Voir aussi chapitre 3, page 52 et ses notes.

çais relèvent que Ziad Takieddine n'a pas été victime d'un accident de voiture, mais d'une tentative d'assassinat : il a été frappé sur le crâne, par-derrière.

Quelque temps plus tard, alors que Nicolas Sarkozy est à nouveau ministre de l'Intérieur[1], Ziad Takieddine, sorti de convalescence, rend visite à son plus proche conseiller Claude Guéant, place Beauvau :

« On a un rapport, on sait qui a provoqué votre accident...

– Non, non, c'est un banal accident, soutient Takieddine.

– Venez avec moi. »

Et Guéant d'emmener l'intermédiaire libanais vers le salon qui jouxte le bureau de Nicolas Sarkozy. Lequel en sort, salue Takieddine et fait entrer les deux hommes dans son bureau. Toujours d'après la version de l'homme d'affaires libanais, l'échange est le suivant :

« Pourquoi ne voulez-vous pas savoir comment et par qui a été organisé votre meurtre ?

– Je préfère considérer qu'il s'est agi d'un accident. »

Le ministre insistant, Takieddine accepte de lire le rapport rédigé à partir d'écoutes téléphoniques d'Alexandre Djouhri. Toujours selon Takieddine, la tentative d'assassinat aurait été commanditée par Alexandre et montée par trois voyous de Sarcelles, arrivés sur l'île Moustique en transitant par la Martinique. En repar-

---

1. Soit après le 2 juin 2005, date à laquelle Nicolas Sarkozy reprend la fonction de ministre de l'Intérieur, sous le gouvernement Villepin.

tant, ils étaient convaincus d'avoir rempli leur mission : pour eux, la cible était morte[1]. Je n'ai pas besoin de préciser que je laisse à Takieddine l'entière responsabilité de ses propos, qui valent au *Journal du Dimanche* une plainte d'Alexandre Djouhri[2].

---

1. Entretien avec l'auteur et interview de Ziad Takieddine donnée au *Journal du Dimanche*, dans son édition du 30 mai 2010.
2. À la date du 20 août, au moment où ce livre part sous presse, l'affaire n'est pas encore jugée sur le fond.

11

Alexandre et le « Poète »

J'ai longtemps été séduit par Dominique de Villepin, comme un papillon de nuit attiré par la lumière. Son brio, sa culture, ses *Cent Jours* et, surtout, en 2003, son discours à l'ONU contre la guerre en Irak... Je ne voyais pas, ou ne voulais pas voir, son côté « Néron », pour reprendre le sobriquet dont l'affubla Bernadette Chirac ; je lui pardonnais un ego manifestement démesuré, puisque c'est ce défaut qui lui permettait d'être celui qui me séduisait. Le portrait que je me faisais de lui s'est lézardé en février 2005, lors de ma première et dernière (à ce jour) rencontre avec lui. Mon immersion dans l'instruction Clearstream, mon enquête et la découverte de son incroyable proximité avec Alexandre Djouhri ont fini de faire voler en éclats l'image que je me faisais de lui. Je n'avais pas encore discerné les ressorts de l'amitié des deux hommes, mais celle-ci ne cessait d'être attestée. Ces deux-là ne se quittent pas. Pas une semaine, pendant mon enquête, sans que l'on me signale qu'ils se sont rencontrés à Paris, à Genève, à Marrakech, à Gstaad ou ailleurs. Le 17 mai 2011, je suis attablé dans un café de l'avenue Matignon, quand passent à un mètre de moi le petit Alexandre et le « Poète », suivis de deux gardes du corps. Le premier me reconnaît et me fusille du regard. Qu'est-ce qui peut lier un homme qui n'a pas renoncé à être un jour président de la République à un homme aussi sulfureux[1] qu'Alexandre Djouhri ?

« C'est Villepin qui l'a fait changer de dimension, à partir de 1995. Alexandre était encore un "petit", qui avait l'argent facile, mais il ne roulait pas sur l'or. Il est alors devenu un familier du bureau du secrétaire général de l'Élysée... » m'a indiqué, au début de mon enquête, l'ancien directeur des affaires générales d'Elf, André Tarallo, qui connaît bien Djouhri. Lequel aurait fait partie du « cabinet noir » de Villepin pour mener des missions délicates[2].

Officiellement, tel que cela ressort de l'instruction de l'affaire Clearstream, l'intérêt que Villepin porte à Djouhri se manifeste pour la première fois dans le compte rendu de la réunion du 9 janvier 2004, entre Gergorin, Rondot et Villepin, au Quai d'Orsay, et dans le souvenir propre de Gergorin. Le ministre des

---

1. Dans une lettre adressée au *Monde* et publiée le 30 juillet 2011, Alexandre Djouhri réagit à ce qualificatif : « Je ne peux non plus laisser sans réagir le fait que vous me qualifiez de "sulfureux homme d'affaires", ce qui insinue, sans aucun fondement, que j'agirais en marge de la légalité. »

2. Voir aussi chapitre 16, « Dans les zones grises de l'État », pp. 350-351.

Affaires étrangères s'inquiète alors de savoir si son ami Alexandre Djouhri figure sur les listings fournis par Imad Lahoud. La proximité de Djouhri avec François Casanova, l'homme qui souffle à l'oreille du manipulateur, a déjà été soulignée. Toutefois, aucun lien entre Villepin et Djouhri dans le complot, contrairement à ce que Nicolas Sarkozy a, semble-t-il, cru, n'est jamais apparu. On sait en revanche que, aussitôt après l'apparition du patronyme de Sarkozy sur les listings, Villepin jubile : « On le tient », dit-il à Jean-Pierre Raffarin. « Sarkozy c'est fini ! Si les journaux font leur travail, il ne survivra pas à cette affaire-là », confie-t-il au directeur de l'hebdomadaire *Le Point*, Franz-Olivier Giesbert. Des propos qui ont contribué à renforcer la conviction de Sarkozy que Villepin a bien été l'instigateur de ce qui apparaît comme une manipulation. « Entre nous, ce sera une lutte jusqu'à ce que mort s'ensuive... » déclare de son côté Nicolas Sarkozy à ses proches.

Au-delà de l'affaire Clearstream, Nicolas Sarkozy est persuadé avoir été victime d'un « cabinet noir » au service de Dominique de Villepin, qui a réuni d'anciens policiers et d'ex-membres des services secrets en liaison avec diverses officines. Un ancien de la police judiciaire s'est ainsi trouvé mandaté pour « travailler » sur le patrimoine du ministre. À la même époque, d'autres policiers, en activité, ont alerté l'entourage de Sarkozy, après avoir été sollicités pour collecter des renseignements le ciblant. Côté vie privée, c'est le même « cabinet noir » qui aurait, à l'aide d'une officine, soufflé sur les braises pour faire voler en éclats le couple Nicolas-Cécilia[1].

Ceux qui ont été amenés à côtoyer Dominique de Villepin signalent son côté « noir », « trou de serrure ». Jean-François Probst le souligne[2] avec talent. Il s'est pris, dit-il, pour une « synthèse de Talleyrand et de Fouché ». L'auteur parle surtout de son « cabinet noir » du temps où il était secrétaire général à l'Élysée, pendant la seconde cohabitation avec Lionel Jospin, à partir de 1997 : « Ses relais policiers étaient assez forts : Philippe Massoni à la Préfecture [de police de Paris], Yves Bertrand aux Renseignements généraux... Dominique de Villepin a fait du bureau du secrétariat général de l'Élysée non pas celui des corps constitués de l'État, mais un lieu d'influence[3]. » En 2001, à l'approche des élections parisiennes, mais aussi de l'échéance de la présidentielle, Dominique de Villepin a voulu régler ses comptes et prendre tout à fait la main : « Il a voulu récupérer tous les réseaux d'autrefois, ceux de Jacques Foccart, de Charles Pasqua, de Robert Pandraud, de la justice. C'est un récupérateur [...]. Les notes du général Philippe Rondot, dévoilées au public à l'occasion de l'affaire Clearstream, montrent bien cette face cachée de Dominique de Villepin. Il a ce génie des diplomates qui consiste à utiliser les forces et les faiblesses des uns et des autres, leurs

---

1. « La République des officines », *Le Point*, 8 juin 2006.
2. Jean-François Probst, *Chirac, mon ami de trente ans*, op. cit.
3. *Ibid.*

secrets ; à utiliser des services de police, de la justice, de la presse... ; à faire appel aux amis "transversaux". À son arrivée au secrétariat général à l'Élysée, quelque chose s'est fêlé. Il a pensé qu'on devait être avec lui ou contre lui. Qu'il était le patron de tout le monde. C'est un chef de bande[1]. »

On sait également qu'Alexandre Djouhri a suivi de près, à ses côtés, le déroulement du premier procès Clearstream, donnant même l'impression de le « coacher », l'aidant à se détendre, à la veille des audiences : ainsi, à l'hôtel de Paris, à Monaco. C'est d'ailleurs au cours de ce séjour que fut prise et publiée la première photo du « duo » dans *Points de vue,* qui sera reproduite ensuite fréquemment pour montrer la proximité entre l'ex-Premier ministre, en pantalon couleur framboise, et son ami, en chemise et pantalon blancs.

Dans les deux procès, Villepin a pourtant donné l'impression de ne pas dire la vérité. Il a, par exemple, comme on l'a vu, nié l'existence de nombreuses rencontres avec Jean-Louis Gergorin, attestées pourtant par son chauffeur et son garde du corps. Il a mis complètement le président de la République en dehors de l'affaire, alors que le général Rondot souligne dans ses carnets le grand intérêt de Jacques Chirac. Et il a été particulièrement mal à l'aise quand Anne-Gabrielle Heilbronner, la femme d'Imad Lahoud, est venue, à sa demande, à la barre du second procès. Choquée

---

1. *Ibid.*

par les dénégations de l'ambassadeur de France au Japon, Philippe Faure, ami de Dominique de Villepin, elle a assuré que cet homme, qui était fin 2006 secrétaire général du Quai d'Orsay, lui aurait demandé le manuscrit du livre de son époux, *Un coupable idéal*, afin de le faire relire par Villepin. Elle-même était alors conseillère au ministère des Affaires étrangères. Philippe Faure lui aurait restitué le manuscrit, en lui disant qu'il « faudrait retirer deux passages » mettant en cause Dominique de Villepin. Un épisode démenti par l'ancien Premier ministre, ainsi que par Faure qui, dans une lettre au tribunal, a nié avoir joué le rôle d'un « petit facteur manipulateur ». « M. Faure ment, c'est aussi simple que ça. Il a fait une belle lettre, il en profite pour m'attaquer », mais « moi aussi, je suis un très bon fonctionnaire, très respecté », a déclaré Anne-Gabrielle Lahoud.

Dominique de Villepin n'est-il pas le premier à reconnaître que « la lumière tue » ? « Si on n'a pas un peu de silence et d'ombre autour de soi, on se perd[1]. » « Il est totalement double. Il a un côté diabolique, et un autre complètement séducteur[2] », a écrit Jean-François Probst. « Séduisant héraut du non à la guerre en Irak au Quai d'Orsay. Inquiétant et sombre à l'Intérieur. Vingt visiteurs rapportent chaque jour à Sarkozy les insultes et les rumeurs que véhicule

---

1. Raphaëlle Bacqué, « Villepin dans le "cercle de confiance" », *Le Monde* du 1ᵉʳ juin 2005.
2. Jean-François Probst, *Chirac, mon ami de trente ans*, op. cit.

Villepin sur son compte et sur celui de Cécilia Sarkozy, dont il paraît suivre attentivement les atermoiements[1]. »

Les hasards de la vie font que je puis témoigner directement du côté obsessionnel de son antisarkozysme.

J'ai toujours entretenu de bonnes mais intermittentes relations avec Robert Bourgi, important « monsieur Afrique » de Jacques Chirac, de Dominique de Villepin, puis de Nicolas Sarkozy. Je le « pratique » depuis la fin des années 1980, quand il me révéla le rôle du cheikh Zein dans la libération en 1988 des otages français retenus au Liban par le Hezbollah… Il me voit, puis, sans que je sache pourquoi, il ne répond plus pendant des mois, voire des années, à mes appels. Et, sans que je comprenne davantage pourquoi, un beau jour, il me téléphone à nouveau, me faisant le reproche de le bouder. En mars 2005, Robert Bourgi me laisse un message pour me demander de passer le voir toutes affaires cessantes : il a une question importante à me poser. Je ne le rappelle pas immédiatement. Il m'appelle une seconde fois : manifestement, « ça urge ». Je me rends donc à son cabinet, rue Pierre-Ier-de-Serbie. D'emblée, il me demande si j'enquête sur le père de Dominique de Villepin. Je ne m'attendais pas à cela. Je connais depuis longtemps la proximité de Bourgi avec Dominique de Villepin, qui remonte

---

1. Raphaëlle Bacqué, « Fatale attraction », *Le Monde* du 10 octobre 2008.

au temps où ce dernier était secrétaire général de l'Élysée. Bourgi me raconte que, le jour de l'enterrement de Jacques Foccart[1], alors qu'il pleurait la mort de ce « second père », Chirac l'a pris dans ses bras et convié à passer le soir même à l'Élysée. Villepin est là. Chirac s'adresse à son secrétaire général : « Vous allez travailler ensemble, Dominique et vous. » Puis à Bourgi : « Si je ne suis pas disponible, c'est lui qui vous recevra. » Robert Bourgi serait ainsi devenu le mentor de Villepin sur l'Afrique[2]. Une affirmation tempérée par Michel de Bonnecorse, le conseiller « Afrique » de Jacques Chirac, qui affirme que le Président lui demanda de ne jamais le recevoir au Château. Il n'empêche que, de 1997 à 2006, Robert Bourgi rencontre Dominique de Villepin au moins une fois par mois.

Quelques années plus tôt, il m'avait même été donné d'être témoin de leur proximité : Bourgi m'avait passé Dominique de Villepin au téléphone, parce que je doutais du message qu'il m'avait transmis de la part du secrétaire général de l'Élysée, qui concernait mon livre *Manipulations africaines*. Ce message était surprenant puisqu'il allait à l'encontre de la position officielle de l'État français sur l'implication libyenne dans l'attentat perpétré contre le DC-10

---

1. J'assistai à l'inhumation de Jacques Foccart au cimetière de Luzarches en mars 1997.

2. Raphaëlle Bacqué et Philippe Bernard, « Robert Bourgi, vétéran de la Françafrique », *Le Monde*, 30 août 2009.

d'UTA, qui coûta la vie à 170 passagers et membres d'équipage le 19 septembre 1989[1].

En me demandant si j'enquête sur Xavier de Villepin, père de celui qui occupe alors les fonctions de ministre de l'Intérieur, Robert Bourgi me tend une note blanche. Datée du 21 février 2005, elle énonce ainsi son objet : « En répercussion du procès des "écoutes de l'Élysée", une campagne de déstabilisation va viser prochainement le père du ministre de l'Intérieur, Monsieur le sénateur Xavier de Villepin. » Il me semble important de reproduire intégralement cette note blanche, car elle s'inscrit bien dans le cadre de la bataille féroce que se livrent Sarkozy et Villepin au printemps 2005.

« *Devant le tribunal de Paris du Président CROSS l'écoute du GIC "BENÊT"* [nom de code donné à E. Plenel dans la transcription des « écoutes », du temps où il était au *Monde*] *de monsieur Edwy PLENEL était justifiée par messieurs MÉNAGE, PROUTEAU et les généraux CHARROY et ESQUIVIE par ses relations étroites avec la CIA. Pour leur défense, il ne s'agissait donc pas d'une atteinte à la vie privée, mais d'une réelle motivation d'État prévue par la loi.*

---

1. Dans *Manipulations africaines* (2001), je tente de démontrer que si on ne peut exclure la participation de la Libye aux préparatifs de l'attentat, le commanditaire n'a pas été le colonel Kadhafi, mais probablement l'Iran, la Syrie, le Hezbollah et le FPLP-CG d'Ahmed Jibril. La justice française a condamné par contumace six Libyens pour cet attentat (voir aussi chapitre 19, « Dans le secret des infirmières bulgares », pp. 371-372).

Par dépêche AFP, le 7 février 2005, monsieur PLENEL avait interpellé le Ministre de l'Intérieur, et ses services avaient répondu sur le champ "ne pas avoir trouvé la moindre trace de ses liens avec une puissance étrangère".

En défendant publiquement Monsieur PLENEL, et ce, devant le Tribunal qui a fait part de cet élément nouveau à charge pour atteinte à la vie privée, le Ministre de l'Intérieur va faire l'objet prochainement d'une riposte secrète et indirecte des quatre prévenus, épaulés par le journaliste Pierre PÉAN.

Ils disposent toujours de nombreux dossiers confidentiels sur des personnalités politiques de droite ; parfois anciens comme celui du sénateur Xavier de VILLEPIN né le 14/3/1926 à Bruxelles.

Ce dossier serait très documenté et charpenté sur des comptes étrangers (Maroc, USA, SUISSE), avec des versements occultes d'industriels connus. Le tout complété par d'anciennes écoutes de la DGSE fournies par un Colonel lié aux quatre prévenus.

Ces derniers envisagent de "pousser" leur dossier chez Nicolas SARKOZY afin de carboniser politiquement le Ministre de l'Intérieur. Ils ont déjà contacté une de leurs relations à L'Express *pour signaler le lien très fort existant entre Edwy Plenel et Monsieur Dominique de Villepin.*

Nous avons la possibilité avec prudence d'être tenu informé du déplacement et de l'évolution du dossier.

PJ : Article du Monde *du 10/02/05. »*

Devant Bourgi, je relis plusieurs fois cette note fantaisiste avant d'en saisir et apprécier tout le suc[1]. En lui souriant, je réponds négativement à sa question et démens énergiquement l'implication qui m'est attribuée par cette « note confidentielle », émanant d'une source indéterminable. Mon interlocuteur est visiblement soulagé, il téléphone sur-le-champ à un Dominique de Villepin impatient pour lui annoncer la nouvelle. Quelques minutes plus tard, le ministre de l'Intérieur le rappelle pour nous fixer rendez-vous. Avant que je quitte son bureau, Robert Bourgi me confie deux notes blanches, remises par le ministre de l'Intérieur : celle qui évoque mon supposé intérêt pour le père de Villepin, et une autre, portant sur le contrat *Miksa*. Celle-ci commence par ces mots : « Nicolas Sarkozy, à travers Brice Hortefeux, suit toujours à titre privé le contrat concernant SBGDP[2]. Il dispose d'une filière secrète très performante dans l'entourage du roi du Maroc, qui est très lié avec le ministre de la Défense d'Arabie, le prince Sultan [...]. Il a promis de financer à travers une commission du SBGDP la future campagne présidentielle de Nicolas Sarkozy. » À la note est agrafée la copie d'une lettre de Nicolas

---

1. L'auteur de la note a probablement en tête que, avec Philippe Cohen, j'ai co-signé *La Face cachée du Monde* (Mille et une nuits, février 2003) et que ce livre a déclenché l'ire des trois responsables du quotidien, dont son rédacteur en chef Edwy Plenel.

2. Autre nom du projet *Miksa* (Ministry Interior Kingdom Saudi Arabia), pour *Saudi Border Guard Development Program*.

Sarkozy datée du 8 juillet 2002 et adressée au prince Nayef[1], dans laquelle il lui propose de signer un accord de coopération dans les domaines de la sécurité et de la sécurité civile, mentionnant explicitement le projet *Miksa* pour en garantir la bonne exécution...

Quarante-huit heures après ma rencontre avec Robert Bourgi, une voiture aux vitres fumées du ministère de l'Intérieur vient nous prendre tous les deux devant son bureau pour nous conduire place Beauvau. Il est 19 h 30 quand nous rejoignons le bureau de l'assistante du ministre. Autour d'une bouteille de champagne, nous allons passer une heure à bavarder.

Pendant la première demi-heure, le ministre, que je vois pour la première fois, s'en prend avec véhémence à Nicolas Sarkozy, affirmant qu'il est financé par les Américains. Il fait plus que me suggérer qu'il est un agent de la CIA. Je suis estomaqué par sa virulence. Le flamboyant orateur devant le Conseil de sécurité de l'ONU, le poète, le spécialiste de Bonaparte, de Napoléon, semble n'être plus maître de lui. Il éructe. Étrangement, il ne souffle pas mot de la sombre opération visant son père dans laquelle je suis censé tremper, opération qui, selon l'auteur de la note blanche, entre dans le cadre de la bataille opposant Villepin et Sarkozy. Le rédacteur de la note n'a-t-il pas écrit que « ces derniers [dont moi, ai-je compris] envisagent de "pousser" leur dossier chez Nicolas Sarkozy afin de

---

1. Lettre que nous avons citée au chapitre 9, « Djouhri à la manœuvre contre Sarkozy ? », p. 195.

carboniser politiquement le ministre de l'Intérieur [c'est-à-dire notre hôte place Beauvau] » ?

Plus tard, je lirai que le point de départ de l'affrontement entre Sarkozy et Villepin était à situer précisément lors d'une conversation téléphonique qu'ont eue les deux hommes en 1994 : Nicolas Sarkozy, ministre du Budget, reprocha brutalement à Dominique de Villepin, directeur de cabinet d'Alain Juppé, ministre des Affaires étrangères, de dire à la ronde qu'il était l'instigateur du contrôle fiscal opéré sur son père, alors sénateur des Français de l'étranger.

Puis le ministre de l'Intérieur se calme sans pour autant perdre de sa fougue et m'explique ce qu'il va faire durant ses premiers cent jours à Matignon. C'est qu'en février 2005 Villepin a déjà reçu toutes les assurances présidentielles de ravir bientôt Matignon à Jean-Pierre Raffarin. Pourtant, le 10 novembre précédent, au cours d'un déjeuner place Beauvau, il avait donné l'assurance à Omar Bongo, en présence de Pascaline Bongo et de Robert Bourgi, qu'il acceptait l'idée que Nicolas Sarkozy soit désigné comme le futur Premier ministre. Comme à son habitude, Bongo avait composé dans sa tête son gouvernement « idéal ». Il avait tendu à Bourgi une feuille blanche à son en-tête « El Hadj Omar Bongo Ondimba » et lui avait dicté la liste de la formation adéquate, commençant par Nicolas Sarkozy, suivi de Dominique de Villepin[1]. Il avait

---

1. Dans le gouvernement idéal d'Omar Bongo, après Sarkozy et Villepin, figurent Fillon à l'Éducation nationale, Bayrou au Quai

expliqué : « Matignon, c'est pas pour toi, Dominique, laisse donc Sarko... »

Villepin donna l'impression aux autres convives qu'il était d'accord, d'autant qu'il dit au président du Gabon qu'il allait d'ailleurs prendre contact avec le ministre du Budget et le rencontrer. Quelques jours plus tard, le ministre de l'Intérieur réaffirma à Bongo qu'il avait bien laissé un message sur la messagerie vocale de Nicolas Sarkozy.

« Faux ! C'est un menteur ! » contesta ce dernier devant Bongo, agrémentant ses propos de considérations désagréables sur celui qui est devenu son ennemi.

En septembre 2005, Villepin est à Matignon. Il demande à Robert Bourgi de venir le voir discrètement, en passant par le 36, rue de Babylone, au fond du jardin de Matignon, dans le pavillon de musique utilisé par les présidents du Conseil, puis les Premiers ministres successifs pour abriter rencontres discrètes et rendez-vous galants. Le Premier ministre est en sueur, il vient de faire son jogging. Visage fermé, il ne s'embarrasse pas de préambule pour aller droit au but[1] : « Robert, vous sentez le soufre, je ne veux plus vous voir jusqu'à la présidentielle. Vos liens avec

---

d'Orsay, Alliot-Marie à la Défense, Gaymard aux Finances ou à la Justice, Dutreil aux Finances ou à la Justice, Copé au Budget, Barnier au Commerce extérieur, Darcos à l'Agriculture... Hortefeux à la Culture, Bachelot à l'Environnement. J'ai gardé dans mes archives la photocopie de cette note.

1. Scène racontée à l'auteur par Robert Bourgi le 15 octobre 2007, puis à nouveau le 13 janvier et le 6 juin 2011. Robert Bourgi

Bongo et Sassou puent, l'argent de Bongo pue !... »
Et, pour souligner encore son propos, s'il en était
besoin, le Premier ministre en survêtement se pince le
nez. Il explique à son « monsieur Afrique » qu'il ne
veut pas de l'argent de Bongo pour financer sa prochaine campagne, car, dit-il, « c'est trop dangereux ».
Et, prenant un langage de charretier : « Vous vous rendez compte, si un juge vous interroge, et qu'il vous
mette un doigt dans le cul ? Je ne voudrais pas que
vous soyez réduit à parler de ce que vous savez de mes
relations avec Bongo, Sassou et autres... » Diatribe
reconstituée avec les seuls propos rapportés par
Robert Bourgi.

Villepin évoque aussi des fiches émises par les « services », « très désagréables » à son endroit. Furieux,
Bourgi récapitule mentalement tous les services qu'il
a rendus au Premier ministre au cours des dernières
années, et il dit aujourd'hui avoir eu envie de lui « casser la gueule », mais il se contente de lui répondre :
« Depuis dix ans, vous n'avez pas trouvé que l'argent
de Bongo, Sassou, Mobutu et d'autres puait, et sentait
le soufre. Cet argent, ils vous l'ont fait parvenir sans
aucun retour de votre part... » *Dixit* Robert Bourgi,
toujours.

Robert Bourgi n'a en effet pas digéré le refus de
l'octroi d'un visa, refus opposé par le secrétaire

---

s'est également confié à Patrick Benquet, pour son film *Françafrique.
50 années sous le sceau du secret,* produit par Phares & Balises, diffusé
sur France 2 les 9 et 16 décembre 2010.

général de l'Élysée à un Mobutu mourant au Maroc, qui demandait à pouvoir venir rendre son dernier souffle en France, dans sa propriété du Cap-Saint-Martin.

En rage, Bourgi quitte le pavillon de musique et, dans la rue, prend son téléphone portable pour appeler le secrétariat de Nicolas Sarkozy. Il obtient un rendez-vous quelques jours après. Robert Bourgi lui raconte non seulement la scène du pavillon de musique, mais aussi toutes les informations qu'il a amassées sur le Premier ministre depuis une dizaine d'années, dans l'entourage de Jacques Foccart, jusqu'à la mort de ce dernier, et dans celui de Jacques Chirac. Et Dieu sait si Robert Bourgi en sait long sur les relations entre la France et l'Afrique, plus spécialement avec le Gabon, le Congo et l'ex-Zaïre ! Il lui expose comment et à quelle hauteur, selon lui, les chefs d'État africains ont acheminé des dons vers le secrétaire général de l'Élysée, puis vers le ministre. Le montant global est, dit-il, de l'ordre d'une vingtaine de millions de dollars.

L'homme qui se dit – et est pour une large part – le successeur de Jacques Foccart déclare avoir acheminé des espèces (dollars, francs, livres sterling et à la fin euros) remises par Blaise Compaoré (Burkina-Faso), Abdoulaye Wade (Sénégal), Laurent Gbagbo (Côte d'Ivoire), Omar Bongo (Gabon), Denis Sassou-Nguesso (Congo), Obiang Nguema (Guinée équatoriale) et Mobutu (Zaïre). Il n'aime rien tant que replonger dans le passé et mettre en scène des anecdotes qui le montrent au milieu des premiers rôles du théâtre franco-africain. Faut-il le croire ?

La première scène qu'il raconte a pour cadre le *Plaza-Athénée*, à Paris, dans la suite de Laurent Gbagbo, en juin 2001. Il est entouré d'Eugène Allou, directeur du protocole d'État, Jacques Anouma, président de la Fédération ivoirienne de football et à l'époque conseiller financier du président ivoirien, et Paul Bohoun-Bouabré, ministre des Finances. Des monceaux de billets verts sont éparpillés sur la moquette. Trois millions de dollars ? Les collaborateurs du nouveau Président ivoirien s'appliquent à faire des petits tas bien nets, avant de les déposer dans des boîtes à cigares. Une fois leur travail terminé, les boîtes sont enveloppées dans une grande affiche publicitaire pour la nouvelle Austin Cooper, et le gros paquet fourré dans un sac. Eugène Allou, le plus ancien compagnon de Gbagbo, est choisi pour accompagner Robert Bourgi à l'Élysée, où il doit remettre le sac à Dominique de Villepin. Après un coup de fil à l'assistante du secrétaire général, Eugène et Robert se dirigent vers l'entrée discrète du palais donnant sur l'avenue de Marigny. L'assistante de Villepin les y attend, leur évitant de décliner leur identité aux gendarmes. Elle les pilote par des couloirs peu fréquentés jusqu'au bureau du secrétaire général. Villepin ouvre le sac et déplie l'affiche.

Bourgi ne limite pas la manne ivoirienne à cette seule remise datant de juin 2001. Je puis livrer ici un souvenir personnel qui étaie la vraisemblance de l'anecdote rapportée par Robert Bourgi. Quelques semaines avant la chute de Laurent Gbagbo, qui se produisit en avril 2011, j'ai obtenu l'accord de celui-ci pour venir le rencontrer à Abidjan, avec un seul ordre du jour : son rôle de « père Noël » vis-à-vis des hommes politiques français, notamment Dominique de Villepin, un nom que m'avait mentionné un collaborateur ivoirien de celui qui se disait encore le président de son pays. En permettant l'arrestation de Laurent Gbagbo, les forces spéciales françaises ont rendu cette interview impossible.

Guy Labertit, le « monsieur Afrique » du PS de 1993 à 2006, apporte lui aussi une contribution qui tend à rendre crédible l'histoire des 3 millions de dollars. Il évoque un déjeuner qu'il a partagé avec son vieil ami Gbagbo au début de l'année 2010 : « Laurent Gbagbo m'a assuré avoir été sollicité en 2002 par l'entourage de Jacques Chirac pour financer sa campagne présidentielle. » Quelle suite a été donnée par le président ivoirien ? « Je n'en sais rien, demandez-le-lui, esquive Labertit. Mais je pense que Gbagbo écrira un jour sa vérité dans un livre, lorsqu'il ne sera plus chef de l'État. En tout cas, s'il a versé de l'argent, il a été bien mal récompensé en retour[1]... »

En 2002 également, Blaise Compaoré a désigné Salif Diallo, son ministre de l'Agriculture, pour acheminer à Paris 3 millions de dollars dissimulés dans

---

1. In *Le Post*, 30 décembre 2010.

quatre djembés : les longs fûts en bois de ces tambours se prêtent bien au remplissage. Robert Bourgi se souvient de ce dimanche soir où, avec un proche mobilisé pour l'occasion, il est arrivé dans la cour d'honneur de l'Élysée avec Salif Diallo. Il se rappelle avoir porté avec l'assistante de Villepin un tam-tam particulièrement lourd jusqu'au bureau de ce dernier, au premier étage, dans l'aile ouest : « J'ai cru que j'allais me rompre le dos... »

Autres souvenirs de Bourgi : les 2 millions que Mobutu a fait sortir, en 1995 et 1996, d'une grand banque des Champs-Élysées, afin que Bourgi les porte à Dominique de Villepin ; les 5 millions de dollars de Bongo, jusqu'à ce que le président du Gabon « mette à la diète » l'intéressé en 2005 ; les 2 millions de Sassou, acheminés à l'Élysée, au Quai d'Orsay, à la Place Beauvau et à Matignon ; le million d'Abdoulaye Wade et l'autre million donné par Obiang Nguema lors d'un déjeuner place Beauvau qui réunissait Abdoulaye Wade, Karim, son fils, Obiang, Bourgi et Dominique de Villepin.

J'ai demandé à Éric Woerth[1], qui était directeur financier de la campagne présidentielle de Jacques Chirac en 1995, puis de celle de 2002, si Villepin avait alimenté le circuit officiel dont il s'occupait. Woerth s'est montré formel : « Je n'ai pas reçu un franc de Villepin. » Et il explique que, compte tenu des contrôles de toute nature s'exerçant sur le financement des cam-

---

1. Entretien avec l'auteur, le 8 juin 2011.

pagnes présidentielles, l'utilisation d'espèces est désormais devenue quasi impossible.

Jean-François Probst, longtemps ami de Villepin, raconte pour sa part qu'en décembre 1997 Denis Sassou Nguesso, président du Congo, lui avait montré un cahier dans lequel la principale collaboratrice de Pascal Lissouba, son prédécesseur, notait les sommes remises à Dominique de Villepin au *Plaza-Athénée* ou au *Bristol* ; un registre précisant bien le lieu, le jour et l'heure. « Il s'agissait de la participation du président Lissouba aux bonnes œuvres et au combat politique de Chirac entre 1992 et 1995 », note malicieusement Probst, qui laisse la conclusion à Sassou Nguesso : « Villepin, il faut qu'il arrête de m'ennuyer. Maintenant je le tiens[1]. »

Les témoignages de Robert Bourgi et de Jean-François Probst doivent être évidemment pris avec la plus grande prudence. D'abord parce que personne ne viendra les corroborer. Et que l'intérêt de l'utilisation d'espèces est que ce transfert ne laisse pas de traces. Ensuite parce que si ces témoignages étaient l'expression de la vérité, ils ne donneraient aucune indication sur l'usage qui aurait pu être fait de ces sommes : usage personnel, financement de campagnes électorales, d'actions politiques, d'actions secrètes, de caisses de partis ?

Revenons au témoignage de Robert Bourgi racontant la soirée de septembre 2005 qui se déroule place

---

1. *Chirac, mon ami de trente ans*, *op. cit.*

Beauvau et au cours de laquelle Bourgi fait allégeance à Nicolas Sarkozy. Il lui raconte que Villepin lui a parlé de fiches « désagréables » le concernant. Sarkozy appelle alors Claude Guéant, son directeur de cabinet, lequel, selon Bourgi, réfute de vive voix l'accusation. Ce jour-là, le « monsieur Afrique » du Premier ministre est passé avec armes et bagages (remplis de secrets) chez le futur Président.

Robert Bourgi récuse avec la dernière énergie une autre version de sa rupture avec Dominique de Villepin et son ralliement à Nicolas Sarkozy, celle de Michel de Bonnecorse[1], diplomate qui a occupé la fonction de chef de la cellule « Afrique » du président Chirac de 2002 à 2007 : « Alors qu'il semblait évident qu'il y aurait deux candidats à droite, explique Michel de Bonnecorse, Robert Bourgi estima qu'il était temps de tendre la sébile pour les deux. Il se rend à Brazzaville et à Libreville et obtient de Denis Sassou Nguesso et d'Omar Bongo des sommes conséquentes. Il rentre à Paris, alors que Dominique de Villepin est à terre, après l'échec retentissant du CPE en avril 2006[2], son projet de loi retiré. Tout logiquement, Bourgi estime que désormais la route est dégagée pour Sarkozy. Villepin est cuit... Et au lieu de distribuer une mallette à chacun, il n'en fait qu'une, plus grosse,

---

1. Entretien avec l'auteur, le 11 février 2011.
2. Le décalage de date des deux versions du ralliement de Bourgi à Sarkozy – septembre 2005, selon Bourgi, avril 2006 selon Bonnecorse – n'a pas échappé au lecteur.

et la dépose aux pieds du ministre de l'Intérieur. Et le retour sur investissement a été immédiat après l'élection de Nicolas Sarkozy : Bongo a été un des tout premiers, sinon le premier chef d'État appelé par le nouveau Président. Par peur que le privilège de la première visite officielle à Paris ne suscite des réactions sur le thème de la Françafrique, Omar Bongo n'a pas été reçu le premier à l'Élysée, mais le second. Ellen Johnson Sirleaf, présidente du Liberia, n'en est pas revenue d'être le premier chef d'État du continent noir à être reçu, le 24 mai 2007, par Sarkozy, elle qui est anglophone et connue pour sa lutte contre la corruption. Elle n'a certes été reçue qu'un quart d'heure, mais c'était suffisant pour afficher qu'il y avait bien rupture en matière de politique africaine, alors que, le lendemain, le président gabonais était longuement reçu[1]. Bongo obtint alors un prêt pour l'État gabonais de 40 millions que Jacques Chirac lui refusait... »

Pour mieux réfuter la version de Michel de Bonnecorse, Bourgi me raconte que, lors d'un second entretien place Beauvau avec Nicolas Sarkozy, après sa rupture avec Dominique de Villepin dans le pavillon de musique, le ministre de l'Intérieur lui aurait dit, en présence de Claude Guéant : « Robert, au-delà de l'amitié et de l'affection que j'ai pour toi,

---

1. Nicolas Sarkozy l'avait déjà reçu le 22 mars précédent, et l'avait rencontré à sept reprises, entre janvier 2004 et mars 2007. Il rendit visite à Bongo en juillet 2007 lors de sa première tournée africaine.

j'ai besoin de ta compétence exceptionnelle sur l'Afrique... Mais, tout de suite, je tiens à te dire que je ne veux pas d'un financement de ma campagne par des étrangers, qu'ils soient africains ou arabes... »

Ancien chef de guerre contre les balladuriens, Dominique de Villepin a laissé des haines tenaces parmi ceux qui ont été dans son collimateur. La simple lecture de la presse, nourrie des fuites de l'instruction de l'affaire « Karachi », montre bien que la guerre entre sarkozystes (ex-balladuriens) et chiraco-villepinistes est loin d'être terminée. Ziad Takieddine, l'homme d'affaires franco-libanais, intermédiaire choisi par l'Arabie saoudite pour le rétablissement des relations entre les deux pays, n'a pas de mots assez durs pour mettre en cause Dominique de Villepin, qui, dit-il sans aucune preuve à l'appui, a finalement réussi, quinze ans après, à faire ouvrir une instruction sur l'existence de prétendues rétrocommissions au profit des balladuriens.

Considérant que le chapeau qu'on veut lui faire porter est beaucoup trop large, Ziad Takieddine souhaiterait que les juges s'intéressent à ce qu'il estime être les vraies pistes dans ce dossier : la destination finale de 648,6 millions de francs (soit près de 100 millions d'euros) correspondant aux FCE (frais commerciaux exceptionnels) prévus dans les accords *Sawari II* signés entre Riyad et Paris et supposés destinés au « réseau K » – K comme King, appellation créée de toutes pièces par Dominique de Villepin –, réseau dont il conviendrait de vérifier l'existence ainsi que sa nature royale.

Pour orienter les juges, qui dès le départ ont volontairement amalgamé le contrat *Agosta* et les accords *Sawari II*, alors que ces deux dossiers sont totalement distincts et indépendants l'un de l'autre – leur seul point commun est la période de leur signature, à la fin de l'année 1994 –, Ziad Takieddine n'y va pas avec le dos de la cuillère. Le 30 mai 2010, dans le *Journal du Dimanche*, Ziad Takieddine s'en était déjà pris à Jacques Chirac et à ses lieutenants : en cascade, Villepin, Gourdault-Montagne et Djouhri[1]. Maintenant, profondément irrité par la « fausse piste » lancée par Dominique de Villepin dont se sont saisis les juges, c'est l'ancien Premier ministre français qu'il accuse « d'avoir inventé toute cette histoire de prétendues rétrocommissions, sans aucune autre preuve fournie que des insinuations, des soi-disant éléments exclusivement verbaux des "services", des écoutes illégales, sans un seul écrit et sans qu'aucune enquête n'ait jamais été diligentée alors que ses fonctions de l'époque le lui permettaient aisément ». Des accusations dont je ne retiens que les moins violentes.

Ziad Takieddine se demande ensuite par quels enchaînements une partie des FCE, celle du « réseau K », du contrat *Sawari II* n'est pas parvenue à ses destinataires contractuels, pourtant approuvée par les deux gouvernements ? Car les FCE faisaient, à

---
1. Assignation pour diffamation, déjà mentionnée, voir chapitre 3, p. 52 et chapitre 10, p. 218.

l'époque légalement, partie intégrante de tout contrat de gouvernement à gouvernement.

De fait, l'arrêt du paiement de ces FCE provoqué par Dominique de Villepin (et son équipe), qualifiés par lui de « rétrocommissions », est une réalité.

Ziad Takieddine entreprend alors de reprendre le fil de cette sombre histoire depuis juillet 1996, qui marque le « début de la démarche de Villepin et Chirac, et relayée par Chirac, auprès du prince héritier Abdallah, pour arrêter les commissions qui auraient servi selon eux à financer la campagne d'Édouard Balladur ». Il raconte la colère du prince Sultan, ministre de la Défense et signataire de *Sawari II* avec son homologue français, en apprenant les dires du Président français à son frère le prince Abdallah, puis la venue chez lui de Frédéric Bauer, se présentant comme un envoyé de Jacques Chirac, et lui affirmant que Ziad Takieddine avait « assez gagné d'argent » dans *Sawari II*... et que le versement par la Sofresa des FCE contractuellement prévus était arrêté.

« Le lendemain, en prenant ma voiture dans le parking, je constatais qu'une balle avait été tirée dans le pare-brise et une autre dans la carrosserie », déclare Ziad Takieddine. Malgré cet avertissement, donné pour l'intimider, il lance une procédure d'arbitrage à Genève, pour le compte de l'Arabie saoudite, contre la Sofresa, pour violation du contrat *Sawari II* et rupture abusive de contrat. Procédure qu'il gagne.

Fort de cette première victoire et connaissant les liens de Rafic Hariri, Premier ministre libanais, avec la famille royale saoudienne et avec Jacques Chirac, Ziad Takieddine tente en septembre 1996 de se rapprocher d'Hariri par l'intermédiaire d'un ami, le ministre libanais des Affaires étrangères. Il confie à ce dernier une lettre expliquant que la décision de Jacques Chirac et de Dominique de Villepin d'arrêter les versements des FCE prévus au contrat, constituant une véritable rupture, aurait des conséquences dramatiques pour les relations franco-saoudiennes.

La lettre est remise dans l'avion emmenant Hariri et son ministre des Affaires étrangères à New York, à l'Assemblée générale de l'ONU. À son retour à Paris, Hariri convoque Takieddine qui lui explique les dessous de l'affaire et les conséquences dramatiques pour les relations franco-saoudiennes. Le lendemain, Hariri voit son ami Chirac et téléphone ensuite à Takieddine : « Tout est réglé. La France paiera les FCE qu'elle doit au titre du contrat. »

Méfiant, Takieddine sollicite la garantie écrite que la France va bien effectuer ces paiements. Hariri répond que c'est impossible et demande alors au directeur de la Banque de la Méditerranée, sa propre banque, une garantie bancaire des paiements. Ziad Takieddine demande ensuite au Premier ministre libanais en quoi il pourrait lui être utile. Réponse du Premier ministre : « Les Saoudiens doivent 1,380 milliard de dollars à ma société de travaux publics...

– Considérez que vos factures seront payées par le prince Sultan, mais promettez-moi de lui expliquer en détail ce qui s'est passé », lui répond l'homme d'affaires libanais.

Ce qui, dans les deux cas, fut fait immédiatement.

À la suite de cet accord entre Jacques Chirac et Rafic Hariri sur le paiement des FCE contractuels, dénommés par Dominique de Villepin et ses proches « commissions au réseau K », les contrats de la Sofresa avec ce supposé « réseau K » sont détruits en février 1997, sur demande insistante de la France, à Genève, en présence de Michel Mazens, président de la Sofresa, de l'avocat de Rafic Hariri et de Ziad Takieddine, représentant les autorités saoudiennes, le ministre de la Défense et le prince Sultan.

Cette destruction était censée faire table rase du passé puisqu'elle faisait disparaître tous les documents concernant la partie impayée des FCE, celle concernant le prétendu « réseau K ». Et elle devait restée secrète. Or, méfiant, Ziad Takieddine a gardé des photocopies du dossier ! Il affirme que la Sofresa, intégralement payée des 28,6 milliards de francs du contrat *Sawari II*, a conservé la somme de 648,6 millions de francs correspondant aux FCE non payés par la France ; des « frais commerciaux » qui n'ont plus été liés à aucun contrat, et qui n'ont plus laissé de trace. Sauf chez Ziad Takieddine...

Cette importante somme s'est donc évaporée. Ziad Takieddine affirme que cette évaporation n'a pas été perdue pour tout le monde. Il s'étonne que le juge Van Ruymbeke se contente de la piste lancée par Dominique de Villepin et ses proches de l'époque sur les prétendues rétrocommissions des balladuriens, sans se donner la peine d'investiguer dans cette autre direction qu'il estime pourtant incontournable... Pour conforter son argumentation, Takieddine s'appuie sur la chronologie des faits : les paiements effectués à l'Arabie saoudite par Rafic Hariri, qui s'est donc substitué à la Sofresa, sont intervenus en 1997 et 1998. Dès lors, comment ces fonds auraient-ils pu servir au financement de la campagne de Balladur en 1995 ? Il ne s'explique pas pourquoi cette incohérence n'a pas été relevée par le juge d'instruction.

« Oui, vous pouvez écrire tout ce que je vous dis, c'est la réalité... Je tiens à vous préciser, preuve de son embêtement, que Dominique de Villepin m'a fait passer à deux reprises des messages m'affirmant qu'il n'avait jamais rien fait contre moi et qu'il souhaitait me rencontrer. J'ai refusé... Bien sûr, il niera sa démarche », me dit Ziad Takieddine. Et de me préciser la raison de son refus : il ne veut pas parler à celui qu'il accuse de travestir la réalité. Il me confirme en revanche qu'il est déterminé à aller « jusqu'au bout » pour que la justice soit enfin obligée de rétablir le rôle véritable de chacun des acteurs de cette affaire[1]...

En avril 2011, alors que l'instruction de l'affaire de Karachi avance, Dominique de Villepin voit resurgir un dossier qui pouvait lui sembler clos depuis 2006. Paul Giacobbi, président du Conseil exécutif de Corse

---

1. Entretien avec l'auteur, 1er août 2011.

et député appartenant au Groupe socialiste radical, demande, cinq ans après les faits, qu'une commission d'enquête soit créée sur les conditions de la privatisation de la Société nationale Corse Méditerranée (SNCM). Il met en cause la gestion de Villepin dans ce dossier. C'est lui qui a décidé de la privatisation et choisi les repreneurs de la SNCM : aujourd'hui, la société est détenue à 66 % par Veolia Transport. Il a relevé une « suite d'erreurs troublante ». « La modestie stupéfiante de la transaction jointe au secret qui l'a entourée ne peuvent que susciter le doute », écrit le député.

En 2005, Dominique de Villepin, alors Premier ministre, a proposé à ses amis Henri Proglio et Walter Butler de reprendre pour une bouchée de pain et sans risque financier le contrôle de la SNCM. Dominique de Villepin a connu Walter Butler à l'Institut d'études politiques de Paris, celui-ci l'a suivi à l'ENA, intégrant l'école deux ans après lui. Issu du corps de l'Inspection des finances, Butler n'a pas choisi de faire carrière dans la haute fonction publique. En 1991, il monte un fonds d'investissements, Butler Capital Partners, spécialisé dans la reprise et le redressement des « canards boîteux ». Le Premier ministre, appuyé par le ministre des Finances Thierry Breton, souhaite que Butler Capital Partners soit l'acteur majeur et pivot de la recapitalisation de la SNCM. En dépit de la grève dure des marins déclenchée en septembre 2005, il se montre intransigeant sur son schéma gouvernemental : 38 % à Butler, 28 % à la Connex, filiale « transport » de Veolia, 25 % à l'État et 9 % aux salariés. La société de transport maritime, qui a une mission de service public en ce qu'elle assure la continuité territoriale entre le continent et la Corse, connaît des problèmes financiers depuis 2003, malgré la subvention de l'État. Celui-ci injecte encore 142,5 millions d'euros dans le capital de l'entreprise avant de la céder, en 2006, pour un prix ridiculement bas, de l'avis de tous les experts.

Depuis 2005, Paul Giacobbi se démène pour faire éclater la vérité dans cette affaire. Sur son blog, au lendemain de la privatisation, il parle de « braquage[1] » des actifs immobiliers de la France : « L'État a payé les dettes à concurrence de 142,5 millions d'euros et a payé, par avance, le plan social à hauteur de 38,5 millions d'euros. Les heureux acquéreurs de cette entreprise ont versé en tout et pour tout 35 millions d'euros. Ils feront donc une plus-value qui représentera au moins dix fois leur mise et ils ne prendront aucun risque puisque l'État et la Collectivité territoriale de Corse leur ont publiquement garanti, avant même que l'appel d'offres sur la délégation de service public ne soit lancé, qu'ils en seraient les heureux bénéficiaires. » Giacobbi appelle de ses vœux que la justice fasse la lumière sur les dizaines de millions d'euros qui sont allés enrichir d'autres poches que celles de l'État. Deux ans et demi après avoir pris

---

1. Voir son blog, en particulier : http://blog.paul-giacobbi.org/Le-braquage-de-la-SNCM_a21.html

38 % du capital de la SNCM pour quelque 15 millions d'euros, Butler revendait à Veolia ses actions près de cinq fois le prix de leur acquisition, pour la somme de 73 millions ! Soit une plus-value de 58 millions d'euros. Les 73 millions versés par Veolia à Butler Capital Partners valorisent à plus de 200 millions d'euros une entreprise que l'État actionnaire avait estimée à une valeur négative de 158 millions d'euros en 2006 ! « Nous avons toujours dit, commente aujourd'hui[1] Pierre Mattei, P-DG de Corsica Ferries, son concurrent, que la SNCM valait beaucoup d'argent. » Comment expliquer une telle revalorisation ?

En janvier 2008, l'ancien diplomate Dominique de Villepin opère sa reconversion professionnelle : après d'autres, qui, comme lui, ont choisi le barreau pour point de chute après une défaite politique, il prend la robe d'avocat. L'ouverture de son cabinet ne passe pas inaperçue parmi ses confrères. Il se sait bientôt que Me Villepin a, parmi ses premiers clients, deux géants nationaux, Veolia et Alstom. Dans un article consacré aux hommes politiques devenus avocats, Valérie de Seneville s'intéresse au cas de l'ancien Premier ministre : « S'il évite de s'impliquer dans les "deals" franco-français, [il] s'occupe personnellement de deux grandes entreprises internationales, Veolia et Alstom, pour certains dossiers internationaux. Avant de lui confier leurs intérêts, ces derniers ont pris soin de téléphoner à l'Élysée pour s'assurer qu'ils ne froisseraient

---

1. Entretien avec l'auteur, le 3 août 2011.

personne...[1] » Comme l'écrit la journaliste, en général ce type de reconversion, qui relève quand même du mélange des genres, impose à l'avocat de « rester relativement discret pour ne pas s'exposer aux critiques sur d'éventuels conflits d'intérêts ».

Depuis qu'il n'est plus au pouvoir, Dominique de Villepin s'affiche très fréquemment au côté d'Alexandre Djouhri, l'intermédiaire tout-puissant. Les liens naguère noués semblent s'être intensifiés. On les voit ensemble dans des restaurants et hôtels très chers, dans des lieux de vacances hors de prix, et dans des avions mis à la disposition du premier par le second, nourrissant de nombreux soupçons. Cette proximité constante est encore renforcée par l'adhésion d'Hervé Séveno, le factotum de Djouhri et président du cabinet d'intelligence économique I2F, à République solidaire, le mouvement de Dominique de Villepin[2]. Il n'y entre pas par la petite porte, puisque, le 7 juillet 2011,

---

1. Valérie de Seneville, « Ces politiques qui portent la robe », *Les Échos*, 18 novembre 2008.

2. Dans une lettre datée du 12 juillet 2011, il explique les raisons qui le font renoncer à ses mandats de président de la FéPIE (Fédération des professionnels de l'Intelligence économique) et du SYNFIE (Syndicat français de l'Intelligence économique) : « Étant sollicité, j'ai accepté de prendre des fonctions au troisième rang de responsabilité d'un mouvement politique jeune [...] présidé par le seul ancien Premier ministre qui a porté le concept de "patriotisme économique" au rang de ses priorités... » Hervé Séveno continuera en revanche à gérer I2F et à s'occuper de ses sociétés clientes. Sa lettre rend également un hommage appuyé à Claude Guéant et à Ange Mancini, le coordonnateur national du renseignement à l'Élysée.

il en a été nommé secrétaire général adjoint, c'est-à-dire numéro trois du mouvement. Il est également à la tête de la fédération des Yvelines du parti et pourrait défendre les couleurs villepinistes aux élections législatives de juin 2012. Cette arrivée de Séveno dans le dispositif politique de l'ancien Premier ministre de Jacques Chirac montre les liens toujours très forts entre le « Poète » et Djouhri.

L'amitié d'Alexandre et de Dominique est probablement l'illustration des propos de Raphaëlle Bacqué et Jean-François Probst sur le syndrome de Janus, lumière et ombre, de Villepin, l'ancien lascar de Sarcelles étant en quelque sorte sa part trouble. Cette intimité pose également problème à tous les analystes qui dissèquent en permanence l'incroyable animosité entre Dominique de Villepin et Nicolas Sarkozy et ses conséquences sur la vie politique française. Alexandre Djouhri n'est-il pas à la fois l'ami intime du « Poète » tout en gardant ses entrées au Château et une très grande proximité avec Claude Guéant et Bernard Squarcini ? Ne déploie-t-il pas une incroyable énergie à tenter de rapprocher les deux ennemis, allant jusqu'à demander à André Tarallo, l'ancien « monsieur Afrique » d'Elf, de persuader ses amis chefs d'État africains de convaincre Nicolas Sarkozy de se réconcilier avec Dominique de Villepin ?

12

Autour de Veolia

« Tais-toi : tu es le soldat, je suis le général... »

Qui s'exprime ainsi au restaurant du *George-V*, ce 3 juin 2004 ? Le tout-puissant Alexandre Djouhri, champion du clan chiraquien dans le duel que se livrent les deux camps ennemis de la droite. Qui baisse les yeux, le regard rivé sur son assiette ? Henri Proglio, alors président du groupe Veolia et futur président d'EDF. Autour de la table, outre Djouhri et Proglio, sont assis l'ancien magistrat et député de la Haute-Vienne Alain Marsaud, Emmanuel Petit, un cadre de Veolia, et Mohamed Ayachi Ajroudi, président de la société Aquatraitements Énergies Services (A. E. S.).

À l'ordre du jour de ce déjeuner, la constitution d'une société, Veolia Middle East, qui permettrait au groupe français « d'être sur place » et de s'implanter plus aisément en Arabie saoudite ainsi que dans l'ensemble du Moyen-Orient. C'est Alain Marsaud qui, lors d'un déjeuner à l'Assemblée nationale, le 20 mai précédent, avait suggéré à Ajroudi de créer une telle société. Ajroudi n'avait-il pas été à l'origine d'un contrat juteux portant sur un réseau tout-à-l'égout à La Mecque, remporté en 2001 par la société Safege, filiale du groupe Suez ? Ajroudi avait alors été étonné d'entendre Marsaud dire qu'il allait contacter Proglio par l'intermédiaire d'Alexandre Djouhri, « sans lequel monsieur Proglio n'est rien ! ».

Au déjeuner du *George-V*, Ajroudi propose donc de constituer Veolia Middle East, sur la base de 49 % du capital détenu par lui et 51 % par le groupe Veolia. De but en blanc, Alexandre Djouhri demande à Ajroudi de lui rétrocéder gratuitement 20 % des actions. Interloqué, Ajroudi s'enquiert des raisons d'une telle demande. Monsieur Alexandre assène alors qu'il est incontournable, que rien ne peut se faire sans lui chez Veolia, parce qu'il *détient déjà 8 % du capital du groupe :* « Je maîtrise tout : j'ai 8 %, sans moi rien n'est possible... » Ajroudi proteste haut et fort qu'il n'est pas question de lui céder gratuitement ces 20 %. C'est dans ce contexte qu'Henri Proglio, estimant qu'Alexandre va décidément trop loin, tente d'intervenir et de reprendre la parole, mais se fait remettre à sa place. Répétons qu'Henri Proglio conteste la scène, mais qu'Emmanuel Petit, lui, confirme cette version...

Alors que je cherche désespérément à comprendre d'où vient la puissance d'Alexandre Djouhri, cette scène est peut-être un début de réponse. Voilà un homme inconnu du grand public, au curriculum incertain, qui se dit homme d'affaires et se permet d'humilier un patron du CAC 40 en le traitant devant témoins comme un loufiat et qui affirme posséder 8 % du capital de Veolia. Examinons le cas de plus près.

Il faut se souvenir que la Compagnie générale des Eaux, ancêtre de Veolia, a été l'un des grands fournisseurs d'« argent noir » pour des élus locaux, de tous bords et de toute la France, avec toutefois une prédilection pour ceux du RPR. Henri Proglio, cadre de la Compagnie, était au début des années 1990 un habitué de la Mairie de Paris *via* Michel Roussin, le directeur de cabinet de Jacques Chirac, dont il est un familier depuis le début des années 1980. Il est également familier de Louise-Yvonne Casetta, dite la « Cassette », considérée comme la trésorière occulte du RPR[1]. Le nom de Proglio est d'ailleurs cité dans l'affaire des fausses factures des HLM de Paris. Dans les années 1990, il évolue dans la nébuleuse RPR qui s'occupe du financement du parti chiraquien ; il devient proche de Chirac lui-même, tout en disposant aussi de solides appuis au-delà du RPR, comme ceux de Laurent Fabius, alors ministre de l'Économie, et d'André Santini, alors premier vice-président du conseil général des Hauts-de-Seine.

En 2001, ces appuis sauvent Proglio, devenu un des patrons de Vivendi Environnement, qui était menacé

---

1. Louise-Yvonne Casetta a été condamnée à six mois de prison avec sursis en décembre 2001 dans l'affaire des marchés truqués des lycées d'Île-de-France ; à dix mois avec sursis en septembre 2005 dans l'affaire des emplois fictifs de la Mairie de Paris ; à deux ans avec sursis, en février 2007, dans l'affaire des marchés publics d'Île-de-France.

d'être débarqué de son poste. Pour désendetter le groupe Vivendi Universal, Jean-Marie Messier envisage alors de vendre Vivendi Environnement au groupe allemand RWE. Or, Jacques Chirac s'oppose à cette vente, et il officialise son soutien à Henri Proglio en le nommant officier dans l'ordre du Mérite, à la fin 2001. Quelque temps plus tard, Messier convoque Proglio à New York. Ce dernier comprend que son patron va lui annoncer qu'il est remercié. Proglio en parle à son ami Alexandre Djouhri, déjà en cour à l'Élysée, qui en parle à Dominique de Villepin, secrétaire général, lequel convainc le Président de téléphoner à Messier. Chirac explique à J2M qu'Henri Proglio est un homme indispensable dans Vivendi Environnement. « Je veux que vous me compreniez bien... » aurait-il insisté. Déjà en grande difficulté, Messier ne tient pas à se mettre encore plus mal avec le chef de l'État, et quand Proglio pénètre dans le bureau new-yorkais du président de Vivendi Universal, c'est pour s'entendre dire : « Je te confirme dans tes fonctions. » Une confirmation qui scelle l'amitié récente entre Henri et Alexandre.

L'été suivant, après avoir dû annoncer des pertes record, Jean-Marie Messier, qui avait été recruté en 1994 par le fameux patron de la CGE, Guy Dejouany, pour opérer la mue de la Compagnie en une multinationale du divertissement et des nouvelles technologies, est contraint de démissionner de la tête de Vivendi ; avec son départ, la branche Environnement du groupe peut prendre son indépendance, mais, pour l'heure, Proglio se démène pour trouver des financiers. L'argent ne peut plus venir de Vivendi, en quasi-dépôt de bilan. Alexandre Djouhri se tient alors à ses côtés. En 2003, l'ouverture du capital de Vivendi Environnement, coté en Bourse depuis juillet 2000, est une réussite : Vivendi Environnement devient Veolia. Cependant, ce succès ne calme pas pour autant les angoisses d'Henri Proglio : « Quand j'ai travaillé avec lui, son obsession du cours de Bourse était pathologique, se souvient l'actuel patron de France Telecom, Stéphane Richard. Parfois, il interrompait une discussion, tapait sur la touche "F5" de son ordinateur pour rafraîchir l'écran et vérifier le cours. Quand cela baissait, il avait le sentiment de faillir[1]. »

Éric de Ficquelmont, le plus proche collaborateur d'Henri Proglio, se souvient de cette hantise chez son patron, toujours planté devant son ordinateur, demandant pourquoi la tendance du cours était à la baisse. Il se rappelle également qu'Alexandre Djouhri lui disait de ne pas s'inquiéter, car il veillait à protéger la stabilité du cours de l'action Veolia. Est-ce dans ce contexte qu'il aurait acheté ou fait acheter 8 % des titres de Veolia, comme il l'a affirmé à de nombreuses reprises, et comme ses amis le répètent encore aujourd'hui ? N'est-ce pas cet argument qu'il aurait utilisé pour s'imposer dans la négociation avec l'homme d'affaires Mohamed Ayachi Ajroudi ?

---

[1]. In *Challenges* du 12 décembre 2010.

Les 8 % de Veolia censés être possédés par Djouhri ont empoisonné mon enquête et m'ont fait perdre beaucoup de temps. De 2004 à 2006, plusieurs journaux ont fait mention de ces 8 % que détiendrait Alexandre Djouhri dans Veolia sans déclencher les foudres de l'intéressé ni d'Henri Proglio[1]. Le site de la lettre confidentielle *Intelligence Online* du 3 novembre 2006 écrit une nouvelle fois : « Alexandre Djouhri est devenu un acteur industriel majeur en acquérant, ainsi que le clament ses amis, 8 % du capital de la société Veolia Environnement (soit, au cours actuel, 1,5 milliard d'euros). »

Un proche de Djouhri s'est prêté au jeu des questions et des réponses « off ». Il m'a déclaré[2] que Djouhri avait bien eu le contrôle de 8 % du capital de Veolia, mais il a tenu à me préciser que ces 8 % avaient été réunis lors d'un « tour de table » avec ses amis, parmi lesquels Mansour Ojjeh pour 2 %. Me signifiant ainsi que Djouhri était un *trustee*. Un autre proche de Djouhri, collaborateur de premier plan de Serge Dassault, m'a contacté à son tour pour me

---

1. Fin 2004, les journaux qui ont relaté la rixe du *George-V* ont évoqué cette participation de 8% : *Le Canard Enchaîné*, Bakchich, *Intelligence Online* (IOL), *Le Nouvel Observateur* et *L'Express*.

En janvier 2011, la fiche Wikipedia – dont on sait les limites de la rédaction, souvent faite d'articles de presse compilés – consacrée à Alexandre Djouhri mentionne « qu'il posséderait 8 % du capital de Veolia ». S'il le voulait, l'intéressé pourrait faire corriger le contenu de cette page...

2. Dans un entretien, le 27 janvier 2011.

confirmer l'existence de ces 8 %, et il m'a bien souligné que ces parts ne constituaient qu'un des éléments d'un portefeuille beaucoup plus important. D'autres sont allés jusqu'à me soutenir que ce n'était pas à 8 %, mais à 10 % que se montait sa participation ! Alors que j'étais toujours sur la brèche dans cette épineuse affaire, me parvenaient aux oreilles des rumeurs sur l'origine des fonds qui auraient permis à Djouhri d'acquérir un tel paquet d'actions de Veolia. Des grands patrons et d'anciens responsables des services secrets me glissèrent que l'argent proviendrait de rétrocommissions générées par plusieurs grands contrats de l'ère chiraquienne obtenus grâce au patronage de Dominique de Villepin et de Maurice Gourdault-Montagne ; et que ces actions Veolia constitueraient tout ou partie d'un « trésor de guerre » du clan chiraquien.

Je n'ai pas réussi à étayer par la moindre preuve ces affirmations, qui noircissent maintes pages dans mes carnets d'enquête. D'autres de ces pages racontent, mais toujours sans preuve, qu'en 2010 les 8 %, voire les 10 %, du capital de Veolia supposément détenus par Alexandre Djouhri ou bien gérés par lui auraient été vendus à la suite du départ annoncé d'Henri Proglio de la tête de la société. Proglio, qui croyait pourtant avoir ficelé son affaire auprès des pouvoirs publics – prendre la présidence d'EDF, tout en restant aux commandes de Veolia –, se trouva en effet contraint d'abandonner Veolia à la suite d'une campagne médiatique et politique mettant en cause les émoluments énormes afférents à cette double présidence.

Probablement aidé par Alexandre Djouhri, Proglio aurait toutefois réussi à gagner quelques mois à la tête de Veolia, le temps nécessaire pour organiser en douceur la revente des actions contrôlées par Djouhri, selon mes informateurs ; lesdites actions auraient été rachetées pour partie par l'ami Serge Dassault – Sergio, comme le surnomme Djouhri –, c'est-à-dire par son Groupe Industriel Marcel Dassault (GIMD) et, pour le reste, par le fonds Qatari Diar. Faute d'avancer un début de commencement de preuve, j'ai remisé ces « on-dit » dans le tiroir à ragots... Et j'ai rencontré Henri Proglio, actuel président d'EDF, le premier intéressé en tant qu'ancien président de Veolia et ami de Djouhri. Il n'a pas hésité une seconde à me marteler que l'histoire de ces 8 % est une « gigantesque plaisanterie ».

« Pourquoi alors rester ami avec quelqu'un qui a soutenu cela aussi effrontément et aurait pu causer des dégâts à Veolia ?

– Si je m'occupais de toutes les rumeurs... »

Il n'hésite pas ensuite à débiner son « copain » Djouhri, qui a « mal évolué dans les dernières années » et qu'il n'a « pas vu depuis fin 2010[1] » ; il me dit qu'il n'a « jamais fait un centime d'affaires avec lui », mais qu'il est « marrant, hors normes et assez séducteur ». « Les grandes personnes ont besoin d'évasion. » Il ter-

---

1. « Je les ai vus ensemble pendant le printemps », m'a affirmé pourtant un témoin digne de foi.

mine ce portrait surprenant en le traitant de « grand bonimenteur » !

Et Henri Proglio de me raconter que Nicolas Sarkozy lui a demandé de venir le voir en 2005, place Beauvau. Il l'a reçu en présence de Claude Guéant. Rappelons-nous que la bataille entre les deux clans de la droite est toujours aussi violente, qu'Alexandre Djouhri est dans le clan villepino-chiraquien et que son nom est amplement sorti dans la presse à partir de décembre 2004, après la rixe du *George-V*, comme nous le verrons dans les prochaines pages.

« Qu'est-ce que tu branles avec Djouhri ? l'interpelle le Président. Ce type qui est dangereux...

– Qu'est-ce que tu me racontes ?

– Mais il a 8 % du capital de Veolia !

– De quoi tu me parles ? Tu as fumé la moquette ! » lui rétorque Proglio.

Et, selon le président d'EDF, Nicolas Sarkozy est parti ensuite dans une grande diatribe contre Villepin, son « cabinet noir », les « saloperies » montées contre lui et le rôle de Djouhri dans tout cela...

Revenons au différend entre Proglio, Marsaud, Djouhri et Ajroudi, à la mi-2004, qui concerne le contrôle de lucratifs marchés au Moyen-Orient et les 20 % du capital de Veolia Middle East que Djouhri voudrait recevoir gratuitement. Ajroudi est à nouveau contacté par Marsaud pour qu'il accepte les exigences de Djouhri, sans qui la société ne verra pas le jour. Pour tenter de débloquer l'affaire, Marsaud présente à Ajroudi son ami Laurent Obadia, qui, après avoir été son collègue chez Vivendi, s'est associé avec lui dans Dataceo, une société spécialisée dans le renseignement économique – à laquelle est également associé Guy Dejouany, l'ancien patron de la Compagnie générale des Eaux. Obadia veut lui aussi un petit pourcentage de la société. Dans un premier temps, il demande 2 %, en plus des 20 % de Djouhri, puis que ces 2 % soient compris dans les 20 %. Furieux, Ajroudi rompt les relations avec les *missi dominici* de Djouhri et ne veut plus entendre parler d'eux. Dès lors, les menaces physiques vont se succéder...

La colère de Djouhri, d'Obadia et de Marsaud consécutive au refus d'Ajroudi de leur céder gratuitement 20 % d'une société qui n'existe encore que sur le papier n'est rien à côté de celle qu'Ajroudi déclenche en s'intéressant au capital de Veolia. Vivendi y détenait encore une participation résiduelle de 20 % et envisageait de la vendre avant la fin de l'année 2004. Début septembre 2004, Ayachi Ajroudi, lié au richissime prince Al-Walid, propriétaire, entre autres, d'EuroDisney et de l'hôtel *George-V*, prend contact téléphoniquement avec Jean-René Fourtou, le président de Vivendi, pour lui faire part de son intérêt pour ses actions dans Veolia. Le 2 septembre 2004, Henri Proglio reçoit un SMS de Fourtou, lui demandant de le rappeler. Le soir, Fourtou explique au président de Veolia qu'il a trouvé un acquéreur en la personne d'Ayachi Ajroudi, lui-même mandataire du prince saoudien. Fureur du président de Veolia : « Il n'est pas crédible que ce monsieur Ajroudi, que je ne connais pas, puisse mettre 2 milliards d'euros dans un tel investissement[1]... »

Le lecteur sait déjà que, en réalité, Henri Proglio a rencontré Ayachi Ajroudi, ne serait-ce que pour avoir déjeuné avec lui. Pourquoi Proglio et ses amis ne souhaitent-ils pas le voir entrer au capital de Veolia ? Ont-ils peur que, en devenant un actionnaire de poids, Ajroudi les empêche de gouverner le groupe selon leur seule volonté ? En tout cas, tout va alors être mis en œuvre, en accord avec l'Élysée et Matignon, pour empêcher une telle opération, qui n'entre pas dans la logique stratégique française, pour des activités aussi sensibles que l'eau.

Emmanuel Petit, qui est à l'origine de la rencontre entre Ajroudi et Marsaud, est mis à pied le 7 octobre 2004. Ajroudi résiste pour sa part aux manœuvres d'intimidation et formalise son intérêt pour les 20 % de Veolia dans un courrier adressé à Jean-René Fourtou. Le 8 novembre, il envoie à Henri Proglio un courriel dans lequel il indique notamment qu'il ne cédera pas sur le montant de sa participation dans la filiale Veolia Middle East. Le lendemain, Jean-René Fourtou envoie une lettre manuscrite à Ajroudi pour accuser réception de la sienne, marquant son intérêt pour les 20 % de Veolia détenus par Vivendi : « Monsieur Jacques Espinasse, directeur général adjoint et

---

1. Jugement du 17 septembre 2008 devant la 11ᵉ chambre/1, n° d'affaire 0727509024, « Dénonciation calomnieuse contre Veolia, à la requête d'Ayachi Ajroudi ».

directeur financier de Vivendi Universal, est à votre disposition pour étudier vos propositions », écrit-il.

Branle-bas de combat : outre diverses actions clandestines d'amis d'Alexandre Djouhri pour intimider Ajroudi, celui-ci reçoit la visite d'Alain Juillet, qui a quitté la DGSE pour s'occuper d'intelligence économique au sein du Secrétariat général de la Défense nationale (SGDN), service qui dépend du Premier ministre. Juillet lui suggère de ne prendre que 10 % du capital de Veolia, car l'Élysée, plus précisément Maurice Gourdault-Montagne, voit d'un mauvais œil son intérêt pour cette société. Ajroudi comprend que, s'il veut parvenir à ses fins, il ne devra pas demander de siège d'administrateur ni remettre en cause la comptabilité du passé. En clair, il a au mieux la possibilité de devenir un *sleeping partner* (« Paie et tais-toi »), sans pouvoir fourrer son nez dans la cuisine interne. Ajroudi est alors convaincu qu'Alexandre Djouhri a acquis clandestinement 8 % du capital de Veolia. Mais Alain Juillet aussi en est convaincu. Dans un rapport qu'il fera pour le compte du SGDN quelques semaines plus tard, il actera ces 8 %. Un rapport qui mettra Henri Proglio hors de lui, mais qui fera plaisir à Djouhri. Celui-ci n'adressera qu'une petite remarque à Alain Juillet, à propos du pourcentage exact de son actionnariat dans Veolia :

« Je n'ai que 7 %... »

Après les suggestions d'Alain Juillet, Ajroudi demande rendez-vous au président de Vivendi pour y voir plus clair. Fourtou lui demande de décaler le rendez-vous d'une heure. Ajroudi arrive peu avant la nouvelle heure fixée et, quelques minutes plus tard, il voit Alain Juillet sortir du bureau du patron de Vivendi.

Fourtou est mal à l'aise : « Personne ne voulait acheter mes actions de Veolia, et maintenant personne ne veut que je vous les vende... » dit-il à Ajroudi. Les deux hommes, Fourtou et Ajroudi, se rencontrent au restaurant *Le Divellec* et se retirent un long moment à l'abri des regards, dans le bureau même de Jacques Le Divellec.

La presse ne tarde pas à être au courant de la très forte hostilité au rachat des actions Veolia par Ajroudi : « Henri Proglio a vu rouge en apprenant que Fourtou était en contact avec Ajroudi[1]. » Le 2 décembre, *Le Parisien* donne la parole à Emmanuel Petit, celui qui a introduit le « loup » dans la bergerie Veolia : « Je suis menacé de mort, moi et ma famille. Le 17 novembre, quelqu'un a peint un cercueil sur la porte de ma maison. Le lendemain, ma fille de huit ans a découvert l'inscription : "T'es mort 1 + 4 = 5". Nous sommes cinq dans ma famille. Puis des menaces téléphoniques et des lettres anonymes. J'ai porté plainte, mes proches vivent dans l'angoisse. »

« Je ne sais pas qui sont les voyous derrière ça, mais ces menaces arrivent après mon licenciement, et après avoir fait part de mon intention de saisir la justice de faits ahurissants », déclare-t-il au *Parisien*. Il explique

---

1. *Challenges,* 16 décembre 2004.

que tout cela est arrivé après qu'il a suggéré de prendre contact avec Ajroudi, et qu'on lui a conseillé de se tenir éloigné de lui. Par ailleurs, « j'ai eu connaissance de versements occultes par le biais d'une société de Veolia dans le cadre d'un marché important ». Il pense que derrière cette société se cachent ceux qui sont à la manœuvre pour obtenir gratuitement 20 % dans Veolia Middle East. Henri Proglio nie vigoureusement les allégations d'Emmanuel Petit. Lequel envoie ensuite un courrier au procureur de la République de Paris et au juge d'instruction Philippe Courroye, et porte plainte pour menaces de mort[1].

Le même 2 décembre 2004, Fourtou répond aux nombreuses sollicitations de la presse qu'il n'est pas pressé de céder les 20 % de Veolia détenus par Vivendi. Le 6, Emmanuel Petit et Ayachi Ajroudi s'expriment dans *Libération*, à la fois sur les menaces physiques dont ils sont les cibles, et sur la tentative de racket pour rafler gratuitement les 20 % de Veolia Middle East.

Le même jour, la presse annonce que Vivendi va vendre ses 20 % de Veolia et que les pouvoirs publics

---

1. Elle sera classée sans suite en mai 2005, faute d'identification des auteurs. En juillet 2005, Emmanuel Petit porte plainte avec constitution de partie civile. La plainte ne sera acceptée qu'en mars 2006. Il fait alors l'objet de nouvelles menaces : il précisera à *Libération* que deux individus cagoulés se sont introduits en juin 2006 à son domicile des Yvelines et ont taillladé son épouse avec un cutter, à l'abdomen, lui dessinant une croix (Renaud Lecadre, « Menaces sur un homme qui parle trop », *Libération*, 11 juillet 2006).

veilleront à ce que cette participation ne tombe pas entre des mains étrangères. En fin d'après-midi, Alain Marsaud, Laurent Obadia et Alexandre Djouhri remâchent leur colère au bar de l'hôtel *George-V* contre Ajroudi : ils s'estiment diffamés, calomniés par le papier de *Libé* du matin, qui précise que leur ennemi loge à l'hôtel *George-V*. À côté d'eux, Olivier Drouin, un journaliste de *Capital*, attend depuis plusieurs heures qu'Ajroudi, avec qui il a rendez-vous, lui dise de monter le rejoindre dans sa chambre. Ayant reconnu Marsaud, le journaliste engage la conversation avec ses voisins et partage bientôt avec eux champagne et whisky. Peu avant 19 heures, le barman passe une communication au journaliste. Ajroudi lui fait dire qu'il peut monter à la chambre 625. Drouin n'entend pas bien et fait répéter son interlocuteur ; pour être sûr d'avoir bien entendu, il répète à haute voix « chambre 625 » et note le numéro dans son calepin. Proférant insultes et menaces, Djouhri se lève d'un bond et gagne l'ascenseur. Il est suivi par Laurent Obadia, qui tente de le calmer. Comprenant immédiatement sa bévue, Olivier Drouin tente de prévenir Ajroudi, mais son téléphone est occupé.

Djouhri frappe à la porte de la 625, qui s'ouvre sur Michel Carmona, directeur de l'Institut d'urbanisme et d'aménagement de la Sorbonne. Djouhri se rue sur Ajroudi. Passablement éméché et ivre de colère, il lui envoie deux coups de poing dans la figure et un coup de tête au menton. Des phrases d'une rare violence sont prononcées, du genre « On va te supprimer »,

« Ou t'acceptes, ou tu es un homme fini ». Ajroudi est convaincu que son agresseur est armé et qu'il tient à le lui faire savoir. Mais il garde son calme et le défie :

« Vas-y... Tu n'auras pas un sou de l'Arabie saoudite. J'ai les moyens de t'en empêcher... »

Cette agression conforte Ajroudi à la fois dans l'idée qu'on craint qu'il ne mette au jour les « combines d'Alex », et que Djouhri se sent invulnérable du fait de ses soutiens à l'Élysée. Mais il tient bon : « Si je lui donnais 20 % de Veolia Middle East, je deviendrais son complice... » se dit-il. Ajroudi prétend[1] qu'on lui a même promis la Légion d'honneur s'il acceptait le *deal*. En attendant, Djouhri est arrêté dans le hall du *George-V* par des policiers alertés de la rixe dans les étages. Il est placé en garde à vue, malgré l'intervention de l'ex-juge Marsaud[2].

Deux jours plus tard, Veolia lance une brutale contre-offensive contre Ajroudi en invoquant la protection des « intérêts supérieurs du groupe ». La direction du groupe dépose contre lui une plainte pour escroquerie et abus de confiance et l'accompagne d'une vigoureuse campagne de presse. Le 10 décembre, Vivendi vend 15 % des actions de Veolia. Henri Proglio, Alexandre Djouhri et Maurice Gourdault-Montagne respirent : ils ont réussi à éliminer l'intrus...

---

1. Entretien avec l'auteur.

2. Finalement, la Cour d'appel de Paris confirmera la condamnation d'Alexandre Djouhri à 400 euros pour « violence ayant entraîné une incapacité de travail inférieure à huit jours ».

Peu leur importe si, le 3 mars 2006, la justice classe sans suite la plainte de Veolia – « les faits dénoncés n'apparaissant pas suffisamment caractérisés » –, ils ont repoussé la menace. Ajroudi ne veut pas en rester là : il porte plainte pour dénonciation calomnieuse contre Veolia. Le 17 septembre 2008, près de quatre ans après les faits, la justice donne raison à Ajroudi en condamnant les sociétés du groupe Veolia pour s'être appuyées sur des faits inexacts[1]. Le jugement souligne que la plainte de Veolia a entraîné assez d'atermoiements pour protéger les « intérêts supérieurs de Veolia ».

---

1. L'essentiel de ce chapitre s'appuie sur le jugement du 17 septembre 2008 devant la 11ᵉ chambre/1, n° d'affaire 0727509024 : « Dénonciation calomnieuse contre Veolia, à la requête d'Ayachi Ajroudi ».

13

Blanchi par Squarcini

Bernard Squarcini croit-il vraiment que « Djouhri sert notre pays et le bleu-blanc-rouge[1] », au point de s'impliquer pour le défendre ? Alors que, pour avoir boxé Ajroudi au *George-V*, il était mis en examen pour violences, début décembre 2005, Alexandre Djouhri était gratifié, le 19 décembre 2005, d'un incroyable certificat de bonnes vie et mœurs par l'ancien numéro deux des Renseignements généraux.

Pourtant, à cette date, non seulement il a été mis en examen, mais son passé commence à remonter et à être évoqué dans les gazettes. Son nom n'a-t-il pas été cité dans des affaires de grand banditisme dans les années 1980 ? Un rapport de dix-huit pages, établi en août 1989 par la Brigade criminelle et circulant dans les rédactions, ne le met-il pas gravement en cause ? N'est-il pas aussi soupçonné par Nicolas Sarkozy, ministre de l'Intérieur, d'avoir été à la manœuvre dans

---

1. Marie-France Etchegoin et Ariane Chemin, « Un homme d'ombre au cœur du pouvoir », déjà cité.

l'affaire Clearstream ? Toujours est-il que le haut fonctionnaire de la République pose par là un acte unique dans les annales du pays en prenant officiellement fait et cause pour un personnage qui, pour le moins, n'est pas « blanc-bleu[1] ».

Cette attestation aurait déjà posé problème si elle avait été un reflet exact de la réalité, mais elle prend des libertés avec celle-ci.

Squarcini écrit que, à l'occasion des enquêtes effectuées sur Djouhri, « rien de défavorable n'a pu être démontré concernant l'intéressé, et aucun élément lié au terrorisme, grand banditisme ou blanchiment n'a pu être mis en exergue ». Or, le lecteur pourra constater que, comme je le relate au chapitre suivant, rédigé à partir de documents de police, si Ahmed Djouhri, sous son prénom d'origine, n'a en effet jamais été condamné, il a été lié au grand banditisme. Je me limiterai ici à relever que le rapport adressé par l'inspecteur divisionnaire Sylvestre Grisoli, le 21 août 1989, à Jacques Poinas, commissaire principal, chef adjoint de la Brigade criminelle, fournit de nombreux détails sur la proximité d'Alexandre Djouhri avec de nombreux individus fichés au grand banditisme. Une note de l'inspecteur principal Yves Étrillard, du groupe criminel du SRPJ de Versailles, datée du

---

1. Si tant est qu'il soit « bleu-blanc-rouge », en un temps où il est accepté que les joueurs des équipes de France de tennis ou de football ne paient pas leurs impôts en France, que reprocher en effet à un exilé fiscal ?

26 avril 1990, et transmise au tribunal de grande instance de Versailles, présente de son côté Alexandre Djouhri comme « une figure montante du Milieu parisien ».

Bernard Squarcini écrit ensuite :

« En ce qui concerne plus spécialement les liens entre le banditisme corse, à travers la personne d'Andreani, ancien policier de la Préfecture de Police, reconverti dans la société de gardiennage qui traite de la sûreté de l'aéroport de Figari (Corse du Sud), aucun lien n'a jamais été démontré ni à titre d'investissements financiers, ni à titre de relation physique. »

Autrement dit, le futur patron de la DCRI va jusqu'à nier l'existence d'une simple relation entre Jean-Baptiste Andreani et Alexandre Djouhri, et demande à celui qui le contesterait d'en amener la preuve. Renaud Lecadre, le premier journaliste à avoir braqué la lumière sur Djouhri en 2004 et qui a révélé ensuite au fil de ses articles les traits de cet homme niché dans l'ombre des pouvoirs, évoque comme une évidence « sa proximité avec Jean-Baptiste Andreani, ancien policier corse reconverti dans la sécurité privée[1] ». Rappelons qu'Andreani, comme Djouhri, était dans l'entourage d'André Tarallo dans les années 1990. Andreani dirigeait une société de gardiennage corse, Kalliste, qui s'occupait de la sécurité de l'aéro-

---

1. Renaud Lecadre, « Djouhri, l'agent trouble du pouvoir », *Libération*, 29-30 janvier 2011.

port de Figari, mais aussi de la grande villa corse d'André Tarallo, ex-« monsieur Afrique » d'Elf. Et ce dernier a conseillé en 1999 à Jack Sigolet, le patron de la FIBA, la banque d'Elf et de Bongo, de s'attacher les services de son ami[1]...

Le 13 mars 2002, Jack Sigolet est victime d'un troisième attentat à Corsier, à neuf kilomètres de Genève : une charge de dynamite fait voler en éclats les vitres de la piscine intérieure de sa résidence de style provençal, Le Castelet. Ce type d'attentat étant rarissime en Helvétie, le ministère public fédéral est saisi de l'enquête. Ce qui est moins rare, ce sont les menaces que Jack Sigolet reçoit depuis quatre ans. Avant cet attentat, il a déjà été l'objet de deux tentatives d'intimidation à l'explosif : en 1998, sa voiture a été incendiée juste devant sa maison à Vaucresson et, en 1999, près de Sainte-Maxime, c'est la voiture de sa femme qui a explosé. Un détonateur est retrouvé dans la carcasse...

Les enquêteurs suisses cherchent à vérifier si l'attentat n'aurait pas eu pour objectif que de faire passer un message, à savoir : partager le « trésor » qui aurait été déposé dans des structures financières créées par Jack Sigolet après la fermeture de la FIBA, au début de l'an 2000. Le nom d'Andreani d'abord, puis celui de Djouhri intéressent un temps les enquêteurs suisses. Il n'y a pas de suite.

---

1. Bernard Favre, « Guerre d'intox autour de l'explosion de Corsier », *La Tribune de Genève*, 5 avril 2002.

Au-delà de la négation de la relation Djouhri-Andreani, Bernard Squarcini a, de par l'exercice de son métier, une connaissance certaine des milieux corses les plus divers, de la mouvance nationaliste au grand banditisme, en passant par les mondes de la police, de la politique et des affaires ; et il ne peut ignorer que son ami Djouhri a noué, depuis longtemps, des relations dans ces mêmes milieux. Il serait bien hasardeux que des connaissances de l'un, qui se trouvent aussi souvent être celles de l'autre, ne sachent pas que les deux hommes sont en relation. Bernard Squarcini ne tient peut-être pas à ce qu'on vienne examiner de trop près des nœuds qui pourraient se révéler vipérins.

Rappelons ici que c'est près de six années auparavant que les deux hommes se sont rapprochés dans les circonstances d'une affaire corse, celle de l'attentat revendiqué par le FLNC-Canal historique contre la mairie de Bordeaux dans la nuit du 5 au 6 octobre 1996. Le Premier ministre Alain Juppé avait demandé que Squarcini soit démis de ses fonctions. C'est Alexandre Djouhri qui sauva sa tête en intervenant auprès de son ami Dominique de Villepin, alors secrétaire général de l'Élysée.

Les termes de l'attestation que donne Squarcini en 2005 montrent la force des liens qui unissent Bernard Squarcini et Djouhri.

Non content de le protéger par des contre-vérités, il clôt sa missive en attaquant brutalement ceux qui ont osé mettre en cause son ami après son coup de poing au *George-V*. Il se livre à cet effet à une attaque en règle contre la presse :

« Sur la forme, le procédé de la lettre anonyme relayée auprès de quelques journalistes ciblés est un procédé malheureusement récurrent que l'on trouve de façon habituelle dans les affaires de dénonciation calomnieuse visant des personnalités en relation avec le pouvoir. Les journalistes destinataires d'un tel courrier apparaissent de façon régulière quant à elles, du fait de leur manque de scrupules, de déontologie, voire de leur prédisposition naturelle à rédiger des articles déstabilisateurs, sur commande et moyennant paiement. Ces personnes font ainsi l'objet de manipulations sur fond de règlements de comptes entre lobbies politiques et économiques. »

Il est donc impossible de ne pas se poser de questions sur les vraies raisons de la protection accordée à Djouhri par celui qui est devenu le grand patron des services secrets intérieurs. Non seulement le directeur de la DCRI délivre à son ami des brevets de patriotisme et de bonnes vie et mœurs, mais il s'affiche avec lui. Au fil de mon enquête, j'ai été souvent informé de leurs fréquentes rencontres au *Bristol*, au *Plaza-Athénée* ou quelque autre restaurant huppé. Les témoins visuels de ces rencontres disent la même chose : Djouhri donne l'impression de se comporter en supérieur hiérarchique du patron de la DCRI, parfois même de le convoquer, comme le jour de la chute de Ben Ali, en janvier 2011 : d'abord seul, au *Bristol*, Djouhri suit en direct les événements en téléphonant alternativement à l'Élysée et quelque part en Tunisie, jusqu'à l'arrivée de Bernard Squarcini, de la conversation des deux hommes il semble ressortir que ce dernier lui rende compte de la situation tunisienne. Les deux hommes voyagent d'ailleurs ensemble à l'étranger, comme ce 12 octobre 2010 où ils partent passer quelques heures à Damas dans le Falcon 7 X de « Sergio » (Dassault)...

Il est temps d'aller fouiller dans le passé d'Alexandre Djouhri et de comprendre pourquoi il est protégé depuis longtemps dans l'appareil d'État. En rédigeant son attestation, Bernard Squarcini ne lui donnait-il pas un brevet en le remerciement de services rendus dans les « zones grises » de l'État ? Qu'il exprimerait oralement depuis en affirmant haut et fort qu'il sert notre pays et le bleu-blanc-rouge...

14

Dans le gang de la banlieue nord

Lors de sa première rencontre avec Alexandre Djouhri, Henri Proglio est déjà complètement ébaubi par les secrets que celui-ci lui a distillés sur Vivendi, y compris sur le patron du groupe, Jean-Marie Messier, mais aussi estomaqué par sa tchatche et sa façon, à la fois déroutante et fascinante, de faire entrer son interlocuteur dans son monde, quand Alexandre lui porte le coup de grâce, dont il se souvient encore aujourd'hui : il lui raconte, à lui, Henri Proglio, fils de maraîcher immigré italien, d'où il vient, et il l'émeut par son histoire. La misère et la pauvreté de la banlieue qu'il décrit feraient de *L'Assommoir* un roman sur la petite bourgeoisie française. Djouhri raconte que les conditions de vie de sa famille algérienne étaient telles qu'il contracta dans son enfance une tuberculose carabinée qui l'obligeait à marcher souvent à quatre pattes tellement, terrassé par les quintes de toux. Il passa ainsi cinq ans dans un sanatorium en Bretagne, qui était tellement confortable comparé à l'appartement de ses parents, qu'il se croyait dans un hôtel cinq étoiles. Quand, guéri, il revint à Sarcelles, il eut le plus grand mal à accepter de coucher par terre, sans lit et dans le froid, ne mangeant pas à sa faim. Il regrettait le lazaret breton... À mon récit manquent les mots et les intonations d'Alexandre, capable de faire pleurer un menhir. Djouhri ne peut accepter de telles conditions de vie pour lui et sa famille. Il veut s'en sortir, prendre l'ascenseur social et aider les siens. Il n'a qu'une idée : faire fortune le plus vite possible. À dix-sept ans, il part donc en Afrique pour vendre des machines à sous. Trois ans plus tard, il revient à Sarcelles, avec des millions en poche, ou plutôt à la banque. Et il a besoin de palper sa fortune. Il demande au banquier qui abrite ses millions de les convertir en billets pour pouvoir les toucher, les voir...

Alexandre Djouhri, qui tient ce langage à Henri Proglio en 2000, lors de leurs premières rencontres, a sûrement raconté cette jeunesse-là à beaucoup d'autres. Mais cette bien triste histoire n'a strictement rien à voir avec la réalité.

De nationalité algérienne, Ahmed Djouhri est né le 18 février 1959 à Saint-Denis. Ses parents louent un trois-pièces à Sarcelles, où il grandit parmi ses sœurs et frères ; il n'est proche que de l'un d'entre eux, Balam. Devenu adolescent, tout le monde l'appelle « Méda », son prénom en verlan. Il est toujours en survêtement, avec des Stan Smith aux pieds. Son pote le plus proche est Billy, un grand Black d'origine centrafricaine, figure charismatique, souvent accompagné de deux de ses frères, Mato et Riquet. Billy habite avenue Joliot-Curie, tout près de chez Méda. Méda compense sa petite taille par un entraînement physique intense. Il a le coup de poing facile et efficace, mais c'est déjà en même temps un grand séducteur : il impressionne ses copains par sa capacité à approcher les gens qui ne sont pas de son milieu ni de son âge. Mida, un autre membre de la bande de Sarcelles se souvient : « Il savait aborder les "vieux", leur parler, avec une façon de leur toucher familièrement le lobe d'une oreille qui leur enlevait toute prévention à son égard. Il parlait un français beaucoup plus châtié que le nôtre. Je me souviens d'une soirée dans une sorte de château, à côté de Chantilly, je ne sais plus comment nous étions arrivés là. Les jeunes filles de la maison se sont interrogées tout haut sur la présence de loubards. Méda est allé vers elles, leur a demandé pour qui elles se prenaient et, au bout de quelques minutes, elles s'excusaient de nous avoir pris pour des loubards... Il était plus mûr que nous, il comprenait les choses, il était mentalement très fort. »

Ce qui surprenait beaucoup ses copains, imprégnés de culture sauvageonne et peu instruits des humanités grecques et latines, c'est la référence fréquente que faisait Méda à Alexandre le Grand. Le célèbre conquérant grec de l'Antiquité était son héros : à partir de son petit royaume macédonien, il s'était rendu maître de l'immense empire perse, puis s'était avancé jusqu'aux rives de l'Indus et avait fondé près de soixante-dix cités, dont la majorité portait le nom d'Alexandrie. Sa volonté de conquête de l'ensemble du monde connu était-elle la clé de la fascination qu'il inspirait au garçon des cités ? Nul doute que Méda, qui va bientôt imposer à son entourage son nouveau prénom, Alexandre, tend à exprimer par là une très forte et incroyable ambition. Il montre très rapidement que l'horizon obstrué par les barres de Sarcelles ne lui suffit plus. Sans doute faut-il tirer de l'admiration de Méda-Alexandre pour le grand Alexandre quelques taches de couleur pour rehausser l'esquisse de son portrait. Le jeune empereur n'avait-il pas, aux yeux des Hellènes, une double appartenance : barbare et grecque ? C'est d'une part un barbare, car le Macédonien possède un tempérament passionné et se laisse emporter par de terribles colères – héritage attribué à sa mère –, mais souvent suivies de prompts repentirs. Il est aussi capable d'élans généreux, qui lui valent des fidélités sans faille. Ses convictions religieuses sont entachées de superstition. Cependant, le trait dominant du personnage est sans conteste une volonté de fer, pouvant aller jusqu'à l'entêtement. Sa séduction tient sans doute à ce mélange contradictoire : barbare et grec, mystique et réaliste, violent et généreux, emporté par son imagination et guidé par sa lucidité. Sa volonté inflexible se double d'un réel opportunisme et d'un sens inné de la mise en scène. Il ne faut toutefois pas aller trop loin dans les références historiques de celui qui est encore Méda. Ne disait-il pas, après avoir tarabusté ses copains sur Alexandre le Grand : « Nous autres Kabyles, on a du sang romain » ?

Avant d'avoir l'âge de rouler en voiture, Méda frime sur une Yamaha 80. La petite bande qui agrège autour de Billy et Méda une bonne quinzaine de jeunes d'origines diverses – maghrébine, d'Afrique noire, juive sépharade – déambule aux Flanades et se retrouve dans trois cafés-brasseries de Sarcelles : au *Calypso*, au *Fouquet's*, mais surtout au *Black Track*, qui va devenir son quartier général. Des filles de Sarcelles et des environs tournent autour de ce repaire de garçons qui sortent de l'ordinaire. C'est ainsi que Méda, qui a beaucoup de succès auprès de la gent féminine, rencontre Clotilde et « sort » avec elle à partir de mars 1978, puis aura avec elle en octobre 1980 un petit... Alexandre.

Avant même leurs dix-huit ans, Méda et ses copains ne rêvent que grosses cylindrées, costumes griffés, belles pépées et liasses de billets dans les poches. Ils écoutent les histoires de ceux qui montent des « coups » à Paris et ont l'argent facile. À la fin de la guerre d'Algérie, Sarcelles a accueilli de nombreux membres de la communauté juive. Il existe quelques passerelles entre Sarcelles et le Milieu, dont les figures emblématiques sont à l'époque les frères Zemour, appelé « les Z » par le Milieu. David les Yeux Bleus, un gars de Sarcelles qui roule en Jaguar, et son frère, dit Jojo le Fou, qui conduit sans permis ladite Jaguar, ainsi que d'autres voitures volées, vont introduire la bande à Méda et Billy dans le faubourg Montmartre, terrain de jeu favori des frères Zemour et du Milieu juif pied-noir.

David les Yeux Bleus est un homme respecté. C'est le beau-frère de Prosper Elbaz, un nom chez les malfrats, dont le frère « Jojo », garde du corps de William Zemour, a été abattu dans le bar *Thélème*, le 28 février 1975, lors d'un violent règlement de comptes. C'est Jojo qui avait déclenché la fusillade. William, son patron, succomba également. David les Yeux Bleus traîne aussi avec une autre figure du grand banditisme, Claude Pieto, dit Petit Claude, un ancien du gang des Lyonnais.

Méda, Billy, Mida, Balam, Riga, La Cerise et compagnie se mettent à fréquenter plusieurs établissements du faubourg Montmartre. Le restaurant *Chez Freddy*, près des *Folies-Bergère*, *Zazou*, dont le fils du propriétaire va devenir un ami d'Alexandre, mais surtout le Cercle central des Lettres et des Arts, un nom bizarre pour désigner un cercle de jeux situé 5, boulevard Montmartre appartenant aux frères Zemour. C'est là que Petit Claude va prendre sous son aile le jeune Méda, qui se fait de plus en plus appeler Alexandre. Ses anciens copains disent aujourd'hui que Petit Claude a retrouvé en Alexandre son frère jumeau, Yvon Pieto, abattu le 8 février 1972 dans un bar parisien lors du partage d'un butin provenant d'un vol à main armée commis dans une bijouterie. Petit Claude continue à « travailler » avec Jean-Luc, son frère cadet. Les frères Pieto bénéficient d'une certaine aura, car il est connu qu'ils font partie de l'entourage des Zemour.

Sans retracer l'impressionnant *curriculum vitæ* de Claude Pieto, il est intéressant de brosser un rapide portrait de l'homme. Né en 1947 à Saint-Brieuc, il a une trentaine d'années quand il rencontre Djouhri. Il a fait son service militaire comme parachutiste dans l'infanterie de marine et a intégré le 6ᵉ Riaom[1]. Libéré, il enchaîne les inculpations : le 25 avril 1970, pour port d'armes et tentative d'extorsion de fonds ; le 14 mai 1970, pour coups et blessures volontaires ; le 4 septembre 1972, pour tentative de vol ; le 11 septembre 1973, pour vol qualifié, recel, association de malfaiteurs. Claude Pieto est soupçonné un temps d'être l'un des auteurs du meurtre du juge Renaud perpétré à Lyon dans la nuit du 2 au 3 juillet 1975. Le 12 janvier 1976, il est mis en cause pour vol à main armée commis à Barcelone ; recherché pour recel de vol le 6 octobre 1976 ; le 3 juin 1977, mis en cause dans une affaire de tentative d'homicide sur agent de la force publique ; le 29 septembre 1979, pour tentative d'extorsion de fonds et menace de mort ; son nom est évoqué dans le cadre d'un vol à main armée commis le 30 septembre 1980 à Montrouge, au cours duquel les malfaiteurs ont mortellement blessé deux gendarmes avant de prendre la fuite... Claude Pieto va continuer à collectionner les mises en cause dans des braquages et rackets au début des années 1980.

À ce stade de l'évocation du milieu dans lequel évolue Ahmed-Méda, il est important de souligner que,

---

1. Comme l'auteur. Le 6ᵉ Régiment interarmes d'outre-mer est basé à Bouare, en Centrafrique.

après la plongée de la bande du *Black Track* dans le Milieu du faubourg Montmartre, l'argent s'est mis à couler à flots. « On faisait souvent deux coups par jour », me raconte un ancien copain de Méda. Par « coup », il faut entendre surtout des braquages à main armée, mais aussi du racket. Deux des anciennes relations d'Ahmed m'ont assuré que celui-ci ne serait « monté[1] » qu'une fois : pour le vol, dans l'escalier d'un immeuble, d'une sacoche d'un agent de sécurité, en compagnie de David les Yeux Bleus.

La bande autour de Méda et de Billy va bientôt être affublée par les policiers d'un nom : le gang de la banlieue nord. Il faut croire que ledit gang était particulièrement efficace, puisque, trois ans durant, il va déjouer tous les pièges qui lui seront tendus par la police. Il s'est spécialisé dans le vol de bijouteries, de caisses de magasin, de sacoches, de coffres, etc. Le butin est composé de diamants, de lingots, de pièces d'or et d'espèces facilement convertibles. Le gang a à sa disposition des « fourgues » qui absorbent discrètement la « marchandise » à des taux intéressants.

Méda s'achète à l'époque une Golf GTI avec toutes les options : il a de quoi frimer à Sarcelles et dans les boîtes de nuit parisiennes. Une certaine tension est palpable quand, aujourd'hui, on aborde avec ses copains d'alors son train de vie. Alex se voulait en

---

1. Dans la bouche de Mato, « monter » signifie avoir participé à un cambriolage à main armée.

effet le financier du groupe, celui qui disposait de bons tuyaux pour placer l'argent. C'est lui qui aurait « vendu » à ses compères l'idée d'acheter un magasin de fringues et de créer une société dont tous seraient associés. Il aurait ainsi rassemblé quelque 2 millions de francs, dont aucun n'a plus jamais entendu parler. Lesdits copains laissent entendre que Méda leur aurait fait d'autres coups du même tonneau. « C'est un génie du Mal ! » conclut l'un d'eux.

Pour se faire une petite idée de l'ambiance dans laquelle vivent Méda, Billy, Petit Claude et leurs copains, dans le faubourg Montmartre, il faut se rappeler le film *Le Grand Pardon*[1] : l'argent de la bande de Sarcelles provient de braquages de bijouteries et du racket de commerçants[2]. Toutefois, une autre référence cinématographique s'impose : le film de Thomas Gilou, *La Vérité si je mens*, qui se déroule dans le Sentier. L'un des personnages principaux, Eddie, joué par Richard Anconina, s'inspire largement, dans une version romancée, de l'histoire de Mehmood Bhatti, un jeune Pakistanais originaire de Lahore que Méda et ses copains ont rencontré au cercle de jeux du faubourg. Après ses études au Pakistan, Mehmoud est venu à Paris en 1977 pour compléter son cursus.

---

1. Film d'Alexandre Arcady, sorti en 1982, et qui raconte l'histoire des frères Zemour et leur implantation dans le faubourg Montmartre.

2. Plusieurs membres du « gang » ont été condamnés à des peines de prison, dont Billy, pour ces faits.

Mais, sans ressources financières, il travaille dans une boutique du Sentier comme agent de nettoyage, avant de devenir emballeur puis vendeur. Son ascension est fulgurante. Devenu styliste, il ouvre sa propre boutique de mode : Bhatti est une société prospère installée dans une dizaine de pays... En 1990, lui, le *goy*, est reconnu comme le meilleur artisan du Sentier. Bhatti a connu Méda-Alexandre et sa bande pendant quelques années, notamment dans l'entourage d'Anthony Delon[1].

Le faubourg Montmartre constitue la base arrière où évolue la bande que fréquente Djouhri. Pour se distraire, quand le « travail » est terminé, la bande sort. Seul ou plutôt accompagné d'un, deux ou trois compères, Alexandre fait le tour des boîtes de nuit à la mode. Pourquoi pas une halte au *Palace*, inauguré en mars 1978 à quelques pas ? S'il y a fait quelques apparitions, la boîte de Fabrice Emaer, où l'on peut croiser Karl Lagerfeld, Roland Barthes, Mick Jagger, Andy Warhol, Yves Mourousi ou Frédéric Mitterrand, et où bouillonne la « culture gay », n'est pas son truc. Il préfère le *78*, situé au 78, avenue des Champs-Élysées, plus hétéro, plus classique, et où il ne risque pas de tomber sur Alain Pacadis, le nightclubber chroniqueur de *Libération*. Il fréquente également le *Beaugrenelle* (qui deviendra plus tard *L'Éclipse*), situé de l'autre côté de la Seine, en face de la Maison de la Radio. Il y va plutôt avec Petit Claude, parce que cette boîte de nuit

---

1. Voir chapitre suivant, p. 295.

est un des lieux de rendez-vous des grands voyous. Puis ses lieux de pérégrination nocturne changent au fil des ans. Il délaisse le *78* pour *Le Privé,* rue de Ponthieu, et *L'Apocalypse,* rue du Colisée... Dans ces boîtes où se côtoient gens du show-biz et de la publicité, jeunes gens de bonne famille, flambeurs, voyous et aigrefins venus de tous les horizons, mais notamment d'Afrique et du Moyen-Orient, Djouhri, tout en entretenant ses relations avec des figures notoires du grand banditisme, met les pieds dans un monde on ne peut plus éloigné de Sarcelles.

« Méda, c'est celui, parmi nous, qui avait le plus *faim* », me confie un de ses amis de l'époque. Il veut réussir, grimper socialement, gagner beaucoup d'argent. C'est un charmeur dont la compagnie est recherchée.

S'il côtoie déjà des personnalités du Tout-Paris ou du Tout-Afrique, ce ne sont pas ces relations-là qui intéressent les policiers du Val-d'Oise. À compter du 25 février 1981, ceux-ci surveillent la petite bande de Billy et Méda quand elle évolue dans Sarcelles. La police a en effet découvert dans une cave de la ville un sac rempli d'armes et d'objets provenant de plusieurs vols à main armée perpétrés tant dans le Val-d'Oise qu'à Paris. Cette découverte a été faite à proximité du *Black Track,* place de France, à Sarcelles. Les flics se mettent à planquer autour du bistrot et identifient quelques individus dont le train de vie semble sans commune mesure avec leurs ressources officielles. Un rapport de police résume prosaïquement : « Les fonctionnaires ont suivi les faits et gestes de cinq individus n'ayant pas d'activité déclarée et menant un train de vie important qui ne semblait pouvoir s'expliquer que par des activités délictueuses. » Les cinq circulent à bord de grosses cylindrées : Mercedes, BMW, Golf GTI. Méda figure parmi eux.

Début avril 1981 parvient au SRPJ de Versailles un renseignement selon lequel un des cinq, Billy, a été le principal instigateur d'un vol à main armée survenu le 2 mai 1979 contre la bijouterie Flanor de Sarcelles. Les deux auteurs du vol – Billy et un autre – avaient menacé clients et employés, tenté de se faire ouvrir le coffre-fort, mais, ayant déclenché le signal d'alarme, ils se sont enfuis après avoir dérobé un lot de bijoux. Ce renseignement provoque l'ouverture d'une information judiciaire par le parquet de Pontoise et un renforcement de la surveillance amorcée en février. Une procédure est alors envoyée pour association de malfaiteurs contre onze personnes, dont Billy et deux de ses frères, ainsi que Méda, Balam et Clotilde, la compagne de Méda. Billy réussit à plusieurs reprises à échapper aux surveillances policières. Les flics décident de surseoir à son interpellation afin de rassembler des preuves suffisantes établissant sa participation au vol à main armée contre la bijouterie Flanor.

Le 14 septembre 1981, les policiers de Sarcelles ont, pour une fois, de la chance dans leur traque contre le gang de la banlieue nord. Vers 16 heures, ils interpellent un individu au volant d'une BMW appartenant au frère de Méda. Cette interpellation conduit le SRPJ de Versailles à lancer une série de perquisitions chez les individus qu'ils surveillent depuis février. Le 15 septembre, les flics débarquent donc chez les parents Djouhri et placent leurs deux fils Méda et Balam en garde à vue.

Dans la cave de l'appartement, les policiers trouvent deux gros ballots de « fripes », un masque souple de carnaval représentant un émir, un sac publicitaire marqué « Adria », duquel ils sortent : un revolver Smith & Wesson de calibre 38 Spécial approvisionné de six cartouches ; un autre revolver du même type, également approvisionné de six cartouches ; douze cartouches de 38 Spécial ; et en vrac, dans une pochette de plastique marron, une cagoule de motocycliste, un gant gauche en tissu élastique de couleur vert pâle et deux paires de menottes de marque « La Pegy ». Interrogés sur la présence de ces armes dans leur cave, les deux frères ne tiennent pas à s'expliquer sur le moment : ils verront « ultérieurement »... Ultérieurement, La Cerise, admirateur inconditionnel de Méda, au point de prénommer plus tard son fils Alexandre, dédouanera Méda et Balam en affirmant que les deux Smith & Wesson lui appartiennent.

Le soir même de la perquisition, Méda et son frère, après avoir été présentés, dans le cadre de la procédure pour association de malfaiteurs, au substitut du procureur de Pontoise, sont remis en liberté, aucune charge n'ayant été retenue contre eux.

Le 9 octobre 1981, la 2ᵉ Brigade territoriale de Paris interpelle Billy et Riga en flagrant délit de vol à main armée dans une bijouterie de la rue Saulnier, à Paris. Poursuivant leurs investigations avec le concours des 3e, 4e, 5e et 6e BT, les flics de la 2e BT interpellent les deux frères Djouhri et Riquet, frère de Billy, qu'ils soupçonnent d'être impliqués dans cinq agressions à main armée commises dans des bijouteries de la capitale et de sa banlieue. Méda déclare aux policiers qu'il ne comprend pas ce qu'il fait devant eux. Bref, il ne sort rien de la confrontation, et Billy retourne à Fleury-Mérogis, d'où il ne ressortira qu'une quinzaine d'années plus tard. Quant à Méda, sorti de sa garde à vue sans poursuite judiciaire, il reprend ses activités parisiennes : dans les boîtes de nuit, dans les milieux africains et proche-orientaux, il développe son carnet d'adresses et s'apprête à faire des affaires. Il fait alors une rencontre décisive pour son ascension sociale : celle de Fara. Si déterminante que Djouhri a coutume de dire de Fara que celui-ci l'a « fait »...

Fara M'Bow est né le 27 août 1954 à Saint-Louis du Sénégal. Aux yeux des noctambules de l'époque, Fara, Petit Claude et celui qui pour tous est devenu Alexandre ou Alex sont associés. Olivia Valère, une des prêtresses de la nuit des années 1980, qui reprendra d'ailleurs *L'Apocalypse*, une boîte de nuit branchée qui va devenir un des QG d'Alexandre, dira : « Petit Claude se trouvait toujours en compagnie d'Alex. Lequel avait pour ami un grand Noir qui se nomme Fara. Il s'agit d'un ami intime de Petit Claude et d'Alex. Fara passe ses étés à Marbella, où il mène grand train, possédant bateaux, maisons, etc.¹ » Olivia Valère aurait pu ajouter à ces trois-là Mato, le « grand Black », pour évoquer les mousquetaires de la nuit parisienne. Fara, on l'a compris, n'a pas de souci d'argent. Il mène la grande vie, roule en Ferrari et en Rolls Royce (blanche). Fara est le fils d'Amadou-Mahtar M'Bow, homme politique sénégalais de premier plan, né en 1921, plusieurs fois ministre et qui, à l'époque où son fils croise Ahmed Djouhri, occupe le poste de directeur général de l'Unesco². Dès le début des années 1980, Alexandre comprend tout le parti qu'il peut tirer d'un Fara qui non seulement est riche, connaît bien le monde de la nuit, mais surtout dispose, par son père, d'un impressionnant carnet d'adresses. Tout en gardant ses relations dans le Milieu, le petit Beur de Sarcelles va rapidement virevolter autour de *people*, d'hommes politiques, d'hommes d'affaires et d'intermédiaires qui vont lui ouvrir des portes à la fois sur l'Afrique et sur le Proche-Orient. Déterminante également va être sa rencontre avec Anthony Delon, le fils de la grande star.

---

1. Déposition d'Olivia Valère recueillie par l'inspecteur Bernard David, procès-verbal en date du 14 mars 1989.
2. Il a été directeur général de l'Unesco de 1974 à 1987, et fête, au moment où j'écris ces lignes, son 90ᵉ anniversaire en grande pompe à Paris. Amadou-Mahtar M'Bow est, malgré son âge, le chef de l'opposition à Wade.

15

Balles perdues
dans la guerre des Delon

« Des documents portant le nom des Delon retrouvés sur un homme blessé par balle », titre *France-Soir* le 8 avril 1986. Il y est question d'un mystérieux règlement de comptes à Paris. L'homme blessé, qui s'est présenté à l'hôpital Saint-Louis, est un dénommé Ahmed *Djouiri*. C'est la première fois qu'il a les honneurs de la presse[1], moyennant toutefois une faute d'orthographe dans son nom de famille. Ses copains l'avaient certes déjà reconnu sur une photo prise à Monaco aux côtés d'Anthony Delon et de la princesse Stéphanie, publiée en août 1984 par *Paris-Match*, mais son identité n'était pas précisée dans la légende. Personne ne connaît alors Ahmed Djouhri, mais tout le monde connaît Alain Delon et son fils Anthony.

---

1. *Le Parisien* reprend l'information les 9 et 10 avril 1986 : « "Je n'ai pas été victime d'une agression crapuleuse, puisqu'on n'a pas cherché à me dévaliser [...]. Je ne comprends pas les mobiles de cette tentative de meurtre. Je ne me connais pas d'ennemi", a déclaré aux policiers M. Djouiri. »

Par quel enchaînement de faits Djouhri s'est-il retrouvé sur ce lit d'hôpital avec une balle de 11,43 dans le dos, acteur de la guerre que se livrent depuis plusieurs années les deux Delon ? Des Delon père et fils, dont les relations parmi le Milieu ont fait par le passé jaser une presse friande de faits divers. Alain Delon n'a-t-il pas encore, le 23 novembre 2010, devant Frédéric Taddei, dans l'émission « Ce soir ou jamais », sur France 3, réaffirmé sa fascination pour les grandes pointures du Milieu, non seulement pour François Marcantoni, mais aussi pour Mémé Guerini qui le considérait comme son fils spirituel, Francis le Belge ou encore Jacky le Mat ? Il a rappelé qu'il les a visités quand ils étaient en prison, a témoigné en leur faveur. Et affirmé haut et fort qu'à côté du Bien et du Mal, il y avait « *sa* » morale. « Ce qui compte, c'est ce que je pense... Tout ce qu'on me reproche, je m'en fous ! »

Petit retour sur la vieille affaire Markovic, dans laquelle la grande star a été soupçonnée d'être complice de meurtre et mise en prison pendant trente-six heures. Tous les journaux ont alors repris une phrase de Stevan Markovic, ex-garde du corps pendant trois ans d'Alain et de Nathalie Delon, dans une correspondance privée retrouvée par les enquêteurs de la PJ de Versailles : « Si je suis assassiné, ce sera à cent pour cent la faute d'Alain Delon et de son parrain François Marcantoni. » Les flics sont à la tâche depuis qu'a été découvert, le 1er octobre 1968, le cadavre décomposé de Markovic dans une décharge du village d'Élancourt (Yvelines). Cette affaire a rapidement évolué du statut de fait divers sordide à celui de scandale d'État, par lequel un certain clan gaulliste cherchait à ruiner la réputation de Georges Pompidou pour l'empêcher de se présenter à la présidence de la République et de succéder au Général, mêlant rumeurs, coups tordus et photos pornographiques truquées mettant en cause Claude Pompidou...

La vérité sur ce fait divers ne sera jamais faite : François Marcantoni bénéficiera d'un non-lieu en 1976. Mais le nom d'Alain Delon restera associé de façon indélébile au Milieu à cause de ses liens avec le truand, popularisé par les médias comme un « voyou à l'ancienne », un « bandit d'honneur », le « dernier seigneur de la pègre », mais aussi un authentique résistant, non seulement proche de Delon, mais aussi de Tino Rossi, de Michel Simon, de Jean Gabin, de Franck Sinatra et Ava Gardner, de Romy Schneider, de Jean-Paul Belmondo et de bien d'autres. La popularité d'Alain Delon ne pâtira pas de cette proximité avec un homme qui aura passé quand même treize ans de sa vie en prison, comme si les Français pantouflards lui savaient gré de frayer à leur place avec l'interdit. Les eaux dormantes rêvant à *Eau sauvage*... Un fantasme que le monstre sacré du grand écran a entretenu avec des films comme *Rocco et ses frères*, *Le Samouraï*, *Borsalino* (un hommage au Milieu marseillais), *Le Cercle rouge,* où perce son empathie pour les rôles de grands voyous.

En 1982, il tourne *Le Battant :* il y incarne Jacques Darnay, qui sort de prison après avoir été condamné pour le vol et le meurtre d'un bijoutier, harcelé à la fois par flics et gangsters, qui veulent l'empêcher de remettre la main sur les diamants qu'il a planqués avant d'être coffré. Lors de la première du film, c'est son fils Anthony qui se trouve en prison à Bois-d'Arcy. Alain Delon n'y assiste pas et demande à François Périer, l'autre vedette masculine à l'affiche, de le représenter au dîner donné chez *Maxim's*.

Anthony Delon, âgé alors de dix-huit ans, a volé une BMW dans laquelle a été trouvé, sous le siège du conducteur, un Mac 50 appartenant à un gendarme ; ladite arme avait été soustraite à celui-ci par Bruno Sulac, ennemi public numéro un, dans le train Montpellier-Lyon. Comme bien des adolescents, Anthony a voulu s'affirmer face à ses parents, surtout face à un père trop absent mais à l'image omniprésente. D'abord attiré par le monde de la nuit, il l'est ensuite par celui des voyous. C'est au *Privé*, boîte à la mode de la rue de Ponthieu, qu'il se met à fréquenter des malfrats. Vingt-cinq ans plus tard, Anthony Delon raconte dans son livre, *Le Premier Maillon*[1], que « l'endroit était un vivier : les plus belles "équipes" de Paris et de la banlieue. Tout y était délimité : le coin des Corses à gauche en entrant, les Yougos en haut à droite ; le coin des Pieds-noirs près de la piste de danse... C'était chaud, tout le monde était enfouraillé. J'étais fasciné par la mentalité et l'éthique très forte de certains voyous ». Il dit le prestige qu'il attribuait

---

1. Publié en 2008 chez Michel Lafon.

alors à une corporation bien précise du Milieu : « À mes yeux, seuls les braqueurs avaient une "légitimité" parce que chaque fois qu'ils montaient sur une affaire, ils remettaient leur vie en jeu. Je trouvais ça engagé, courageux. Je les trouvais vivants. »

Fasciné, exalté, le jeune Anthony approche les gens que son père se contente d'imiter ou de pourchasser dans les films qu'il interprète. Il fait au *Privé* une rencontre que lui-même qualifie de déterminante, celle de son ami Asma. *Asma* veut dire « écoute » en arabe. Lui l'appelle Asma, et Asma l'appelle également Asma…

Dès leur première conversation, Asma lui propose d'essayer sa Ferrari garée devant la boîte.

« Je crois qu'il bluffe », raconte Anthony Delon dans ses mémoires. « Il me tend les clés :

– On va sur le périph' !

OK. Sauf que je n'ai pas mon permis. Mais j'ai déjà conduit des voitures. [...]

Périph', compteur à 120…

– Attends, c'est une Ferrari, accélère !

Périph', compteur à 140… 160…

– Tu balises ? Accélère ! »

Le jeune Anthony s'en remet à celui qui est assis à côté de lui : « Je commence à avoir la voiture en main. Dans la ligne droite de la porte de Gentilly, le compteur affiche 200. Je suis mineur, je n'ai pas de permis, je n'ai jamais conduit de "Féfé" avant et Asma à côté de moi, peinard. Ce fut la naissance d'une amitié immédiate, comme inscrite dans mon destin [...]. Avec le recul, je peux dire que, même s'il n'avait que cinq ans de plus que moi, j'avais fait un transfert père/fils sur Asma. »

Pour dire à quel point Asma l'a marqué, Anthony Delon raconte que quelques années plus tard, lisant le livre *Manuel du guerrier de lumière* de Paulo Coelho, une évidence lui est apparue : « Dans le titre et le contenu je reconnais mon ami. Asma était et restera jusqu'au bout un *guerrier de lumière*. »

Comme ses héros du banditisme, Anthony veut lui aussi « monter une affaire » avec un de ses copains. Il s'est déjà procuré un Mac 50. Comment ? Ce Mac 50 avait été volé, dans le train Montpellier-Lyon, le 21 juillet 1982, à un des deux gendarmes qui accompagnaient Bruno Sulac, alors ennemi public numéro un, par deux hommes qui le firent évader. Autre certitude : Anthony a fréquenté la sœur de Bruno Sulac. Il lui reste à voler une voiture pour faire un braquage... Dans la cité des Mureaux, alors qu'il est en train de reconnecter les fils de la BMW volée pour la faire démarrer, deux flics de la BAC le mettent en joue et lui passent les menottes. Le fils Delon se retrouve à Bois-d'Arcy, où il séjourne trois semaines.

À sa sortie de la maison d'arrêt, son père le fait monter dans sa Lancia. Les photographes mitraillent. Quelques jours plus tard, Anthony se livre dans la presse à une brutale attaque contre son géniteur, l'accusant d'être venu le chercher à Bois-d'Arcy accompagné d'un photographe pour se faire de la publicité sur son dos. *Paris-Match,* le plus delonphile des magazines français, titre : « Anthony Delon : son père a pardonné à l'enfant prodigue ! » Sur une double page, on voit le père et le fils côte à côte. Anthony va dès lors enchaîner couvertures et longs papiers à une cadence quasi équivalente à celle de son père.

À sa sortie de prison, Anthony Delon retrouve Asma, qui lui a beaucoup manqué. Leurs rencontres ont lieu au *Privé* ou à *L'Apocalypse*, située 40 rue du Colisée, dans le VIIIe arrondissement de Paris, boîte de nuit possédée et dirigée pour partie par David Tordjman, figure du Milieu proche de Gilbert Zemour, jusqu'à la mort de celui-ci en 1983. *L'Apocalypse* est alors le night-club le plus branché de la capitale. Depuis peu, Tordjman et Asma sont devenus proches. David Tordjman est né à Colomb-Béchar, trente-neuf ans plus tôt. Il a quatre frères et quatre sœurs et vit chez ses parents à Sarcelles. Il occupe une place de choix dans le monde de la nuit : il gère aussi *L'Éclipse*, une discothèque du centre commercial Beaugrenelle, lieu de rencontre de nombreux malfaiteurs.

Lors d'une de leurs retrouvailles, Anthony prend un verre avec Asma à *L'Apocalypse*. Il lui explique qu'il n'arrive pas à trouver un seul blouson de cuir qui lui plaise vraiment, alors qu'il aime par-dessus tout revêtir cette matière. Et il lui décrit dans le détail le blouson qu'il aimerait porter. Asma l'interrompt :

« Pourquoi tu ne le fabriques pas toi-même, ton blouson ?

– Tiens, pourquoi pas ? » répond Anthony.

Ils conviennent tous deux d'impliquer David Tordjman dans l'aventure. C'est chose faite quelques semaines plus tard. Tordjman apporte l'argent. La société « Anthony Delon » est créée. Le fils de l'acteur prend 50 % des parts, David Tordjman 25 %, et une certaine Clotilde K. les 25 % restants... Le siège social est installé 26, avenue George-V. L'atelier est aménagé rue Bichat, près de la place de la République. Aidé d'Asma, Anthony Delon prépare sa première collection[1].

En attendant, Anthony Delon est jugé à Versailles courant juillet 1983. Son père lui a fourni un ténor du barreau pour le défendre : Me Georges Kiejman choisit d'expliquer les dérives du fiston par le rejet de l'autorité paternelle et le choix d'une vie plus facile avec sa mère. Anthony Delon n'apprécie pas la plaidoirie du futur ministre de François Mitterrand. Il s'en sort pourtant bien : la justice ne le renvoie pas en prison, se contentant de lui infliger une peine de neuf mois de prison avec sursis. Présent au tribunal, Alain Delon constate que son fils n'a d'yeux que pour deux personnes qu'il identifie à ceux sous la coupe desquels s'est placé son fils : David Tordjman et Asma. À la sortie du Palais, il voit son fils monter dans une Mercedes 500. Il met rapidement deux noms sur les « mauvaises fréquentations » de son fils : il lui suffit d'envoyer quelqu'un au Registre du commerce pour connaître l'identité des actionnaires de la société

---

1. Cette scène et ses liens avec Asma sont tirés du livre d'Anthony Delon, *Le Premier Maillon*, publié par Michel Lafon, Paris, 2008.

« Anthony Delon », et d'en parler éventuellement à son ami Marcantoni. David Tordjman est connu dans le monde de la nuit et dans le Milieu. Quant à Clotilde K., il n'est pas compliqué d'apprendre au *Privé*, à *L'Apocalypse* ou à *L'Éclipse,* qu'elle est la concubine d'un certain Ahmed Djouhri, père d'un petit Alexandre, son fils, et figure montante du Milieu issu de la banlieue sarcelloise ; qu'il mène grand train et a investi dans la société A. D. en faisant porter ses actions par sa compagne. Djouhri et Asma ne sont qu'une seule personne : le héros d'Anthony, qui l'a convaincu de lancer sa propre collection de vêtements de cuir.

Avec l'aide d'Asma, Anthony Delon part d'abord en quête de stylistes. Il jette son dévolu sur une certaine Bernadette, qui « sent » bien ce que cherche à créer Anthony. Croquis, moulage sur toile à patron, patronage sur carton très épais, choix des peaux s'enchaînent, pour arriver aux « protos », tous fabriqués à la taille 50, celle d'Anthony...

Alors que son projet n'est encore que dans une phase préparatoire, Anthony bénéficie d'un lancement exceptionnel. Son passage par la case prison et sa condamnation à neuf mois avec sursis n'ont eu aucun impact négatif sur son image. Au contraire : sans avoir encore rien fait, et avec pour seul capital son nom et sa belle gueule, il attire les photographes et les journalistes spécialisés dans la vie des « gens », comme l'écrit *Paris-Match*. Lequel, dans sa livraison du 5 août 1983, lui consacre quatre pages, sous le titre :

« Anthony Delon : il s'est laissé prendre au lasso d'une belle Norvégienne ». On le voit en photo avec Nina Klepp, laquelle avait déclenché la colère d'Yvette Roudy, ministre des Droits de la femme sous Mitterrand, pour avoir posé les seins nus, prise au lasso sur l'affiche vantant les jeans Buffalo. Outre un questionnement existentiel sur les chances de survie de l'« idylle de l'été », *Match* annonce que le fils du monstre sacré s'apprête à lancer une ligne de vêtements de cuir. Et Anthony de se plaindre que le nom de Delon est « difficile à porter », qu'il faut « faire attention à tout : aux amis comme aux femmes ». Et, sans rire, il déclare : « Lorsque vous vous appelez Delon, vous êtes la proie des chacals ! » Le journaliste lui laisse une paix royale sur sa condamnation toute récente. Anthony se contente d'un sobre : « Je me suis fait arrêter dans une voiture avec un pistolet. Je ne peux le nier. »

La première collection est présentée en février 1984, au cours d'un énorme show qui a lieu naturellement à *L'Apocalypse*. Le chorégraphe Reda a réglé le défilé, mêlant mannequins et danseurs. Les plus célèbres modèles du moment ont accepté de défiler gracieusement. Six cents personnes se sont déplacées, le Tout-Paris est là, entourant le bel Anthony. Asma, David, le boss de l'endroit, et une flotille de jolies femmes sont de l'événement. Les commandes affluent. L'atelier de la rue Bichat, non loin de la place de la République, tourne à plein régime... Tout va d'autant mieux qu'Anthony, toujours au bras d'une fille éclatante de beauté, s'affirme comme la coqueluche de certains médias. *Paris-Match* lui consacre deux pages le 9 mars 1984.

Dans le seul mois d'août 1984, il fait encore les choux gras de l'hebdomadaire à deux reprises. Le 3, on parle longuement de lui dans un article intitulé « Enfants de star ». Il a droit à une photo pleine page et à un article où il est dit qu'il est le « P-DG d'une entreprise de vêtements de cuir qui porte son nom et démarre très fort ». Anthony Delon occupe toutefois moins de place que Paul Belmondo, car ce dernier vit alors avec la princesse Stéphanie de Monaco une « romance d'adolescent », laquelle « se transforme peu à peu en amour durable qui séduit les deux familles ». Trois semaines plus tard, le même Anthony a droit à un appel en couverture et à huit pages à l'intérieur grâce à sa nouvelle idylle avec la même Stéphanie de Monaco ! On voit les tourtereaux dans les bras l'un de l'autre, échangeant un baiser, se promenant main dans la main... Il est beaucoup question du duel Belmondo-Delon dans l'article de Katherine Pancol, mais aussi de l'affrontement d'Anthony avec son père : « Mon père et moi, on ne se parle pas... Je suis seul, complètement seul », explique le fils de la star. Le grand public apprend à cette occasion que son père a engagé sept avocats contre lui. Le couple Anthony-Stéphanie est également connu en Espagne. Le 31 août 1984, *ABC,* le quotidien madrilène, signale à ses lecteurs que la venue annoncée d'Anthony Delon et de la princesse de Monaco à Marbella, à l'invitation de Fara, est ajournée à cause d'un accident survenu à ce dernier à Londres....

Derrière les couvertures de magazines, les fêtes à *L'Apocalypse* et les carnets de commande remplis, Anthony Delon et ses associés doivent faire face à une bataille frontale déclenchée par l'acteur, qui n'accepte pas que son nom soit utilisé par d'autres que lui à des fins commerciales. La vedette de cinéma alterne menaces et propositions pour inciter son fils à fermer boutique. Alain Delon Diffusion, la société suisse qui gère la marque « Alain Delon », propose à Anthony d'abord de devenir collaborateur, puis patron du département « Jeunes » d'Alain Delon Diffusion. Anthony décline ces offres, alléguant qu'il est un créateur de mode...

La première action en justice est lancée en octobre 1983, la seconde en août 1984. Alain Delon dépose plainte en contrefaçon pour utilisation du nom de Delon et des initiales « A. D. ». La star de cinéma ne décolère pas contre son fils, et plus encore contre ceux qui, croit-il, le manipulent. Le litige commercial est attisé par les violentes attaques d'Anthony contre son père, par articles de presse interposés. Exemple : « Je souhaiterais n'être le fils de personne ! » Alain Delon n'en peut plus et décide de porter à son tour son différend sur la place publique. La plus grande vedette française peut réclamer la couverture de *Paris-Match* pour régler ses comptes.

Le 7 décembre 1984, la France entière devient le témoin de cette féroce bataille. Alain Delon interpelle son fils et ses parrains : « Je punirai ceux qui ont fait de toi ce que tu es devenu ! » Il est clair que l'acteur a mobilisé du monde pour enquêter sur l'entourage de son fils. Il dit avoir tout compris le jour du procès à Versailles : « La télé l'a montré s'engouffrant dans une Mercedes 500. Croyez-moi, ce n'était pas la mienne. C'est ce jour-là que j'ai compris que ces gens plus ou moins bien intentionnés s'intéressaient à lui de très près. » La star revient sur l'histoire de la dérive de son fils :

« Cela a commencé quand il s'est trouvé livré à lui-même et qu'il a découvert le rythme des boîtes de nuit. Ses mauvaises fréquentations ont fini par le conduire à Bois-d'Arcy. Le drame, c'est qu'elles ont empiré à partir du moment où, après avoir fait quelques gros titres au rayon des faits divers, Anthony Delon est devenu pour ces gens-là un produit exploitable. Ce n'est pas avec 5 000 francs par mois (relevé sur ses fiches de salaire) qu'il peut mener la grande vie et se lancer dans la ronde des Porsche et des Mercedes 500 qu'on met complètement à sa disposition.

« – Pour vous, Anthony est-il le jouet de gens influents ? relance le journaliste de *Paris-Match*.

« – Oui et je crains pour lui qu'il n'en voie jamais la couleur, ou si peu, des affaires que l'on fait sur son dos, en son nom, donc sur mon nom. Je veux bien que mon fils soit candide, qu'il ne comprenne pas qu'on a lancé le produit "Anthony Delon" pour faire un coup, mais ses associés, eux, ne le sont pas... Mon but, à travers le procès, est de punir ceux qui se servent de lui... »

Si les noms d'Ahmed Djouhri et de David Tordjman ne figurent pas dans l'interview accordée par Alain Delon à *Paris-Match*, ce sont pourtant bien eux qui sont dans sa ligne de mire, eux qu'il veut faire « punir ».

La rage du monstre sacré s'amplifie encore deux mois après la parution de cette interview. Le 1er février 1985, le tribunal de grande instance de Paris condamne Alain Delon à verser deux millions de francs de dommages et intérêts pour préjudice de diffamation à la société « Anthony Delon ». Ce jugement intervient après une plainte soutenue par l'avocat des trois associés, Me Maurice Missistrano, à propos desquels Alain Delon avait dit, lors de son interview à *Paris-Match* : « Des gens manipulent [mon fils], à commencer par son conseil, condamné récemment pour usage abusif du titre d'avocat. »

Au printemps 1985, trois truands – Roland Attali, Claude Gragnon et Roland Lenoir, dit Choukroun, tous trois fichés au grand banditisme – proposent à David Taïeb, autre truand, un contrat à 800 000 francs : il s'agit d'abattre Asma-Alexandre, qu'ils désignent entre eux comme « l'Arabe ». Taïeb, né en Tunisie, possédant la double nationalité israélienne et algérienne, a été l'ami de feu Gilbert Zemour, grand caïd assassiné deux ans auparavant ; il continue de s'occuper des affaires de Liliane Zemour, la veuve, en essayant notamment de récupérer de l'argent prêté par son époux. Dans le Milieu, on raconte que David Taïeb aurait « bousculé » un certain Pierre Ossona, qui devait une somme importante à Liliane. Pour le convaincre d'accepter le contrat, Attali, Gragnon et Choukroun n'auraient pas hésité à prétendre que cette proposition émanait d'Alain Delon, à la suite du procès que l'acteur avait intenté à la société de son fils. Vrai ou faux ? N'est-ce pas plutôt une manœuvre de la part du trio visant à prendre le contrôle et à racketter le marché du vêtement, dans lequel officie Taïeb ? Toujours est-il que Taïeb, qui est criblé de dettes, aurait accepté d'exécuter le contrat. Pour faciliter l'opération, Roland Attali fournit à Taïeb une BMW.

Attali s'engage encore davantage à faciliter la tâche à Taïeb en organisant le guet-apens. Il invite Alexandre Djouhri à dîner au restaurant *Le Jacky's*, rue Pierre-Lescot, à Paris. Une fois attablé, il quitte quelques instants son « invité » pour téléphoner à Taïeb, qui attend dans son restaurant *Le Beaurepaire*, et lui signaler la présence de son « objectif ». David Taïeb monte alors dans la BMW avec un complice au volant et se rend devant *Le Jacky's*. Armé d'un pistolet automatique 22 long rifle, il attend la sortie d'Alexandre et le suit quand sa cible se dirige vers sa voiture. Alex a de la chance : l'arme du tueur s'enraye. Une rixe s'ensuit, Alexandre brise le silencieux et parvient à s'enfuir.

À compter de ce jour, où il a failli laisser sa peau, Alexandre prend énormément de précautions. Il se fait escorter par un garde du corps qui n'est autre que Mato, un des frères de Billy. La nuit, dans leur tournée des boîtes, ils vont surtout à pied, décrivant de multiples détours pour semer d'éventuels poursuivants. Le trajet délicat est celui qui relie *L'Apo*, rue du Colisée, à *L'Éclipse*, à Beaugrenelle, sur l'autre rive de la Seine...

Quelques jours après le « contrat » loupé, le 16 avril 1985, vers 18 h 30, c'est au tour de David Tordjman, gérant de la société « Anthony Delon », ami du fils de la star de cinéma et d'Alexandre, d'être victime d'une tentative d'assassinat. Il venait de quitter *L'Apocalypse* à bord de son Autobianchi quand, à l'angle de la rue Mermoz et du faubourg Saint-Honoré, le passager d'une motocyclette tire sur lui trois balles de 11/43 avant de prendre la fuite. Atteint au thorax, à l'épaule droite et au coude, l'état de santé du blessé est rapidement jugé satisfaisant. L'enquête ne permettra pas de découvrir les auteurs de la tentative d'assassinat.

Non sans un certain humour, le commissaire chargé de faire le point sur les investigations écrit : « Cette affaire entre dans le schéma classique des "règlements de comptes" où, lorsque la victime en réchappe, elle se garde bien de fournir le moindre élément aux autorités policières ou judiciaires, préférant si possible régler ses affaires seule. » Ainsi, sur la question de savoir qui a pu armer le ou les agresseurs, l'enquêteur note que seule la victime aurait été à même d'y répondre ; or, elle a choisi de se constituer rapidement partie civile, tirant profit de la procédure, selon une technique bien connue des malfaiteurs lorsqu'ils se trouvent dans le camp des victimes pour échapper à la phase policière de l'enquête. S'étant intéressé à la provenance de l'argent que brasse le clan Tordjman, le policier écrit sobrement que l'enquête n'a pu apporter aucune réponse.

Tout « naturellement », c'est bientôt au tour d'un des membres du clan opposé à Djouhri-Tordjman d'être visé, et abattu. Il s'agit précisément de David Taïeb, qui a loupé Djouhri à la sortie du *Jacky's*, mais s'est battu avec lui : le 24 janvier 1986, l'exécutant « malchanceux » du contrat contre « l'Arabe » est tué par huit balles de 9 mm, cinq tirées dans le dos, trois dans la tête, devant son domicile, au Pecq, alors qu'il promenait son chien. Il venait de rentrer quelques minutes plus tôt de Paris, où il avait dîné avec sa concubine. Le coup a été bien préparé. Le câble extérieur de la ligne téléphonique du domicile a été sectionné par un projectile. Pendant l'exécution, un voisin qui se trouvait à proximité a été tenu en respect par un individu de type antillais, armé d'un pistolet automatique, qui lui a intimé l'ordre de ne pas bouger et de ne pas regarder. À proximité du lieu de l'exécution, on découvre une camionnette à l'intérieur de laquelle se trouvent deux paires de menottes, une cagoule, une corde et des couvertures, ce qui donne à penser que l'objectif initial des auteurs aurait pu être l'enlèvement de David Taïeb. Des voisins ont remarqué la présence de cette camionnette depuis plusieurs jours. Des gardiens de la paix, qui ont entendu les coups de feu, signalent qu'ils ont croisé deux 205 Peugeot, dont une semblait être de type GTI. Les policiers n'ont pas de mal à situer la personnalité de la victime, car elle est connue de leurs services pour fréquenter le Milieu parisien et avoir été proche de Gilbert Zemour ; sa concubine est en relation avec la veuve de Jacques Mesrine. Celle-ci raconte aux enquêteurs que, depuis le contrat manqué contre Alexandre Djouhri, Taïeb était armé en permanence et, peu avant sa mort, il lui avait signalé une Peugeot 205 GTI, à bord de laquelle se trouvaient Djouhri et un homme noir : selon sa déclaration à la police, David s'était renseigné et s'était aperçu qu'il s'agissait d'un gars dangereux.

Le commissaire divisionnaire Charles Pellegrini, qui connaissait David Taïeb depuis une dizaine d'années, fournit quelques éléments supplémentaires. Lorsqu'il était au ministère de la Défense en 1982-1983, il l'avait utilisé pour infiltrer certains milieux terroristes et avait ainsi noué avec lui des relations de confiance. David Taïeb lui avait parlé de plusieurs figures du grand banditisme, notamment de l'équipe Gragnon-Attali-Lenoir avec qui, un jour, il pourrait avoir des ennuis. Mais, surtout, il raconte que, le 20 janvier précédent (1985), David était venu le voir, particulièrement inquiet, pour lui parler d'un différend avec Ahmed Djouhri – dans la suite de la conversation, il l'a toujours appelé l'« Arabe » – ; selon lui, celui-ci cherchait à se renseigner sur lui, sur ses liens et habitudes dans le milieu du faubourg Montmartre ; il avait appris qu'il fréquentait des Antillais ainsi que des malfaiteurs connus au bar *L'Éclipse*, à Beaugrenelle. David Taïeb avait confié au commissaire Pellegrini qu'il percevait sa présence autour de lui. Il lui précisa qu'il avait remarqué à plusieurs reprises une 205 GTI noire conduite par un homme de couleur, véhicule dont il lui donna le numéro d'immatriculation : 138 FMR 75 »...

Ce meurtre n'était-il pas la suite « logique » des deux tentatives d'assassinat, l'une visant Djouhri, l'autre Tordjman ?

Ce n'est qu'un an plus tard que le balancier des règlements de comptes revient de l'autre côté. Le 4 avril 1986, vers 20 h 30, place du Colonel-Fabien, c'est en effet le tour d'Alexandre Djouhri d'essuyer des coups de feu tirés par le passager d'une motocyclette. Il se trouve avec Georges Tordjman, un des frères de son associé David dans la société « Anthony Delon », à bord d'une Golf GTI. Sur place sont découvertes une douille de calibre 11/43 et neuf douilles de 9 mm. Alexandre Djouhri est hospitalisé à proximité, à l'hôpital Saint-Louis ; il est blessé d'une balle de 11/43 dans le dos.

L'enquête est confiée à la Brigade criminelle. Interrogé, Djouhri déclare avoir été blessé alors qu'il circulait seul en voiture. Il nie catégoriquement avoir été en compagnie de quelqu'un d'autre et avoir lui-même riposté à l'aide d'une arme. Il refuse ensuite de répondre à toute autre question, son avocat lui ayant fait savoir qu'il devait se taire.

Au cours de cette période, Djouhri montre aux policiers une exceptionnelle capacité à nier l'évidence : un trait qui lui réussira bien puisque, malgré les balles qui sifflent, les blessés et les morts qui tombent autour de lui, il peut continuer à jouer les innocents.

Le « test atomique » effectué sur ses mains démontre qu'il s'est bien servi d'une arme, les résidus de poudre révélés par l'examen étant les mêmes que ceux prélevés sur les douilles de 9 mm découvertes sur le lieu de la fusillade. Sur lui sont découverts les papiers d'une Golf GTI immatriculée dans le « 9-5 », au nom de Georges Tordjman. Lequel, comme son ami Alex, nie farouchement avoir été dans la voiture au moment de la fusillade ; il est appuyé en cela par plusieurs personnes qui lui fournissent un alibi. Sur les conseils de son avocat, les deux hommes se constituent rapidement parties civiles, se mettant ainsi à l'abri de la phase policière de l'enquête. Ce qui n'empêche pas les enquêteurs de trouver maints éléments complétant le *curriculum vitæ* de Djouhri.

Au cours de la perquisition effectuée au domicile d'une prostituée chez qui Georges Tordjman s'est réfugié, un plan dessiné de la main d'Anthony Delon est découvert. Il représente l'une des propriétés de son père. Y sont précisés les accès et les maisons des gardiens. Les policiers découvrent que, *via* Clotilde K., celle qui a maintenant donné deux enfants à Ahmed Djouhri, ce dernier détient 25 % de la société « Anthony Delon », mais aussi des parts dans la société « Nouvelle MacKeen » sise route Nationale, à Marseille, et dans la société « Macorium », sise 21, rue Bichat, à Paris, dans laquelle apparaissent également David, Georges et Samy Tordjman...

Auditions, perquisitions, écoutes de la famille Djouhri et de sa concubine fournissent des éléments sur Ahmed et son environnement. La police surveillait en effet Ahmed, alias Alex ou Alexandre, depuis un peu plus de trois semaines, et ce *avant* l'attentat. Clotilde K., elle, avait été placée sur écoute dès le 12 mars 1986.

Les écoutes montrent la mère et les sœurs d'Ahmed d'autant plus paniquées qu'elles l'avaient mis en garde contre le genre de vie, une vie de « mange-têtes », qu'il mène. Elle aurait souhaité qu'il change, qu'il parte en Algérie, et qu'il ne travaille pas avec l'argent des mangeurs de têtes.

Les écoutes apprennent également aux policiers que la famille d'Alex est parfaitement au courant de la tentative d'assassinat dont a été victime son ami David Tordjman. Les écoutes ont encore enregistré que, le soir de l'attentat contre lui, Djouhri avait téléphoné chez lui à 20 heures pour dire qu'il quittait le boulot et qu'il serait à la maison une demi-heure plus tard. Mère et sœurs ont compris que les deux tireurs étaient bien renseignés sur les horaires. Contrairement à ce que déclare Alexandre aux policiers, la sœur sait fort bien qu'il a utilisé une arme place du Colonel-Fabien. La famille est affolée, car elle redoute que cela n'aille trop loin.

La mère d'Ahmed se demande pourquoi l'avocat de son fils n'a pu lui rendre visite à l'hôpital. La famille est au courant qu'Anthony était à New York lors de la fusillade... Plus tard, elle est ulcérée du fait qu'Ahmed ne veuille pas que sa famille lui rende visite, « à cause de ses amis » : on n'est pas classe !, résume une de ses sœurs. Pour la mère et les sœurs, Ahmed a honte de sa famille et ne veut pas qu'elles rencontrent Anthony Delon.

Madame Djouhri, pivot de la famille, s'emporte contre l'initiative de deux de ses enfants qui ont décidé de s'improviser gardes du corps à l'hôpital pour protéger Ahmed, au prétexte que ceux qui ont tiré sur son fils pourraient venir déguisés pour le finir. La mère et la fille échangent sur l'identité du commanditaire. À plusieurs reprises, dans les discussions familiales, elles se posent la question de la responsabilité éventuelle du père d'Anthony Delon.

Les dialogues téléphoniques soulignent la proximité existant entre Anthony Delon, Clotilde et Alexandre. De New York, Anthony cherche ainsi à joindre Alexandre et tombe, à 3 heures du matin, sur Clotilde qui lui annonce qu'Alex s'est fait tirer dessus et qu'il se trouve à l'hôpital. Anthony n'y croit pas. Clotilde insiste, et lui dit qu'elle passe ses journées au Quai des Orfèvres. Elle n'en peut plus. Elle lui précise qu'aucun organe vital n'a été touché. Anthony Delon réagit violemment : « Ça recommence ! » Allusion claire à ce qui est arrivé quelques mois plus tôt à David Tordjman, son autre associé.

La famille est soulagée quand elle apprend que les policiers ont décidé d'assurer sa sécurité à l'intérieur de l'hôpital. Si elle a si peur, c'est parce qu'elle sait, par Ahmed, que le coup a été monté juste pour lui : on n'a pas tiré sur Georges Tordjman, qui était pourtant assis à ses côtés.

Moins de trois mois après les coups de feu de la place du Colonel-Fabien, le 1er juillet 1986, plusieurs explosions se produisent dans les locaux des établissements Guilbais et dans ceux de la société Macorium, respectivement aux 19 et 21 de la rue Bichat à Paris. Les dégâts sont importants. L'enquête aussitôt déclenchée ne permet pas de déterminer s'il s'est agi d'un accident ou d'un acte criminel. Lors d'une perquisition de la société Griff Meubles, à Garges-lès-Gonesse, conduite dans le cadre d'une autre affaire, la découverte de blousons de cuir partiellement brûlés, ainsi que de documents et de photographies de la société Macorium, aboutit à l'ouverture d'une information confiée à la juge d'instruction Marie-Odile Bertella-Geffroy. Les policiers soupçonnent les dirigeants de Macorium – c'est-à-dire Anthony, Ahmed et les frères Tordjman – « d'avoir volontairement incendié les locaux de leur société afin d'encaisser les indemnités versées par les assurances[1] ». Il semblerait, estiment-ils, que « l'incendie ait eu pour but de mettre un terme au litige commercial qui opposait le père et le fils.

---

1. Rapport de l'inspecteur divisionnaire Sylvestre Grisoli de DPJ de la Préfecture de Police de Paris, daté du 21 août 1989, adressé à Jacques Poinas, commissaire principal, chef adjoint de la Brigade criminelle.

Anthony Delon et ses associés cessaient leurs activités commerciales lésant les intérêts d'Alain Delon, et en contrepartie ils bénéficiaient d'indemnités confortables versées par les assurances suite à l'incendie », concluent les policiers. Une fois de plus, justice et police, faute de preuves formelles, n'aboutissent à rien : aucune poursuite n'est engagée.

Les règlements de comptes entre les divers acteurs du Milieu qui, à un moment ou à un autre, tournèrent autour ou contre les associés d'Anthony Delon ne cessent pas pour autant. Dans la soirée du 10 juillet 1987, Roland Lenoir fait lui aussi l'objet d'une tentative d'assassinat. Il circule dans une Buick conduite par sa femme, à bord de laquelle sont installés également leurs deux enfants, quand, arrivés à l'angle du cours Albert-Ier et de la place du Canada, à Paris, au feu rouge, une voiture se place sur le côté droit de leur véhicule immobilisé. Le passager se porte à la hauteur de la portière avant droite de la Buick, où est installé Roland Lenoir, et fait feu à plusieurs reprises, au moyen d'une arme de poing. La femme de Lenoir est légèrement blessée au bras tandis que Roland Lenoir est grièvement atteint au thorax et à l'abdomen. Les auteurs réussissent à prendre la fuite. Roland Lenoir refusant de coopérer avec la police, l'enquête, comme les autres, n'aboutit pas.

Le 10 janvier 1989, c'est au tour de Claude Gagnon de tomber dans un guet-apens. Lui aussi se trouve dans la voiture conduite par sa maîtresse, quand deux hommes cagoulés tirent sur lui avec des armes de poing avant de remonter dans leur véhicule, une Peugeot 309. Claude Gagnon venait de quitter la prison de Fresnes, où il avait purgé une peine de trois ans pour un vol commis sous un déguisement de policier... L'enquête conduit à mettre en cause Claude Pieto, dit Petit Claude. C'est David Tordjman qui l'avait même hébergé dans l'appartement d'Anthony Delon, qu'il occupait... L'enquête n'a pas abouti.

Alex poursuit son chemin. Pluies et orages ne le mouillent pas. Tout en conservant des liens étroits avec Anthony Delon, il continue son ascension sociale. Mato, un des frères de Billy, qui a été très proche d'Asma, explique que « sa rencontre avec Anthony a été essentielle. Anthony idéalisait Asma, c'était le père qui avait été trop loin de lui. Asma avait à ses yeux le prestige de celui qui est "monté" – même s'il n'est "monté" qu'une fois, m'affirme Mato. De nous tous, Alex est celui qui avait le plus faim, c'est une nature, il a eu faim très jeune ».

Tous ceux qui l'ont approché à cette époque soulignent sa « nature », son côté entraîneur, sympathique, le type de garçon avec qui on aime passer un moment. J'ai retrouvé Fan, le portier laotien de *L'Apocalypse*. D'entrée de jeu, il montre qu'il m'envie parce qu'il croit que je vais bientôt rencontrer Alex : « Saluez-le, dites-lui où je suis, j'aimerais tellement le revoir. » Et de se réjouir de son ascension. Toujours portier d'une boîte de nuit, ce spécialiste de boxe thaïe tout en muscles rassemble ses souvenirs pour évoquer l'ambiance qui régnait à *L'Apocalypse*. Il me parle des mannequins des agences Elite et Glamour qui attiraient la clientèle, des voyous, de Petit Claude, le meilleur ami d'Alexandre, des *people* autour d'Anthony, et de riches clients qui flambaient. Il croit se rappeler qu'Alexandre était intéressé par les diamants, qu'il conduisait tantôt une Porsche Carrera, tantôt une grosse moto, qu'il était ami de « Sam », au restaurant, et qu'heureusement Charles Casta, actionnaire de *L'Apocalypse* et personnage important du monde de la nuit, était là pour calmer les ardeurs des uns et des autres et éviter les drames.

Alexandre Djouhri clôt, le 14 février 1990, la première période de sa vie, celle qui l'a vu passer du statut de loulou sarcellois à celui de « monsieur », devant Jean-Claude Dareau, inspecteur principal au Groupe criminel du SRPJ de Versailles. Il est entendu dans le cadre de l'enquête contre X, pour assassinat, complicité, violences et voies de fait avec arme, recel de vol, qui a coûté la vie à David Taïeb. Djouhri décline son identité, sa nationalité, désormais française, et sa situation familiale – marié avec Clotilde K., père de deux enfants. Surtout, il a acquis une respectabilité certaine. Il déclare exercer la profession de directeur général de l'Agence de presse Euro-Arabe et Euro-africaine (APEA), sise 76, avenue des Champs-Élysées. S'il accepte encore de donner son adresse à Villiers-le-Bel, dans le Val-d'Oise, il refuse de donner ses coordonnées téléphoniques et assène, hautain, au policier qui l'auditionne, qu'il ne se sent aucunement concerné par ce fait divers et qu'il n'a aucune déclaration à faire. Sur la question de l'inspecteur sur sa connaissance de la victime, il déclare que n'étant pas concerné par cette affaire, il n'a aucune déclaration à faire. Il répète cette formule à toutes les questions, y compris quand Jean-Claude Dareau lui demande s'il connaît David Tordjman. À la fin de l'audition, le policier extrait le PV de sa vieille machine à écrire, le relit et le tend à Alexandre Djouhri, lequel refuse de le lire et de le signer. Il se lève, quitte le bureau et monte dans sa voiture pour regagner Paris. Ainsi prend fin la période agitée de celui qui est désormais « Monsieur Alexandre ».

Toutes les instructions judiciaires portant sur les différents règlements de comptes qui se sont enchaînés, de 1985 à 1989, autour de la rivalité entre Alain Delon et son fils ont été abandonnées, faute de preuves formelles certes, mais la lecture des dossiers ne suggère pas un acharnement à toute épreuve des enquêteurs... Je m'interroge aussi sur la possibilité que, dès 1986, Alexandre Djouhri ait été un homme protégé.

16

Dans les zones grises de l'État

Au-delà de la fréquentation, la nuit, du Tout-Paris de la mode et du show-biz, Alexandre Djouhri va bientôt frayer avec des personnalités du Tout-Paris de la politique, de la police, de la franc-maçonnerie, de la haute administration, mais aussi d'Afrique et du Proche-Orient... En même temps qu'il fait la fête dans les boîtes branchées de la capitale, qu'il garde ses liens avec le Milieu, qu'il est Asma pour Anthony Delon, il profite de ses rencontres pour pénétrer plusieurs réseaux importants et se constituer un impressionnant carnet d'adresses.

Les premières pages virtuelles[1] de celui-ci sont remplies grâce à Fara M'Bow. Djouhri dit d'ailleurs de lui : « C'est lui qui m'a fait ». Le lecteur a déjà vu apparaître Fara, l'homme qui roule en Rolls Royce ou en Ferrari. Quand Anthony Delon raconte qu'Asma lui a prêté une Ferrari, une « Féfé », et qu'à son volant il a dépassé les 200 km/h sur le périphérique, c'est en

---

1. Djouhri n'écrit jamais rien et ne tient pas d'agenda.

réalité avec la « Féfé » de Fara M'Bow qu'il a fait cette « performance ».

Fils du directeur de l'Unesco, Fara M'Bow connaît le milieu des Africains de Paris : il copine avec des fils de chefs d'État, comme Teodoro Obiang (Guinée équatoriale) ou Ali Bongo (Gabon), et se fait des amis parmi des ministres ou des hauts fonctionnaires. Il noue aussi des amitiés gaullistes et souvent corses avec des politiques, des flics et des fonctionnaires...

Alexandre comprend tout le parti qu'il peut tirer d'un Fara qui non seulement est riche, connaît le monde de la nuit, mais surtout dispose par son père d'un impressionnant carnet d'adresses. Sans trop en parler à Fara, Alexandre se rapproche de son père, le directeur de l'Unesco, arguant de sa qualité de « petit frère » de son fils. Non seulement Amadou Mahtar M'Bow lui ouvre les bras, mais il le présente à ses collaborateurs et à ses proches, dont Amadou Lamine Diagne, son assistant personnel à l'Unesco, qui, à l'instar de son patron, va lui présenter du beau monde. Alexandre Djouhri est ainsi amené à fréquenter Hassan Thassinda Uba Thassinda, marié à une Marocaine. Zaïrois, proche d'Amadou Mahtar M'Bow[1], Thassinda, comme tout le monde l'appelle, est détenteur d'un doctorat en communication politique et diplômé du prestigieux Institut français de presse de l'université Paris-II Sorbonne ; il a long-

---

1. Il va écrire sa biographie en 1989, intitulée *Amadou Mahtar M'Bow, un Sahélien à l'Unesco,* publiée par Présence africaine.

temps été correspondant de journaux marocains du groupe Maroc Soir. Il passe pour être un bon connaisseur du Proche-Orient et entretient des liens étroits avec Mobutu : il emmène Alexandre Djouhri à Kinshasa pour un anniversaire du *Léopard*. À leur retour de Kin, les deux hommes s'entredéchirent à cause d'un pactole de dollars, cadeau de Mobutu.

Alexandre Djouhri rencontre John Kouabena – ou Kwabena – qui devient un de ses relais africains et lui permet de prendre pied en Côte d'Ivoire. Omar Diawara entre aussi dans l'univers d'Alexandre. Encore analphabète, peu après son arrivée à Paris, l'homme qui est venu de la région de Matam, en Guinée, fait la plonge au *Plaza-Athénée*, mais ne reste pas longtemps confiné dans les cuisines. Il devient rapidement un personnage connu dans le « Triangle d'or[1] » de l'époque, puis dans le « Paris by night ». Il a une rare faculté de parler d'égal à égal avec les plus grands et de savoir leur rendre des services. Tout en gardant ses habitudes au *Plaza*, il met le cap sur *Keur Samba*, le rendez-vous mondain de l'Afrique-sur-Seine, là où se retrouvent ambassadeurs et ministres africains de passage à Paris. C'est là qu'il fait notamment la connaissance de Diagna Ndiaye, le tout-puissant banquier sénégalais, numéro deux du groupe Mimran. Omar Diawara prend ensuite la direction du *Rubys*,

---

1. Quartier du VIIIe arrondissement parisien délimité par les trois avenues les plus chics, Montaigne, George-V et Champs-Élysées.

boîte africaine de la rue Dauphine. Surnommé « le Sénateur » par son ami Pape Ndiaye – le couturier qui était le familier d'Omar Bongo et le distributeur de ses enveloppes –, Omar Diawara l'autodidacte acquiert très vite les bonnes manières et sort bientôt de la vie nocturne pour devenir un des piliers du Tout-Paris des affaires et de la politique – du parti gaulliste en particulier, ce qui l'amène à fréquenter Charles Pasqua. Il peut se vanter d'avoir serré les mains de Chirac, de Juppé et de Tiberi, ainsi que celles de nombreuses figures de second plan, sans compter les *people* des mondes du cinéma, du sport et de la presse.

Comme Fara, Omar Diawara va être l'un des « propulseurs » d'Alexandre. D'abord, il l'introduit dans l'univers du *Plaza-Athénée*, du *George-V*, du bar du *Fouquet's* et de celui des *Théâtres*. Alexandre devient ainsi un « rat de hall d'hôtel ». Il n'a pas son pareil pour aborder les clients des palaces et se rendre indispensable en leur rendant tel ou tel service. Notamment en les emmenant dans des boîtes de nuit, comme à *Keur Samba,* en leur présentant des filles, en les conduisant éventuellement au *2+2*, un club échangiste situé alors rue Lhomond. Omar Diawara présente Alexandre à ses amis africains et à quelques pointures politiques. À sa demande, il lui fait rencontrer Jean-François Probst, alors conseiller de Jean-François Poncet, ministre des Affaires étrangères (1978-1981). Le carnet d'adresses de Djouhri se remplit. Il sait se rendre indispensable. Il propose ses services à nombreuses personnalités africaines et proche-orientales.

Grâce à son aplomb, à son intelligence, à sa séduction, à une imagination débordante et à ses relations, *via* Fara, puis *via* le père de celui-ci à la direction de l'Unesco, le petit Beur de Sarcelles, qui n'a pas encore rompu avec ses copains du Milieu, virevolte bientôt autour d'hommes politiques, d'hommes d'affaires et d'intermédiaires qui lui ouvrent des portes, à la fois sur l'Afrique et sur le Proche-Orient.

À gauche, *via* ses relations à l'Unesco, Djouhri devient un familier de Pierre Mutin[1], spécialiste du monde arabe, qui, après avoir travaillé au cabinet de Georgina Dufoix au ministère des Affaires sociales, collabore à l'Élysée avec Edgard Pisani, chargé de mission du Président. Mutin dispose d'un bureau au 2, rue de l'Élysée, à partir de 1985. Djouhri glisse ainsi un pied chez François Mitterrand... Il devient également proche de François Roussely, qui, dans les années 1980, occupe différentes fonctions au sein des cabinets de Gaston Defferre et de Pierre Joxe, ministres de l'Intérieur, avant de prendre en 1989 le poste de directeur général de la Police nationale.

C'est encore Fara M'Bow qui présente Alexandre Djouhri à François Antona, un flic corse de la « mouvance Pasqua » et proche de Bernard Squarcini, directeur régional des Renseignements généraux en Corse. Sa rencontre avec François Antona est déterminante

---

1. En avril 1986, Pierre Mutin est déjà proche de Djouhri.

dans sa carrière. Antona dit encore aujourd'hui que c'est lui qui a fabriqué Djouhri, après avoir l'avoir sorti du ruisseau. Le journaliste de Bakchich ne dit pas autre chose : « Toujours accueillante pour les hommes en quête de rédemption, la maison Pasqua ouvre ses portes à ce nouveau larron. Cornaqué par François Antona, grand flic estampillé "Môssieur Charles" et un temps son directeur de cabinet au conseil général des Hauts-de-Seine, Djouhri apprend vite. Intime de la flicaille parisienne, collecteur hors pair de renseignements[1]... » Un ancien cadre de la Direction de la surveillance du Territoire (DST), actif au début des années 1990, m'a confirmé qu'Alexandre Djouhri, piloté par François Antona, a noué d'étroites relations avec la Place Beauvau, alors dirigée par Charles Pasqua (1986-1988), quand, dans le même temps, il se rapprochait grandement d'Elf, plus précisément d'André Tarallo. (C'est plus tard qu'Alexandre Djouhri entra en contact avec l'autre directeur des affaires générales du groupe Elf, devenu numéro deux, Alfred Sirven.)

Les réseaux africains d'Elf et de Pasqua se recoupent largement. Alexandre Djouhri et André Tarallo se connaissent depuis quelque temps déjà, mais ils ne font pas alors de business ensemble : André Tarallo situe leur rencontre au milieu des années 1980, par l'entremise d'un cadre de Total. Son œil s'allume à

---

1. Xavier Monnier, « Djouhri ou la belle vie », Bakchich, 10 novembre 2006.

l'évocation de ce souvenir. Il avait manifestement été bluffé par les belles filles et les belles voitures qui entouraient celui qui n'était pas encore tout à fait Alexandre. « On s'est plu », se souvient André Tarallo.

« Indic » n'est pas le bon terme pour désigner le rôle que quelques hommes de l'ombre, grands flics et responsables politiques entendent faire jouer à ce personnage atypique qui dispose d'un grand entregent et approche de nombreuses personnalités. Compte tenu de son *curriculum vitæ*, l'homme peut à la fois être « tenu » et rendre des services dans la « zone grise » de la vie publique. Les appareils d'État, comme ceux des partis, ont toujours besoin de personnages n'ayant pas froid aux yeux, qui peuvent se faire les porteurs de messages ou de valises en toute discrétion ; mais aussi qui sachent mettre de l'huile (ou du feu) dans les rouages de négociations, voire graisser la patte des uns et des autres, bousculer ou calmer un interlocuteur – bref, faire tout ce qui est censé n'avoir jamais existé, en sorte que l'État, ou toute autre institution, ne soit jamais impliqué. Alexandre approche des gens qui peuvent se révéler utiles aux intérêts de la France, et parfois aux siens propres : des gens capables de signer, ou d'influencer la signature, de gros contrats, de favoriser la fourniture des matières premières, d'avoir accès à des informations de première main. Il semble bien que Djouhri ait été utilisé comme un instrument pour monter des coups qui sont censés n'avoir jamais existé. Coups ou missions secrètes, qui ne se limitent pas aux transports de valises, comme je l'ai entendu pendant toute mon enquête, mais qui peuvent être plus dangereux.

Pendant la première cohabitation sous la présidence de François Mitterrand (1986-1988), alors que Charles Pasqua est ministre de l'Intérieur, Djouhri a ses entrées Place Beauvau. Il fait la connaissance de Jean-Charles Marchiani, conseiller du ministre, devenu fameux en 1988, au lendemain de la libération des otages du Liban. Il rencontre aussi Pierre Pasqua, le fils du ministre de l'Intérieur, et Étienne Léandri, un intermédiaire proche de Charles Pasqua intervenant dans les grands contrats.

Alexandre a fait également la connaissance de Michel Roussin[1], ancien directeur de cabinet du directeur du SDECE[2], Alexandre de Marenches, et proche collaborateur de Jacques Chirac à la Mairie de Paris. Grâce à Roussin et à quelques membres de l'entourage de Charles Pasqua, mais aussi à des diplomates comme Éric Demarest, l'étoile d'Alexandre Djouhri commence vraiment à briller. « Il y a déjà longtemps qu'il a troqué ses costumes Belle Jardinière pour des ensembles de grands faiseurs... » se souvient un politique qui le fréquentait à cette époque.

Est-ce les gens du clan Pasqua, et François Antona notamment, qui, par souci d'efficacité, lui conseillent

---

1. Celui-ci n'a malheureusement pas donné suite à ma demande de rencontre.

2. Le Service de documentation extérieure et de contre-espionnage (SDECE) est l'ancêtre de la DGSE, créée en 1982.

d'entrer à la Grande Loge nationale de France (GLNF), comme si le tablier de maçon faisait partie de la panoplie indispensable pour bien remplir le rôle qui lui est dévolu, en Afrique notamment ? Je le crois. Une certitude : l'appartenance d'Alexandre Djouhri à cette obédience joue un rôle certain dans son ascension. Pour entrer en loge, Djouhri aurait été parrainé par Raymond Sasia, ancien garde du corps du général de Gaulle. J'ai demandé à Sasia si cette information était vraie : il a fait comme s'il entendait prononcer le nom d'Alexandre Djouhri pour la première fois !

Pour « travailler » en Afrique, la GLNF est effectivement une bonne porte d'entrée. « En Afrique plus qu'ailleurs, écrit *L'Express* en 2008, la saga des "frères trois points" s'est trouvé un terreau fertile, tant ses codes et ses usages y font écho à la magie des rites initiatiques ou du bois sacré, et à la force ancestrale du clan. Le désir d'accéder à ce sanctuaire laïque de l'élite blanche, puis le souci d'instaurer avec l'ex-métropole coloniale des canaux inconnus des profanes, discrets vecteurs d'influences, ont fait le reste. Au-delà des fables, un fait : sur le continent, une douzaine de chefs d'État de l'espace francophone ont "reçu la lumière"[1]. »

La plupart des chefs d'État africains et de très nombreux décideurs en Afrique, qu'ils soient africains ou français, en font partie, mais aussi nombre de grands flics, de journalistes, de militaires et de *businessmen*.

---

1. In *L'Express* du 14 avril 2008.

Jacques Foccart, Omar Bongo, Denis Sassou Nguesso, les généraux Jeannou Lacaze et Raymond Germanos, mais aussi Raymond Sasia, Michel Roussin[1], Robert Pandraud, entre autres, ont été, ou sont, des « frères de lumière ». La plupart des gens proches de Djouhri sont ou ont été francs-maçons, le plus souvent à la GLNF. Ainsi des personnages qui sont déjà apparus dans notre enquête : Laurent Obadia, Philippe Faure, ambassadeur et ami de Dominique de Villepin, Yazid Sabeg[2], Hervé Séveno, Frédéric Bauer... Les réseaux d'influence d'Alexandre Djouhri recoupent largement ceux de maçons appartenant très majoritairement à la GLNF.

C'est pendant la première cohabitation que la carrière d'Alexandre Djouhri prend son envol. Ce n'est pas un hasard si c'est au cours de cette période, le 2 avril 1987, qu'il est naturalisé français. Compte tenu de son passé récent, connu évidemment des autorités policières, cette naturalisation est la preuve par neuf de l'incroyable protection dont il bénéficie au ministère de l'Intérieur : un an après avoir été blessé par balle, à l'occasion d'un règlement de comptes entre grands voyous, l'enquête policière préalable à l'obtention de la nationalité française aurait dû être un obstacle à sa naturalisation...

---

1. On dit que c'est à la GLNF qu'Alexandre Djouhri et Michel Roussin se seraient connus.
2. Initié à la *Lyre de Salomon*, fondée par Antoine Pagni, un proche de Charles Pasqua, loge qui réunit de nombreuses personnes travaillant dans les « services ». Cette loge est considérée comme très influente. Alexandre Djouhri a « visité » cette loge.

Désormais, officiellement, il porte le prénom d'Alexandre. Pour reprendre l'expression de Billy, il a, comme son héros Alexandre le Grand, « cassé toutes les marches » avec son ancien milieu, il peut s'employer à bâtir son empire. Sur les conseils de François Antona et de ses nouveaux amis, il crée, en 1987, sa première société en Suisse, pays dont il deviendra le résident fiscal.

Djouhri côtoie par ailleurs Fouad Hobeika, un Libanais maronite qui lui permet de rencontrer Ibrahim Souss, représentant de l'OLP en France (1978-1992). Il fait aussi la connaissance, probablement par Pierre Mutin, d'Omrane Adham, un Syrien de confession sunnite qui a quitté depuis longtemps Damas pour s'installer d'abord à Bagdad, où il a noué des relations étroites avec les services secrets irakiens. Paris devient ensuite la base principale des activités de négoce international d'Adham, qui vend des matériaux de construction, des denrées alimentaires, des usines clés en main. Le Syrien fait des affaires – notamment en introduisant des sociétés françaises – avec l'Irak, l'Algérie, le Sud-Yémen et la Libye. Après avoir été un opposant à Hafez el-Assad, il a renoué avec le président syrien par l'intermédiaire d'Hamadani, responsable de la sécurité extérieure syrienne. En 1985, Omrane Adham est promu officiellement négociateur, agréé par François Mitterrand, pour mener à bien les négociations en vue de la libération des quatre otages français retenus au Liban (Seurat, Kauffmann, Carton et Fontaine).

Alexandre fréquente aussi la jet-set arabe de Paris, sur laquelle s'appuie en partie la politique arabe de la France et se nouent les affaires des grandes firmes françaises. Les actions de lobbying au Proche-Orient sont alors perturbées par l'affaire des otages du Liban, passée au rang d'enjeu majeur de politique intérieure. Des émissaires cherchent à entrer en contact avec Téhéran et Damas, protecteurs du Parti de Dieu, le Hezbollah, auquel appartiennent les ravisseurs. Edgard Pisani, futur président de l'Institut du monde arabe (IMA), dirige le Centre de prospective Méditerranée ; aidé de son ami Omrane Adham, il se démène de son côté. Alexandre Djouhri connaît déjà quelques-uns des principaux acteurs de la diplomatie secrète de la France : Roussin, Pisani, Mutin, Marchiani, Adham... Est-il utilisé comme « petite main » ? C'est probable.

C'est dans ce contexte que doivent être restituées les affirmations du journaliste Charles Villeneuve, « frère » de Djouhri, et de l'ancien juge Alain Marsaud, également son « frère », quand ils disent qu'Alexandre gravitait alors dans l'entourage de Yasser Arafat, le leader palestinien. Villeneuve : « Je les ai vus ensemble à Paris et à Tunis, au milieu des années 1980. Il était déjà l'un de ses familiers. » Marsaud : « Arafat le considérait comme son fils. Entre 1989 et 1992, Djouhri m'a emmené des dizaines de fois chez lui, au siège de l'OLP à Tunis, manger le méchoui[1]. »

---

1. Marie-France Etchegoin et Ariane Chemin, « Un homme au cœur du pouvoir », *Le Nouvel Observateur*, déjà cité.

Leïla Shahid, qui a été déléguée de l'Autorité palestinienne en France de 1994 à 2005, que j'ai interrogée, doute quant à elle d'une telle proximité. Elle ne dit rien, en revanche, de la relation étroite d'Alexandre avec Souha Arafat, l'épouse du leader palestinien, qu'elle ne porte manifestement pas dans son cœur et considère comme une affairiste nuisible à la Cause. Souha, fille de Raymonda Tawil, journaliste palestinienne connue, patronne de l'agence Wafa, est la belle-sœur d'Ibrahim Souss. Elle a croisé Yasser Arafat chez sa mère en 1985. Elle le rencontre une seconde fois à Paris en 1989, alors qu'elle est étudiante à la Sorbonne, et lui sert d'interprète. Elle devient ensuite sa secrétaire à Tunis, puis sa femme le 17 juillet 1990...

Djouhri a-t-il le don d'ubiquité ? On le voit partout : dans les grands hôtels, dans les boîtes de nuit sélect, dans les couloirs des ministères, à la Mairie de Paris, au Proche-Orient, en Afrique. Depuis début 1988, il se présente comme le directeur général de l'Agence Euro-arabe, dont l'un des associés n'est autre qu'Amadou Mahtar M'Bow, et le patron Pierre Mutin, qui a son bureau à l'Élysée.

Alexandre Djouhri clôt, on l'a vu, le 14 février 1990, la première période de sa vie en répondant par le mépris et le refus aux questions de l'inspecteur du SRPJ de Versailles sur la mort de David Taïeb. Il est devenu un *intouchable,* un homme de l'ombre qui n'a plus de compte à rendre à personne parce qu'il a déjà rendu des services et qu'il connaît beaucoup de secrets.

17

Alexandre le Grand

Alexandre Djouhri ne laisse que peu ou pas de « petits cailloux » derrière lui, dans la grande forêt opaque qui se situe aux confins de la politique et des affaires. Sa principale arme est le secret. Autant donc reconnaître que la présente tentative de description de son ascension vers l'Élysée est parcellaire, parfois même incohérente, et repose souvent sur des informations que je n'ai pas réussi à étayer par des documents écrits. Ainsi en va-t-il, par exemple, pour tout ce qui concerne ses prétendues activités de « porteur de valises » au RPR et dans le système Elf, puis de « porteur de fonds » pour les uns ou pour les autres, son prétendu rôle de réceptacle de rétrocommissions, son rôle de banquier, qui fait dire à un ancien dirigeant de la DGSE : « Il tient tout le monde, car il connaît toutes les combines et a placé l'argent de tout le monde », affirmation symétrique du propos que l'on attribue à l'intéressé : « Je les tiens tous par les couilles... ! »

À la fin des années 1980 et au début des années 1990, Alexandre Djouhri occupe, officiellement donc, le poste de directeur général de l'Agence Euro-arabe, aux côtés de Pierre Mutin. Il exerce aussi la fonction de président de Quatre A Restauration, une société de restauration collective qui a notamment pour client le ministère de l'Intérieur – un marché dont on dit qu'il l'aurait obtenu par l'entremise de François Roussely. L'actionnaire principal en est Henri Azuelos, patron d'un grand groupe de restauration qui a eu maille à partir avec la justice (abus de biens sociaux, banqueroute et infractions à la législation sur les sociétés), a été en affaire avec Alain Delon (dans la société de charters Transunion) et connaîtra une fin tragique : il sera abattu le 18 juin 1997.

Via la Direct Investment Management (DIM), Alexandre Djouhri a des activités opaques en Suisse. La consultation du registre du commerce de Genève ne m'a en effet fourni aucun éclaircissement sur elles. Études de marché, conseil de placement, achat, vente, exploitation, acquisition mobilière, placement direct, prise de participations, fusion dans le domaine immobilier ; commerce et courtage de produits manufacturés, notamment dans le domaine industriel ; commerce, courtage et prise de concessions dans le domaine des matières premières, plus particulièrement les produits pétroliers et dérivés, ainsi qu'opérations dans le domaine alimentaire : l'objet social de DIM est tellement large qu'on peut y abriter tout ce qu'on veut. Djouhri ne dispose alors que d'un studio à Genève.

Depuis 1986, année où il est établi par les écoutes policières que les deux hommes sont en relation, et jusqu'en 2007, Pierre Mutin est un personnage-clé dans la carrière de Djouhri : par lui, il a une passerelle avec le Proche-Orient et le Maghreb ; il fait aussi de lui un collaborateur, notamment dans ses affaires domiciliées en Suisse. Pierre Mutin déteste au moins autant la lumière que celui qui est devenu son « patron » dans les années 1990. Les deux hommes sont impliqués dans les coulisses d'une affaire d'État provoquée par l'arrivée inopinée à Paris de Georges Habache, le chef du FPLP[1], le 27 janvier 1992, pour recevoir des soins à l'hôpital de la Croix-Rouge. Une arrivée ignorée de François Mitterrand et des plus hautes instances politiques du pays, qui suscita un tollé national et se conclut par les démissions de Georgina Dufoix de la présidence de la Croix-Rouge, de François Scheer, secrétaire général du Quai d'Orsay, et de Bernard Kessedjian, directeur de cabinet du ministre des Affaires étrangères Roland Dumas.

---

1. Le Front populaire de Libération de la Palestine (FPLP) est une organisation palestinienne combinant nationalisme arabe et marxisme, fondée en 1967 par Georges Habache et Ahmed Jibril. Dès l'année suivante, elle rejoint l'OLP, où elle constitue la seconde organisation la plus nombreuse après le Fatah de Yasser Arafat. Le FPLP est responsable de l'attentat contre l'avion Zurich-Tel-Aviv qui a fait 47 morts le 21 février 1970, dans la forêt de Würenlingen et du détournement de plusieurs avions sur l'aéroport de Zarka, en Jordanie, appareils qui ont ensuite été dynamités devant la presse internationale, le 12 septembre 1970. L'organisation est de longue date placée sur la liste des organisations terroristes.

Allez sur Internet et recherchez « Pierre Mutin » avec Google. Vous trouverez deux occurrences de son nom, en tout et pour tout, et les deux renvoient à cette affaire : d'une part, un article du *Nouvel Observateur*, d'autre part, le rapport d'une commission d'enquête sénatoriale[1]. En revanche, dans l'affaire « Habache », inutile de chercher le nom de Djouhri, il n'y figure pas, alors même qu'il était à la manœuvre avec son ami Pierre Mutin. Seule la DST a remarqué l'action de Djouhri aux côtés de Mutin, et a même cru percevoir que l'opération n'était pas tout à fait gratuite...

Tout a commencé le jeudi 23 janvier 1992, à 13 h 30, par un appel téléphonique de Souha Arafat à Pierre Mutin, « agent contractuel détaché du ministère de l'Agriculture auprès de la Présidence de la République où il exerce – selon ses propres déclarations – le rôle d'"observateur du monde arabe" », comme l'écrit le rapporteur de la commission d'enquête sénatoriale[2]. Souha Arafat lui fait part de la dégradation de l'état de santé de Georges Habache, victime d'une nouvelle commotion cérébrale ; elle l'interroge sur la possibilité de l'hospitaliser en France. Mutin prétendra lui avoir conseillé d'emprunter la

---

1. Rapport (n° 424) de la commission d'enquête chargée de recueillir tous les éléments d'information sur les conditions dans lesquelles il a été décidé d'admettre sur le territoire français M. Georges Habache... (résolution du 15 avril 1992). Voir le site du Sénat: http://www.senat.fr/rap/r91-424/r91-4241.pdf

2. *Ibid.*

voie diplomatique. Dans l'après-midi, des échanges ont lieu entre le Croissant-Rouge palestinien, la Croix-Rouge française et le ministère des Affaires étrangères. À 19 h 30, Mutin est à nouveau contacté par la femme de Yasser Arafat et ne songe pas à faire prévenir la présidence de la République.

... À 19 h 05, le 29 janvier, Georges Habache quitte par avion l'aéroport de Tunis où il a été conduit par une délégation palestinienne menée par Yasser Arafat en personne. Vers 19 h 30, Hubert Védrine, secrétaire général de la présidence de la République, est officiellement informé de la venue à Paris du leader du FPLP par Ibrahim Souss, délégué général de l'OLP en France.

Peu après, c'est au tour de Jacques Fournet, patron de la DST, de faire part au directeur de cabinet du ministre de l'Intérieur des réticences que lui inspire la venue de Georges Habache. À 20 heures, le journal d'Antenne 2 annonce l'arrivée imminente en France du leader palestinien. À 21 h 40, le Mystère 20 affrété par la Croix-Rouge française avec Habache à son bord se pose à l'aéroport du Bourget. Les caméras d'Antenne 2 filment la descente d'avion du dirigeant palestinien. Son état de santé apparent est celui d'un homme fatigué, mais pas paralysé, quoique souffrant d'une aphasie presque totale. Il est hospitalisé un peu plus tard à l'hôpital de la Croix-Rouge française Henri-Dunant, dans le XVIe arrondissement de Paris.

Tout est en place pour un scandale majeur, qui débute le lendemain matin à la première heure. Dès

10 h 30, le juge « antiterroriste » Jean-Louis Bruguière annonce qu'il rouvre le dossier d'instruction visant une cache d'armes à Fontainebleau censée appartenir au FPLP. Quant à François Mitterrand, en visite à Oman, en apprenant la présence de Habache à Paris, il s'écrie : « Mais ils sont tous fous, ou quoi ? » Le soir même, le juge Bruguière place Habache en garde à vue...

La presse se déchaîne, François Mitterrand est obligé de s'expliquer à la télévision, le Parlement se saisit de l'affaire. Les démissions s'enchaînent... Aujourd'hui encore, Georgina Dufoix révèle à quel point elle a été affectée par cette affaire qui l'a tenue éloignée de l'action politique et de Paris. Elle se souvient combien elle a alors été « utilisée » par Pierre Mutin ; elle se méfiait de lui, celui-ci lui racontant des « choses fausses » sur ce qu'il faisait à l'Élysée. Juste après sa démission de la présidence de la Croix-Rouge, François Mitterrand l'a convoquée. « Il a été très correct avec moi. Il m'a demandé de m'expliquer, puis a dit :

– Ce Mutin est à votre cabinet ?

– Non.

– Il le dit à tout le monde. Alors, c'est un agent double... »

Et Georgina Dufoix de narrer comment elle l'a connu quand elle était ministre en charge de l'Immigration. Une fille de la ministre avait fréquenté la même école, à Nîmes, qu'une des filles de Mutin. « Faisant état de sa connaissance des milieux musulmans, il m'a proposé une action pour l'immigration. »

Et Georgina Dufoix d'insister sur le côté « mensonger » des propos du personnage[1].

C'est en tout cas à l'occasion de l'affaire Habache que Pierre Mutin a été contraint de se découvrir un peu : le 21 mai 1992, il est entendu par les sénateurs. S'il ne s'est pas montré très loquace, il s'y est défini comme un « observateur du monde arabe à l'Élyséee » de 1985 à 1992, d'abord comme collaborateur d'Edgard Pisani, puis à partir de juillet 1988, comme celui de Georgina Dufoix. Nîmois et protestant, il connaît depuis longtemps Georgina Dufoix et a même travaillé à son cabinet quand elle était ministre des Affaires sociales. Il avait alors été chargé d'une mission de réflexion sur l'islam en France. Il parle arabe, a de nombreux contacts avec les pays du Maghreb et avec les Palestiniens. Il connaissait Arafat longtemps avant d'arriver à l'Élysée, et se défend de toute responsabilité dans le scandale qu'il a pourtant déclenché. Il ne souffle pas mot du rôle de son ami Alexandre, que les seuls agents de la DST ont repéré, se souvient un responsable de l'ancien service de contre-espionnage.

Dans les années 1990, Pierre Mutin travaille à Genève avec Alexandre Djouhri à la DIM, puis à la Compagnie de Développement de l'Eau dont l'objet social est le « développement de l'eau urbaine, industrielle et agricole dans les pays du bassin méditerranéen et du monde arabe ; et la prise de participation

---

1. Entretien avec l'auteur, 18 juin 2011.

dans des entreprises ayant vocation de développer et de commercialiser le marché de l'eau ». Après le départ de Bernard Forterre, cette société devient, fin décembre 1999, l'ADREMIS.

Bien avant 2004, où il tente, comme on l'a vu[1], de prendre 20 % du capital de Veolia Middle East, Alexandre Djouhri a cherché à installer ses propres structures pour avoir la main sur les marchés de l'eau au Moyen-Orient, en même temps qu'il a l'œil rivé sur le géant français du secteur : d'abord la Compagnie générale des Eaux, puis Vivendi Environnement, enfin devenu Veolia. Il connaît Guy Dejouany, le patron historique de la Compagnie, que toute la classe politique sait être généreux envers elle, depuis le milieu des années 1980. C'est Michel Roussin, alors principal collaborateur de Jacques Chirac à la Mairie de Paris, qui le lui a présenté. Et il fait la connaissance de Jean-Marie Messier, quand celui-ci est encore associé-gérant à la banque Lazard.

Désigné comme le dauphin de Dejouany, Messier arrive donc à la CGE comme numéro deux en 1994. Débute alors une rude bataille entre Messier et Proglio, lequel estime que le poste de directeur général lui revient. Un clan anti-Messier se forme, emmené par Bernard Forterre, le vieux grognard qui avait embauché Proglio à la CGE, vingt ans plus tôt. Alexandre Djouhri est derrière Forterre[2], tout en ayant

---
1. Voir chapitre 12, « Autour de Veolia », p. 254.
2. Les deux hommes étaient liés au clan Pasqua.

des liens secrets avec Messier. « La CGE vit alors au rythme des coups fourrés, des dossiers nauséabonds et des écoutes téléphoniques. Messier tient bon. Proglio préfère alors se soumettre au nouveau maître. En guise d'allégeance, il apporte même à Messier les preuves d'un complot[1]. »

Proglio, qui ne connaît pas encore Djouhri, essaie de comprendre qui est derrière Forterre, car il l'imagine mal monter seul certains coups.

« C'est Alex », lui raconte Éric de Ficquelmont, son ami et proche collaborateur. Lequel lui brosse le portrait d'Alexandre Djouhri.

Au milieu des années 1990, Alexandre Djouhri est souvent vu en compagnie d'Alain Marsaud, ancien juge antiterroriste qui décroche son premier mandat de député RPR de la Haute-Vienne en 1993 ; Marsaud est engagé comme cadre dirigeant par la Compagnie générale des eaux en 1997, après que Dejouany a quitté la présidence de la Compagnie pour céder sa place à Jean-Marie Messier. Djouhri travaille avec Jean-Pierre Bechter, ami de Marsaud, mais surtout ancien suppléant de Jacques Chirac en Corrèze, puis son ancien adjoint à la Mairie de Paris et bras droit de Serge Dassault. Les deux hommes ayant refusé de me parler, je ne peux m'étendre sur ces étroites amitiés...

Bernard Forterre a perdu sa bataille contre Messier. Alexandre Djouhri décide de le « récupérer » en

---

1. Olivier Toscer, « Proglio-Messier: les dessous d'un bras de fer », *Le Nouvel Observateur*, 1er juillet 2003.

mai 1998 et de le placer à la tête de sa Compagnie de Développement de l'Eau. L'association des deux hommes dure un an. Djouhri la rompt en 1999. C'est Pierre Mutin qui le remplace.

Fin 1999, Djouhri fait le forcing pour rencontrer Henri Proglio, devenu le numéro deux du groupe Vivendi. Mais Jean-Marie Messier lui déconseille fortement cette rencontre, car, dit-il, « cet homme est dangereux ». Quelques mois plus tard, Philippe Faure, ambassadeur et ami de Dominique de Villepin, appelle Henri Proglio en fin d'après-midi et lui demande de le rejoindre, toutes affaires cessantes, au bar du *Royal Monceau*. Proglio, devenu patron de Vivendi Environnement, quitte sa réunion et rejoint le bar. Faure est accompagné par Djouhri :

« Je te présente quelqu'un que tu ne veux pas voir ! »

La sympathie entre Proglio et Djouhri est quasi immédiate. À la stupéfaction de Proglio, Djouhri lui déclare qu'il voit Messier deux ou trois fois par semaine. Le patron de Vivendi Environnement se rend également compte qu'il est au courant de ce qui se passe chez Vivendi aussi bien que lui. Les deux hommes ne vont plus se quitter, même si Henri Proglio affirme qu'ils n'ont jamais fait un centime d'affaires ensemble[1] !

Dès lors, Pierre Mutin, le collaborateur de Djouhri, aura un bureau à Paris. Quand Vivendi Environne-

---

1. Cette scène m'a été racontée par Henri Proglio. Entretien avec l'auteur, 4 juillet 2011.

ment deviendra Veolia, en 2003, il travaillera avec Veolia « pour maintenir et développer les relations de la société avec le Proche et le Moyen-Orient ». Pierre Mutin a d'abord été « géré » par Thierry de Beaucé, qui achèvera sa carrière chez Vivendi à la direction des relations internationales, avant de dépendre d'Éric de Ficquelmont.

Tandis qu'il pose des jalons importants pour devenir un acteur incontournable des marchés de l'eau et des déchets dans le bassin méditerranéen et au Proche-Orient, Djouhri développe, en France et dans quelques pays d'Afrique, une intense activité aux côtés d'André Tarallo et d'Alfred Sirven. Il a été introduit à Elf par son parrain, François Antona, qui a été embauché par la compagnie pétrolière en 1990.

À partir de quelle date Alexandre Djouhri devient-il un familier du Gabon et du Congo ? Il connaît Ali Bongo depuis le milieu des années 1980, mais aussi Téodoro Obiang, le fils fantasque de Théodore Obiang, le président de la Guinée équatoriale – qui défie aujourd'hui la chronique par ses dépenses extravagantes en voitures de sport. Il dispose en tout cas d'un passeport diplomatique que lui a remis Pascal Lissouba, le président congolais au pouvoir de 1992 à 1997, lequel lui a fait rencontrer Yasser Arafat et l'a mis en contact avec une banque islamique à Genève, à un moment où Lissouba était en quête de fonds. Alexandre Djouhri a également réussi à lui vendre – très cher – une installation de télévision, avec l'appui de Michel Roussin.

Djouhri évolue comme un poisson dans l'eau dans le milieu des Corses, qu'ils vivent en Afrique ou à Paris, qu'ils travaillent avec l'Afrique place Beauvau ou à Elf, auprès de François Antona ou d'André Tarallo. Entre 1993 et 1995, François Antona a quitté Elf, il travaille comme conseiller de Charles Pasqua. Djouhri effectue des missions pour lui, dont beaucoup sont évidemment conçues en harmonie avec la stratégie d'Elf. François Antona aurait participé ainsi au trucage des résultats de l'élection présidentielle au Gabon en décembre 1993, qui donne Omar Bongo gagnant au premier tour, alors qu'un deuxième tour s'imposait à cause du bon score obtenu Paul M'Ba Abessole[1]. Les connections africaines de Djouhri passent aussi par Jean-Charles Marchiani, le conseiller de Pasqua qui s'est fait une spécialité d'intervenir dans les libérations d'otages : Marchiani est en relation avec les frères Felicciaggi[2], installés au Congo-Brazzaville, au Cameroun et en Angola, dans la pêche et dans les jeux, proche de Michel Tomi, associé de Robert Felicciagi dans les jeux, notamment au Gabon.

L'ex-grand flic de la DST qui s'est confié à moi insiste sur les liens de Djouhri avec ces Corses des

---

1. Éric Fottorino, « Charles Pasqua l'Africain », *Le Monde*, 4 mars 1995.

2. Robert Felicciaggi a été assassiné sur le parking de l'aéroport d'Ajaccio, le 10 mars 2006. Il était proche de Charles Pasqua. À la demande de Nicolas Sarkozy, ministre de l'Intérieur, un préfet en grande tenue assista à ses obsèques.

« réseaux Pasqua », dont certains sont liés à l'ancien gang de la Brise de mer. Quelques affaires judiciaires ont ainsi mis au jour les liens entre Michel Tomi[1], tout-puissant patron des jeux au Gabon, et Charles Pasqua : c'est la fille de Michel Tomi, mise en examen dans le cadre de l'enquête portant sur le financement illégal du Rassemblement pour la France (RPF) de Charles Pasqua et Philippe de Villiers et l'autorisation d'ouverture du casino d'Annemasse, qui avait fait un prêt de 7,5 millions de francs au RPF.

Libreville, Brazzaville, Paris, Genève... À partir de 1993, Djouhri fait partie des rouages occultes d'Elf. Il fait des « missions » en Afrique centrale, à bord d'avions affrétés par la compagnie pétrolière et la Fiba, la banque de Bongo et de la compagnie pétrolière. Il rencontre Omar Bongo, loge dans une suite luxueuse de la résidence *Le Maïsha*. Il est également souvent vu à Genève avec Alfred Sirven et André Tarallo. La rumeur dit une fois de plus qu'il transporterait des valises. Il travaille avec Stéphane Valentini, le fils de Jean-Mathieu Valentini, courtier d'assurances natif du même village qu'André Tarallo, qui a œuvré pour le compte d'Elf et alimenté ses caisses noires. À la barre, lors du procès Elf, Stéphane Valentini a raconté qu'André Tarallo et Alfred Sirven lui avaient demandé de prendre la succession de son père, disparu en 1991 : « Je devais exécuter les instructions reçues sans

---

1. En 1976, Michel Tomi avait été condamné dans une affaire de détournement de fonds au casino de Bandol.

savoir forcément quels étaient les tenants et les aboutissants. »

Tout va bien pour lui, il s'enrichit...

C'est, me semble-t-il, Me Francis Szpiner qui, en 1995, a introduit Alexandre Djouhri auprès de Dominique de Villepin, nouveau secrétaire général de l'Élysée[1] qui, comme on l'a vu, consacre beaucoup d'énergie à faire la chasse au trésor balladurien. Djouhri va dès lors conduire des missions discrètes pour Villepin. D'aucuns affirment qu'il est devenu un membre de ce qu'on a appelé son « cabinet noir ». De quelles missions aurait-il été chargé ? Le propre d'un « cabinet noir », c'est justement de faire en sorte que ses actions restent camouflées. Ce qui est certain, c'est que, grâce à sa relation avec le secrétaire général de l'Élysée, Djouhri a changé de statut. Rapidement, ses proches, comme André Tarallo, ont constaté qu'il avait beaucoup plus de moyens financiers à sa disposition. Comment ? Cet argent-là n'est pas « traçable »...

Didier Schuller, un des acteurs du système de financement occulte du RPR, à la tête de l'Office des HLM des Hauts-de-Seine jusqu'en 1994, est sous pression judiciaire, une pression de plus en plus forte. Il prétend que Me Francis Szpiner, son avocat, lui aurait conseillé, le 9 février 1995, de quitter Paris avant qu'il ne soit arrêté. Schuller gagne l'hôtel Richemond sur les bords du lac Léman, avant de se réfugier dans la

---

1. Me Szpiner n'a pas souhaité me rencontrer.

villa de Jacques Heyer, son banquier suisse, puis de s'envoler pour les Bahamas et Saint-Domingue. Bien des années plus tard, il a raconté sa cavale : « Lors de ma dernière soirée à Genève, j'ai dîné au restaurant chinois de l'hôtel Président avec Francis Szpiner et un monsieur d'environ trente-cinq ans, au teint brun, assez mince », raconte-t-il à Sylvain Besson, journaliste au *Temps* de Genève[1]. L'homme ne décline pas son identité et se présente comme un membre des services secrets français en Afrique. Puis il déclare à Schuller : « Dans les milieux corses, on parle beaucoup de vous, et on dit que si vous revenez en France, vous aurez de gros, gros soucis, voire une suppression de votre existence. » Si Schuller ne fournit pas le nom de celui avec qui il a dîné, comme s'il en avait peur, il ne peut l'ignorer et confie encore au journaliste suisse : « D. est le brasseur d'affaires typique, toujours bien vêtu, qui aime les habits de marque et les belles voitures. »

D., c'est Alexandre Djouhri. Pour Didier Schuller, la présence de cette personne à Genève indiquerait que sa fuite a été orchestrée par le « cabinet noir » animé par Dominique de Villepin, au service de Jacques Chirac, comme il le confie à Besson.

Djouhri n'a jamais été cité dans l'affaire Elf. En liaison avec le supposé « cabinet noir » de Dominique de Villepin, il se serait beaucoup occupé de la cavale d'Alfred Sirven, avec qui il était en étroite relation,

---

[1]. Daté du jeudi 18 août 2005.

puis d'André Tarallo, au début des ennuis judiciaires de celui-ci. Le 4 avril 1997, la juge Eva Joly a en effet lancé un mandat d'amener contre André Tarallo, dans la ferme intention de l'expédier en prison la nuit suivante, pour son anniversaire. À la suite de la découverte du compte « Colette », ouvert à l'Union bancaire privée de Genève, et du versement sur ce compte de 2,5 millions de dollars (14 millions de francs) provenant d'Elf, *via* l'intermédiaire André Guelfi, pour une affaire de lobbying au Venezuela, la magistrate commence en effet à s'intéresser aux travaux effectués dans les résidences du « monsieur Afrique » d'Elf. Me Pierre Benoliel, l'avocat d'André Tarallo, réussit à dissuader la juge d'envoyer son client derrière les verrous, au prétexte qu'il doit partir dans les heures suivantes à Libreville rencontrer le président Bongo, avec Philippe Jaffré, président d'Elf. Me Benoliel revient du Gabon quelques jours plus tard, porteur d'une lettre de Bongo à Jacques Chirac, dans laquelle celui-ci demande que soit retirée la plainte contre André Tarallo. Mais Eva Joly reçoit le 9 avril une lettre de l'ex-comptable du décorateur de la villa corse de Tarallo, dans laquelle la comptable affirme avoir vu passer de nombreux chèques « Colette »... Le 16 avril, la juge d'instruction organise une confrontation entre André Guelfi et Tarallo pour reparler du compte « Colette ». Tarallo est mis en difficulté, même s'il maintient qu'il ne s'est pas servi de ce compte à titre personnel. Le piège se referme : le 18 avril 1997, les policiers se déplacent chez Hervé Garelli, le décorateur ; vers 17 heures, ils interrompent leur perquisition, car ils estiment détenir la preuve que Tarallo a bel et bien puisé dans le compte « Colette »...

Durant cette épreuve judiciaire, Alexandre Djouhri se tient aux côtés d'André Tarallo et l'informe de l'évolution de la procédure. Il le presse de quitter la France, sinon il risque de moisir en prison...

De retour à Paris, au siège de la Brigade financière, rue du Château-des-Rentiers, les policiers commencent l'examen des documents saisis pendant la journée du samedi 19 avril. Le soir, ces documents sont rassemblés dans un unique carton et placés sous scellés. Le bureau est fermé à clé. Le lundi, les policiers constatent la disparition du carton renfermant les précieuses pièces. Les ordinateurs des enquêteurs ont été de surcroît « visités ». Olivier Foll, patron de la Brigade financière, en avise aussitôt Eva Joly. Quatre policiers sont placés en garde à vue.

Dans la matinée du dimanche, Alexandre Djouhri a fait monter André Tarallo dans sa Golf GTI. Direction la Suisse, *via* la Bourgogne. Ils arrivent à Chêne-Bougerie, dans la banlieue chic de Genève, où se trouve la discrète villa de Djouhri. La chambre du fils est affectée à André Tarallo. Djouhri et Tarallo, mais aussi Patrick Gantès, cadre d'Elf chargé du Congo, Jack Sigolet, patron de la Fiba, Stéphane Valentini et leur secrétaire travaillent le lundi après-midi dans les bureaux du 21, quai du Mont-Blanc.

La presse française commente bruyamment le stupéfiant fric-frac commis à la Brigade financière.

« On va encore me mettre ça sur le dos !... » lance André Tarallo.

À l'abri des oreilles de Djouhri et de Tarallo, Stéphane Valentini chuchote à Patrick Gantès, cadre d'Elf, ses soupçons sur l'identité du commanditaire de cette opération[1].

Il se passait alors des choses bizarres à la Brigade financière. André Tarallo n'avait-il pas reçu une note de deux pages, rédigée à l'en-tête de la « Direction de la police judiciaire-Brigade financière », dans laquelle quatre officiers de police judiciaire, sous couvert d'anonymat, critiquaient le « délabrement du fonctionnement du service » et évoquaient l'épreuve subie dans la nuit du 4 au 5 avril, jour anniversaire d'André Tarallo ?

André Tarallo séjourne plusieurs mois à Genève et refuse l'idée de se mettre à l'abri de la justice française en allant à Libreville, où il pourrait se faire arrêter à sa descente d'avion et se mettre ainsi sous la protection de la justice gabonaise, comme on le lui a dit.

Mᵉ Francis Szpiner rencontre à plusieurs reprises toute l'équipe du quai du Mont-Blanc autour de Jack Sigolet et de Patrick Gantès. Alexandre fait feu de tout bois pour aider Tarallo. Il se dit capable d'intoxiquer la presse, prétendant notamment avoir de l'influence sur le journaliste Hervé Gattegno au *Monde*. Il affirme

---

1. Témoignage de Patrick Gantès à l'auteur.

également être en mesure d'intervenir dans la procédure grâce à l'équipe qu'il a derrière lui ! Ce qui est vrai, c'est que Gattegno se rend à Genève, qu'il connaît Djouhri, lequel le présente à Patrick Gantès à l'hôtel Beau-Rivage[1]...

Il faudra attendre le 20 mai 1999 pour que les journalistes, perspicaces et très bien informés, notamment Antoine Glaser, de *La Lettre du Continent,* fassent apparaître Alexandre Djouhri dans la catégorie des puissants « messieurs Afrique ». Que découvrent donc les lecteurs de cette lettre confidentielle ?

> *« Ce trader qui dispose d'une suite à l'année à l'hôtel Crillon est l'un des "messieurs Afrique" les plus méconnus du village franco-africain. Bien qu'il ait longtemps été cantonné au monde arabe (en particulier chez Hassan II), Alexandre Djouhri, qui était à la fin des années quatre-vingt administrateur de l'Agence de presse Euroarabe avec Pierre Mutin, Fouad Hobeïka et Amadou Mathar M'Bow, est aujourd'hui consulté ou "vu avec" des personnalités aussi diverses que Michel Roussin, André Tarallo et Dominique de Villepin. S'il dispose d'un permis B de résident en Suisse et de sociétés – la Direct Investment Managing en l'étude de John Eardley et la Compagnie de Développement des Eaux –, Alexandre Djouhri est très souvent en rendez-vous à Paris au bar anglais du Plaza-Athénée. L'homme est discret... mais sans excès : à l'époque de Lissouba, il*

---

1. *Ibid.*

avait organisé au Crillon, en l'honneur du Premier ministre David Ganao, un déjeuner avec des personnalités comme Denis Tillinac, le juge Marsaud, l'avocat Francis Szpiner, Steve Gentil! (LC n° 267). *Il est néanmoins loin d'être fâché avec Sassou II (au contraire) qui l'a reçu, par l'intermédiaire de son épouse Antoinette, lors de la première visite de retour au pouvoir, à la mi-décembre 1998* (LC n° 296). *Présenté à Charles Pasqua par François Antona, Alexandre Djouhri s'est intéressé ces derniers temps avec Daniel Leandri, également un proche de l'ex-ministre de l'Intérieur, à la Guinée équatoriale. Un pays plein de mystères.* »

Un article qui annonce à quel point la route de Djouhri le rapproche des sommets du pouvoir. Chez lui au Château, il est également chez lui au Congo, avec Denis Sassou Nguesso et sa fille Édith, la femme d'Omar Bongo, et chez lui, évidemment, au Gabon, avec Bongo et son entourage ; chez lui un peu partout avec des personnages qui comptent autour de la Méditerranée. Toutes constatations qui caractérisent un homme puissant.

L'évocation de Bongo et de Sassou, « frères » tous les deux, m'oblige à revenir, une nouvelle fois, sur ce qui est probablement une des clés de l'ascension d'Alexandre. Le détour, avec ou sans tablier, par quelques loges franc-maçonnes, spécialement celles de la GLNF, permettrait d'approcher d'un peu plus près la politique et son financement et d'en percer à jour quelques arcanes. Un détour plein d'embûches dont la narration ne peut être que parsemée de blancs et de points de suspension...

C'est en tout cas par la GLNF que Djouhri s'est lié avec celui qui est devenu son homme de sécurité et porte-parole, Hervé Séveno. Lequel n'hésite pas à prévenir et dissuader ceux qui pourraient se mettre en travers du chemin de celui qu'il admire. Apprenant que Raphaëlle Bacqué[1] enquêtait pour écrire un article sur mon enquête qui « fait peur au pouvoir », il n'a pas hésité à lui tenir des propos virils : « Je ne laisserai pas le Tout-Paris s'agiter sur Alexandre » : « Ce livre n'a qu'un but et nous savons bien par qui il est commandité. » Après cette calomnie, il lui a glissé qu'il sait que la journaliste circule en vélo dans Paris ! Personnage intéressant, Séveno est la face visible d'Alexandre Djouhri, son messager extérieur, notamment pour les journalistes.

Hervé Séveno est un ancien flic de la Division nationale anti-terroriste (DNAT), dépendant de la Direction centrale de la Police judiciaire alors commandée par le commissaire Roger Marion, qui est ensuite passé à la Brigade financière de la Préfecture de Police de Paris. Il fut un temps détaché auprès de Raymond Sasia, ex-garde du corps du général de Gaulle et grand ponte de la GLNF. C'est par Sasia qu'il entre,

---

[1]. Article publié dans *Le Monde* daté du 27 avril 2011, sous le titre « Un livre à paraître sur l'homme d'affaires Alexandre Djouhri agite le pouvoir ».

semble-t-il, à la GLNF[1]. Il devient proche de l'ex-Grand Maître Claude Charbonniaud et de Georges Bongrand. Le premier lui aurait même donné un « tablier bleu », pour services rendus. Séveno était en effet Grand Expert Provincial à la fin des années 1990.

Les relations de Séveno avec Djouhri et ses liens connus avec la GLNF mettent mal à l'aise ses supérieurs à la Brigade financière, surtout quand son nom apparaît sur une liste prise lors d'une perquisition faite par ladite brigade dans l'affaire de la MNEF[2]... Hervé Séveno quitte finalement la police pour entrer à I2F (Intelligence économique et Formation financière), filiale indirecte de la Compagnie financière Edmond-de-Rothschild, présidée par Pierre Donnesberg, autre frère de la GLNF[3]. Séveno se spécialise d'abord dans la préparation des patrons à affronter les juges. Quand, fin 2003, Donnesberg se dégage du capital d'I2F, Séveno rachète ses parts avec un chèque de la

---

1. Djouhri et Séveno ne sont plus en odeur de sainteté chez le tireur d'élite.

2. Hervé Séveno est très chatouilleux sur cette période de sa vie. Il a envoyé une lettre au *Monde* publiée le 31 juillet 2011, à la suite d'un article d'Ariane Chemin, dans laquelle il écrit: « Mon départ de la police nationale est sans lien avec une quelconque appartenance à une obédience maçonnique ni avec un éventuel conflit d'intérêts ou manquement quelconque à l'éthique professionnelle. Insinuer le contraire porte gravement atteinte à mon honneur. »

3. Il a créé à la fin des années 1990 *L'Éveil*, une loge très élito-affairiste qui a la particularité de se réunir et de faire ses agapes *Chez Laurent*, le grand restaurant gastronomique de l'avenue Gabriel à Paris.

BNP de Genève. Pour tout le monde, I2F devient la société d'Alexandre Djouhri. En tout cas, les contrats tombent comme à Gravelotte : BNP-Genève, EDF, Veolia, Alstom, la Sofresa deviennent clients d'I2F. La société de Séveno travaillera aussi pour Mansour Ojjeh : le fils d'Akram Ojjeh, ami proche d'Alexandre Djouhri, souhaitait que soit menée une investigation profonde sur la personne et le patrimoine de Max Mosley, le tout-puissant patron de la Fédération internationale automobile jusqu'en 2009. Trouvant l'enquête nulle, Mansour Ojjeh refusera de payer la facture... La trace des activités spéciales d'I2F se retrouve dans les perquisitions menées dans le cadre de l'affaire Clearstream et chez Veolia.

Djouhri est incontestablement de plus en plus puissant. Il proclame *urbi et orbi* être très proche de Claude Chirac et du Président. La première dément, et le second n'en a aucun souvenir. En s'approchant du saint des saints, Djouhri s'intéresse de plus en plus à la politique : « Il s'y intéresse *vraiment* », m'assure quelqu'un qui le voyait beaucoup à la fin des années 1980. « Il parle de la politique arabe de la France depuis le général de Gaulle avec des trémolos dans la voix. Et il a élevé Jacques Chirac au statut d'icône. » Il s'est engagé dans sa défense quand, à la fin des années 1990, celui-ci était empêtré dans les « affaires ». En demandant notamment à Hervé Séveno de faire travailler I2F pour trouver des argumentaires. « Il mérite d'être défendu, disait-il. On s'en branle, des "affaires". Ceux qui l'attaquent sont des blaireaux. »

Djouhri s'insurge aussi contre les attaques dont fait l'objet Michel Roussin, l'ancien directeur de cabinet de Jacques Chirac à la mairie de Paris : « Ces enculés de poulets ont fait un toucher rectal à un soldat de la France », hurle-t-il. « Si on n'intègre pas son côté militant politique, on ne comprend rien à l'homme », dit le même témoin qui l'a côtoyé quelques années. Il faut l'avoir entendu, quasiment en transe, après le discours de son ami Dominique de Villepin, le 14 février 2003, devant le Conseil de sécurité de l'ONU, contre la guerre en Irak. Tout logiquement, il est anti-balladurien et tape sur la « France orléaniste ». Cet engagement très fort aux côtés de Chirac et de Villepin permet de mieux comprendre sa volonté, en 2003-2004, de « tuer » Nicolas Sarkozy, qui lui apparaît comme l'intrus, celui qui risque de renverser ses héros. Avant, quelque temps plus tard, de venir à résipiscence...

18

Alexandre « à Canossa »

Faute de renseignements fiables, la forme romanesque conviendrait mieux à ce chapitre, qui cherche à restituer la manière dont Alexandre Djouhri est passé du clan chiraquien au clan sarkozyste. Il sera donc très court.

Seule certitude, en effet : au printemps 2006, Alexandre Djouhri n'a pas eu d'autre issue que « d'aller à Canossa », pour reprendre la formule qui sera celle de Nicolas Sarkozy président, devant ses ministres, en janvier 2008. Dix-huit mois plus tôt, le ministre de l'Intérieur souhaitait rencontrer l'intermédiaire qui passait pour être un chiraquien pur sucre, proche du conseiller à l'Élysée Maurice Gourdault-Montagne.

« Dites-lui que ce n'est pas une invitation, mais une convocation », aurait lancé Sarkozy, si l'on en croit la version d'un membre de la « Firme[1] ».

---

1. Surnom donné aux cinq proches de Sarkozy qui n'étaient guère appréciés par son épouse Cécilia : Pierre Charon, Brice Hortefeux, Frédéric Lefebvre, Frank Louvrier et Laurent Solly.

Un proche de Djouhri affirme de son côté que l'intéressé aurait d'abord répondu : « Vous direz à monsieur Sarkozy que je ne suis pas disponible. »

À un deuxième appel, toujours selon la même source, il aurait fait la même réponse. C'est Gourdault-Montagne qui aurait calmé le jeu en disant à Djouhri : « Comment peux-tu refuser d'entrer en contact avec le futur président de la République ? »

Djouhri aurait répondu dédaigneusement, toujours selon un proche. C'est là une version des faits qui ne me semble guère crédible.

En janvier 2006, à l'approche de la présidentielle, les luttes entre intermédiaires sont exacerbées. Comme d'habitude, Alexandre Djouhri est face à Ziad Takieddine. Le premier travaille surtout avec Gourdault-Montagne, le second avec Brice Hortefeux, bras droit du ministre de l'Intérieur, comme le montre une photographie appartenant aux « documents de Takieddine » révélés par Mediapart, des deux hommes se baignant dans une piscine[1]. Des tentatives sont faites pour rapprocher les deux personnages, par le truchement notamment de Samir Traboulsi, un homme d'affaires libanais proche d'Akram Ojjeh et d'Adnan Kashoggi, les deux grands intermédiaires des années 1970 et 1980. Début avril, le Premier ministre Dominique de Villepin, après d'énormes manifestations de rue, retire le CPE. « Celui qui, il y a une semaine encore, pouvait se targuer du titre de chef d'une majorité résistante,

---

1. Mediapart, juillet 2011.

s'est mué [...] en simple porte-parole de sa propre capitulation, écrit Jean-Louis Gombeaud dans *Nice-Matin*. Lui, l'exégète de Napoléon, aurait dû savoir tout de même, que pour l'Empereur, "le bon terrain de bataille est celui qui n'a pas de précipice sur ses arrières". Dominique de Villepin s'est battu contre un mur avec un précipice dans le dos ! L'homme n'a pas les moyens de sa témérité : il s'est le plus battu et sort grand battu... » Et Michel Noblecourt, dans *Midi Libre*, est encore plus direct : « En quatre minutes d'allocution, M. de Villepin a prononcé de fait l'éloge funèbre de ses ambitions présidentielles. On voit mal comment il pourra rebondir face à un Sarkozy qui, quitte à brouiller son image d'homme de rupture, a emporté la mise. »

On n'a pas assez souligné que, depuis la Place Beauvau, Sarkozy a donné un coup de pouce aux manifestants ligués contre Villepin, en apportant son soutien discret mais total à Bruno Julliard, le patron de l'UNEF, en première ligne dans le combat contre le CPE[1].

Après l'échec de Villepin, contraint de retirer son projet de loi, Nicolas Sarkozy dispose désormais d'un boulevard devant lui, à condition de régler quelques

---

1. L'alliance objective du ministre de l'Intérieur et du leader des étudiants Bruno Julliard a été confirmée par celui-ci à la radio Le Mouv', le 10 décembre 2008: « Nos intérêts, à ce moment-là, étaient plutôt convergents. Lui, parce qu'il veut la tête de Villepin, et nous, parce qu'on veut la tête du CPE. »

problèmes d'intendance. Même Gourdault-Montagne ne voit pas d'autre issue que de faire la paix avec le ministre de l'Intérieur. Le rendez-vous est pris, mi-avril, au *Bristol*, l'hôtel de luxe situé à quelques mètres de la place Beauvau et de... l'Élysée.

Intelligence Online[1] est le seul média à avoir relaté ce rendez-vous important, organisé par Bernard Squarcini, préfet délégué à la sécurité à Marseille et homme de confiance de Nicolas Sarkozy pour les questions de renseignement, tout en étant depuis longtemps l'ami d'Alexandre Djouhri. Y assistent Claude Guéant, directeur de cabinet du ministre, Alexandre Djouhri et Nicolas Sarkozy. Il semble que Maurice Gourdault-Montagne ait été également présent. Depuis, on dit qu'Alexandre Djouhri aurait commandé du Petrus, mais que Nicolas Sarkozy n'aurait bu que du jus d'orange et ne serait arrivé qu'à la fin de la rencontre.

« Suite aux bouleversements politiques en cours, l'intermédiaire a-t-il voulu donner des gages à Nicolas Sarkozy ? Selon nos sources, a commenté *Intelligence Online*, le climat de la rencontre n'a pas été franchement détendu, malgré les efforts de Squarcini qui, en janvier[2], avait créé la surprise en produisant en justice un témoignage de moralité en faveur de Djouhri. »

Ce rendez-vous a pour objectif de jeter les bases d'une sorte de pacte de non-agression. A-t-il été évoqué de nouvelles clés de répartition dans le finance-

---

1. Du 12 mai 2006.
2. En réalité en décembre 2005.

ment occulte tiré des marchés en cours ? Faut-il établir un lien entre cette rencontre au *Bristol* et une découverte faite par les services suisses : ceux-ci se sont en effet beaucoup interrogés sur la destination de six millions d'euros qu'Alexandre Djouhri aurait retirés au printemps 2006 au guichet d'une filiale d'une banque irlandaise à Genève...

Après la rencontre au *Bristol*, un déjeuner chez *Taillevent* entre Claude Guéant, Henri Proglio, Maurice Gourdault-Montagne et Alexandre Djouhri aurait concrétisé cette volonté de travailler ensemble et de rétablir des relations correctes entre les « patrons » Chirac et Sarkozy.

Cette paix du *Bristol* laisse toutefois planer bien des mystères. Pourquoi, après cette ou ces rencontres, Djouhri est-il resté l'ami du « Poète », pourtant vaincu de l'histoire et honni de Nicolas Sarkozy après l'affaire Clearstream ? Pourquoi ce dernier a-t-il tendu la main à Alexandre Djouhri, dont il sait qu'il a été à la manœuvre dans ladite affaire Clearstream ? Sarkozy a-t-il voulu avoir accès à tous ses secrets chiraquiens ? Y compris ceux qui donnent accès à des sources de financement ?

Autant de questions ouvertes auxquelles aucune preuve matérielle ne me permet de répondre avec certitude.

19

Dans le secret des infirmières bulgares

Dès le début de mon enquête, on¹ me suggéra de m'intéresser de près au rôle d'Alexandre Djouhri dans la libération des infirmières bulgares retenues en Libye : c'est lui qui aurait eu l'idée de l'intervention, et ce serait aussi grâce au succès de l'entreprise que ses liens avec Claude Guéant se seraient notablement renforcés².

La piste était d'autant plus précieuse que je savais que, avant même de s'occuper des infirmières, *monsieur Alexandre* avait depuis longtemps développé un « tropisme libyen ». Bribe après bribe, je remplissai donc ma besace d'informations. À l'automne 2010, je constatai que mon « héros » s'y montrait très actif, aux côtés de Claude Guéant. Jamais je n'aurais imaginé

---

1. Un « on » incluant quelques proches de *monsieur Alexandre*.
2. Même si Ziad Takieddine s'attribue aussi cette libération et que Claude Guéant confirme qu'il a « incontestablement joué un rôle important », parce qu'il connaît bien des gens dans l'entourage du Guide, notamment Abdallah Senoussi, son beau-frère, comme il l'a dit aux auteurs du *Contrat,* livre déjà cité.

que ces déplacements en Tripolitaine et ces relations suivies déboucheraient, à court terme, sur une guerre, emmenée contre Kadhafi par Sarkozy – celui-là même qui venait d'œuvrer à sa réintégration dans la communauté internationale –, derrière la bannière du « milliardaire narcissique à la chemise déboutonnée[1] ». D'autant moins que le nouveau chef de guerre germanopratin ramenait en mars 2011 avec lui de Benghazi, pour représenter le nouveau pouvoir libyen, Mustafa Abdul Jalil qui, dans sa fonction de président de la Cour d'appel libyenne, avait confirmé à deux reprises la condamnation à la peine capitale des cinq infirmières bulgares et du médecin palestinien. Kadhafi l'avait d'ailleurs récompensé pour cette « belle » action en le nommant ministre de la Justice de Libye ! « Je n'oublierai jamais son regard cruel et cynique », a même déclaré à la presse Snejana Dimitrova, une des infirmières. Ma stupeur grandit en apprenant qu'une majorité des Français et du personnel politique approuvait cette guerre. Mais foin de mon incompréhension crasse du droit d'ingérence. Examinons plutôt les dessous de la politique libyenne de la France depuis l'accession de Nicolas Sarkozy à l'Élysée, avant qu'elle ne bascule dans le conflit.

Ces dessous – petite histoire oblige, puisqu'elle interfère avec la grande – recoupent les difficultés que connaît le couple Nicolas-Cécilia. Nous nous souve-

---

1. Formule du journaliste américain Matt Welch, dans un article de *Reason*, après l'éditorial de BHL pour soutenir DSK.

nons tous que le 6 mai 2007, jour du second tour de l'élection présidentielle, Cécilia s'abstint de voter et se fit attendre à la soirée du *Fouquet's* qu'elle avait pourtant elle-même organisée. Tous les téléspectateurs ont remarqué qu'à la fête de la victoire, place de la Concorde, elle n'était vraiment pas dans son assiette. Il était évident aux yeux de tous qu'elle était là par devoir, mais ne pensait qu'à partir. De retour de l'escapade post-électorale du couple, au large de Malte, à bord du yacht de Vincent Bolloré, elle confie à Anna Bitton[1] avoir voulu « essayer » de rester : « Ces derniers temps, j'ai beaucoup hésité. Je vais mieux, j'ai pris une décision. »

Le 17 mai, jour de l'investiture de son mari, Cécilia est certes présente dans la cour de l'Élysée avec ses filles, mais elle ne semble pas intéressée par la cérémonie, la caméra de télévision saisit un très léger recul quand son mari esquisse un discret geste d'amour, en lui touchant la joue... Un mois plus tard, elle accompagne son mari en Allemagne, où se tient le G8, mais se joue du protocole et file à l'anglaise, préférant au dîner officiel la fête d'anniversaire de sa fille...

Avant de faire entrer Cécilia Sarkozy sur la scène libyenne, où elle n'a manifestement rien à faire, il est nécessaire de planter le décor et d'introduire un personnage. Le 6 mai, alors qu'à Paris se déroulait le second tour de l'élection présidentielle qui allait porter Nicolas Sarkozy à la tête de l'État français, cela fait

---

1. Anna Bitton, *Cécilia*, Flammarion, 2008.

plus de sept années que cinq infirmières bulgares et un médecin palestinien sont incarcérés : ils ont subi plusieurs procès depuis 2002, ont été accusés d'avoir inoculé le virus du sida aux enfants de Benghazi, la deuxième ville de Libye, et condamnés à la peine de mort. Leur condamnation est l'épilogue d'un parcours judiciaire épouvantable qui a commencé dans la nuit du 9 février 1999 : des membres étrangers du personnel médical travaillant à l'hôpital de Benghazi sont interpellés. Six d'entre eux, venus de Bulgarie, sont détenus par les autorités libyennes. Pieds et poignets entravés, yeux et bouche bâillonnés, ils sont jetés sur le plancher d'un car qui les emmène illico à mille cinq cents kilomètres de là, à Tripoli. Selon les normes de la Jamahiriya, leur interpellation est parfaitement légale. Aussi légal que le statut de témoins qui leur est d'abord conféré, l'absence presque totale d'informations transmises au consulat de Bulgarie, puis les tortures qu'ils subissent pour leur arracher des aveux. N'en pouvant plus, au bout de quarante jours d'horreurs orchestrées par Selim Djuma Misheri, dit le Chien, avec la bénédiction d'Abdel Fattah Younis al-Obeidi, commandant des Forces spéciales libyennes, ils signent des procès-verbaux rédigés en arabe, sans pouvoir ni les lire ni les comprendre.

Le 15 mai 1999, leur dossier est enfin transmis au parquet général libyen. Les infirmières Kristiyana Valtcheva, Nassia Nenova, Valentina Siropoulo, Valya Tcherveniachka et Snejana Dimitrova, ainsi que le jeune médecin anesthésiste d'origine palestinienne

Ashraf al-Hadjudj, sont accusés d'avoir intentionnellement inoculé le virus HIV à quelque quatre cents enfants à l'hôpital El-Fath de Benghazi. Plusieurs d'entre eux sont déjà morts. Selon l'acte d'accusation, il s'agit d'un complot international, ourdi par le Mossad et la CIA. Cette version des faits est reprise et clamée avec force par le Guide lui-même dans ses allocutions officielles.

L'accusation de complot, qui vise notamment les États-Unis, s'inscrit dans la tactique de Kadhafi qui engage alors un bras de fer diplomatique avec Washington, Londres et Paris à propos du dossier des attentats du DC-10 d'UTA[1] et de Lockerbie[2]. Au début de l'année 1999 s'ouvre à Paris, devant une cour d'assises spéciale, le procès par contumace des six membres des services secrets libyens mis en cause par l'enquête française. Quant à l'attentat contre le vol 103 de la PanAm, un accord est en vue entre les Américains, les Écossais et les Libyens, pour qu'un procès se tienne en pays neutre, aux Pays-Bas, à une échéance proche. L'interpellation des Bulgares est intervenue le 9 février 1999, soit un mois avant que le verdict ne tombe à Paris, condamnant à perpétuité

---

1. Le 19 septembre 1989, le DC-10 de la compagnie aérienne française UTA est pulvérisé en vol, au-dessus du désert du Ténéré, par l'explosion d'une bombe placée en soute, faisant 170 morts. Début 1999, la justice française a condamné par contumace six Libyens à la prison à perpétuité.
2. Le Boeing 747 de la PanAm explose le 21 décembre 1988 au-dessus de Lockerbie (Écosse), faisant 243 morts.

Abdallah Senoussi, numéro deux des services de renseignement libyens, par ailleurs beau-frère du Guide, et deux mois avant que la Libye n'accepte que soit extradé et livré à la justice occidentale l'agent libyen Al-Megrahi, inculpé dans l'attentat de Lockerbie.

Le procès « Lockerbie », le 5 février 2000, précède de deux jours le premier procès des infirmières. Par les juges écossais de la cour spéciale siégeant à Utrecht, Megrahi est reconnu coupable en janvier 2001 du meurtre de 270 personnes pour avoir perpétré l'attentat contre le vol PanAm 103. Le 25 avril, Kadhafi formule publiquement ses accusations contre la CIA, qui aurait fabriqué le virus du sida et commandité les expérimentations dont quatre cents enfants libyens auraient été victimes, après avoir été volontairement contaminés par le personnel médical étranger contrôlé par la CIA et le Mossad. Il promet un procès aussi retentissant sur le plan mondial que celui de Lockerbie.

On pourrait développer longuement le jeu en miroir, avec l'affaire des infirmières bulgares, voulu par Tripoli pour contrer les condamnations de ses agents dans les deux attentats. Le 5 décembre 2004, Shalkam, ministre des Affaires étrangères libyen, ne propose-t-il pas l'échange des cinq infirmières bulgares contre Megrahi ? Proposition renouvelée l'année suivante. Des négociations secrètes commencent en 2005 avec les autorités françaises, par l'entremise de Ziad Takieddine, pour résoudre, cette fois, le cas d'Abdallah Senoussi condamné par contumace à perpétuité par la justice française pour l'attentat contre le DC-10 d'UTA : celui-ci fait l'objet d'un mandat d'arrêt international l'empêchant de voyager. Toutefois, les négociations s'interrompent avec les frappes françaises sur Tripoli[1]... Bref, Kadhafi a forgé de toutes pièces l'affaire des infirmières bulgares pour négocier en meilleure position l'indemnisation financière des victimes des attentats, les cas de Megrahi et Senoussi, et l'indemnisation des familles des enfants malades de Benghazi... L'épilogue « judiciaire » est proche depuis la fin de l'année 2006, qui voit la confirmation par la Cour suprême libyenne de la légitimité des condamnations des cinq infirmières et du médecin palestinien ; les tractations diplomatiques peuvent commencer, en vue d'un règlement financier négocié.

Le 30 mai 2007, l'émir du Qatar, Cheikh Hamad bin Khalifa al-Thani, entre en scène. Il est le premier chef d'État arabe à être reçu par Nicolas Sarkozy pour un entretien suivi d'un déjeuner de travail. Cette visite illustre, pour le Président français, « la qualité de la relation bilatérale et la densité du partenariat stratégique entre les deux pays ». Sarkozy insiste lourdement sur le rôle stratégique que le Qatar, par son influence positive et sa modération, peut jouer dans la stabilisation du monde arabe. En un mot comme en mille, la

---

1. « Les négociations secrètes de l'Élysée pour blanchir le bras droit de Kadhafi », in « Les documents de Takieddine », Mediapart, 22 juillet 2011.

France fait de l'émirat le nouveau pivot de sa politique arabe. Nicolas Sarkozy se réjouit de la signature, quatre jours plus tard à Doha, d'un contrat entre le Qatar et EADS relatif à la couverture radar du territoire qatari. Et ce même 30 mai, Qatar Airways et Airbus finalisent un protocole d'accord portant sur l'acquisition de 80 appareils A350 de nouvelle génération, pour un montant de plus de 17 milliards de dollars. Les dépêches publiées en ce jour idyllique ne font pas état des commissions sur ces contrats géants ni sur leurs destinataires finaux...

Regardons ensuite le jeu des protagonistes sur la scène accessible au grand public, avant de déambuler dans les coulisses, au milieu d'autres acteurs et souffleurs, dont les actes et les mots changent tout à fait le sens de ce qui se déroule devant la rampe. Le 10 juillet, il semble qu'un accord ait été trouvé entre la Fondation Kadhafi[1] et les familles des enfants contaminés. Les opinions publiques européennes, mobilisées depuis des mois et scandalisées par l'injustice qui leur est faite, espèrent qu'il va être mis fin au calvaire des infirmières bulgares. Or, le lendemain, 11 juillet, la Cour suprême de Libye rend la décision judiciaire définitive : elle confirme le jugement, la peine de mort. Tous les recours sont épuisés, désormais seul Kadhafi peut choisir de grâcier, ou non, les condamnés.

---

1. La Fondation internationale pour le développement, créée en 1997, est dirigée par le fils du Guide, Seïf al-Islam.

Le 12 juillet, Cécilia accompagne à Tripoli Claude Guéant et le jeune diplomate arabisant Boris Boillon[1]. Elle revient rayonnante et raconte son épopée à Anna Bitton : « Kadhafi, je l'ai pris au collet, je ne l'ai plus lâché... Si je peux sortir les filles, c'est quand même exceptionnel ! » Elle est en effet convaincue qu'elle a d'emblée exercé un pouvoir tel sur Kadhafi qu'elle pourrait tout obtenir de lui. Au bout de quarante minutes, le Guide a en effet demandé à lui parler en tête-à-tête. Elle a ensuite fait un aller et retour à Benghazi, où elle a rendu visite aux infirmières bulgares et au médecin palestinien emprisonnés, puis aux familles des enfants malades du sida. De retour de Benghazi, Cécilia demande à rencontrer à nouveau Kadhafi, qui accepte à condition de la voir seule, dans son bunker, sous la tente. Elle est d'abord accueillie par Mabrouka, la femme du Guide : « Vous ne pouvez pas savoir le bonheur que j'ai de vous rencontrer », lui dit celle-ci avant de la conduire dans une pièce où le Bédouin l'attend.

Long tête-à-tête entre le Guide et Cécilia :

« Je pense qu'il y a le pardon dans le Coran... J'ai une bonne nouvelle pour vous : les gens de Benghazi accordent le pardon. Moi, je vous offre une ouverture démocratique sur le monde... » lance Cécilia[2].

---

[1]. En 2011, Boris Boillon est ambassadeur de France en Tunisie.

[2]. Anna Bitton, *Cécilia*, op. cit.

La « First Lady » énumère au Guide ce qu'elle peut apporter en échange de la libération des infirmières : elle offre à l'hôpital de Benghazi des médecins chargés de former leurs homologues libyens, des équipements, des traitements contre le sida, l'obtention de visas rapides pour que des patients, dont les cas sont urgents, puissent venir se faire traiter en France.

« Je te demande de rencontrer ma fille Aïcha. Tu es une femme courageuse et formidable ; je voudrais qu'elle te ressemble », lui dit Mouammar Kadhafi[1].

Et le Guide de l'emmener dans une de ses fermes, dans la banlieue de Tripoli, afin de lui présenter sa fille, une grande blonde d'une trentaine d'années. Aïcha n'est pas du tout commode et elle est apparemment convaincue, pour sa part, de la culpabilité des infirmières bulgares. Elle lance à Cécilia d'un air de défi : « Il faut payer le sang par le sang. Elles sont coupables... »

Cécilia regagne son avion et, au bas de la coupée, retrouve Claude Guéant sans déplaisir.

La femme du Guide rapplique alors en courant et lui lâche : « Le Guide t'accorde tout ! »

De retour à Paris, Cécilia assiste au traditionnel défilé militaire sur les Champs-Élysées, le 14 juillet au matin. Dans la tribune officielle, place de la Concorde, elle est assise à côté des invités d'honneur, l'émir du Qatar et sa femme, la resplendissante

---

1. *Ibid.*

cheikha Mozah, dont la robe rouge et le port altier attirent les caméras comme un aimant.

Dans la journée du 17, la nouvelle tombe : la peine capitale des infirmières est commuée en peine de prison à perpétuité. Kadhafi appelle Cécilia sur son portable pour lui demander si elle est satisfaite. Elle songe alors à repartir sur-le-champ voir le Guide pour obtenir de lui la libération pure et simple des prisonniers, mais Claude Guéant y est opposé. Cécilia finit par obtenir l'accord de son époux pour un nouveau déplacement.

Accompagnée de Claude Guéant, mais aussi de Benita Ferrero-Waldner, commissaire européen chargé des relations extérieures, et Boris Boillon, l'arabisant-interprète, elle s'envole cinq jours plus tard ; l'équipe qu'elle dirige atterrit à Tripoli le 22 juillet à 11 heures du matin. On informe l'épouse du chef de l'État qu'elle verra le Guide à 20 h 30. Elle profite de la journée pour visiter Leptis Magna, le plus beau site de ruines romaines de la Méditerranée, à 120 kilomètres à l'est de Tripoli. À l'heure où elle aurait dû rencontrer Kadhafi, on l'informe qu'il dort et ne la rencontrera que le lendemain matin. Dans la matinée du lundi 23, Cécilia est toujours sans nouvelles du Guide. Lassée par cette longue attente, elle appelle Mabrouka : « Il t'attend depuis 20 h 30, lui déclare la femme du Guide, et on lui a répondu que tu ne pouvais pas sortir de réunion. Tu es notre *bona fortuna*. »

Dans la journée du lundi, nombre d'acteurs, dont le Premier ministre libyen, discutent de l'opportunité de libérer les infirmières. Dans la soirée, le téléphone de Cécilia sonne : Mustapha, un des hommes de confiance de Kadhafi, lui confirme le rendez-vous avec le Guide. Accompagnée de Claude Guéant, elle fonce vers le bunker. Mustapha et Mabrouka conduisent Cécilia à l'autre bout du bâtiment, laissant Guéant au salon.

« Le Guide ne va pas bien du tout. Nicolas Sarkozy lui a tapé sur la tête, et ses ministres [libyens] le harcèlent, certains dans un sens, d'autres dans le sens opposé », lui explique Mabrouka au fil des couloirs.

Cécilia se retrouve à nouveau seule avec Kadhafi.

« Ne passez pas vos nerfs sur moi ! lance la femme du Président français.

– Tu es la clé. Je te jure : tu pars avec elles... » lui assure Kadhafi.

Cécilia ne s'est pas beaucoup livrée sur ce qui s'est passé au cours de ce long tête-à-tête avec le Guide. Elle rentre à l'hôtel, puis avec Claude Guéant se dirige vers le tarmac où est stationné l'avion de la République française. « On est montés dans l'avion, on s'est mis à pleurer comme des mômes », raconte-t-elle à Anna Bitton.

Et l'attente commence. Elle a prévenu les Libyens que, avec ou sans les infirmières, l'avion décollerait à 2 h du matin. Une demi-heure avant l'expiration de son ultimatum, elle redescend de l'appareil pour se rendre dans le salon d'honneur de l'aéroport de Tripoli où se tiennent des dignitaires libyens, dont le Premier ministre en tête de la délégation venue la saluer avant son départ. Puis tout ce monde quitte l'aérogare, tandis que Cécilia retourne à bord de l'avion. Mais elle ne donne pas l'ordre de décoller... Nouvelle attente. Les lumières sont éteintes sur les pistes. À 5 h 30 du matin, les infirmières finissent par arriver. L'avion décolle en direction de Sofia. Les infirmières, l'équipage et les accompagnateurs applaudissent Cécilia.

Après que l'appareil a déposé les infirmières dans leur patrie, retour en France. Bonheur extrême du Président : « C'est extraordinaire, non ? Elle a été exceptionnelle ! Elle a été très courageuse. Très courageuse. » Cécilia soupire : « Le fait qu'il en fasse trop prouve bien qu'il veut verrouiller. » Elle n'est pas dupe. Elle a bien compris que toute cette histoire avait pour objectif de la récupérer, elle. Du baume répandu sur son amour-propre ne la fera pas revenir... « Je ne suis pas persuadée que ce soit ma place. De moins en moins persuadée[1]. »

Cécilia a vécu cette histoire comme un roman, ainsi qu'elle l'a confié à Anna Bitton. A-t-elle pour autant tout raconté de ce qu'elle savait ? Probablement pas, mais tout aussi probablement n'a-t-elle pas su non plus tout ce qui se tramait derrière la scène où elle évoluait, croyant tenir le premier rôle.

Le jour même de la libération des infirmières, Nicolas Sarkozy a révélé un élément-clé du dénouement

---

[1]. Les phrases entre guillemets sont empruntées au livre d'Anna Bitton, déjà cité.

heureux, qui n'avait rien à voir avec Cécilia : l'émirat du Qatar, « un État ami », a fait un « geste humanitaire ». Et le Président de remercier nommément le Premier ministre qatari, beau-frère de l'émir. Le numéro du *Canard enchaîné* qui paraît quelques semaines après la libération des infirmières affirme que l'intervention de Sarkozy auprès de l'émir du Qatar a permis de contourner un obstacle administratif, car Mouammar Kadhafi « voulait l'argent de l'Union européenne, soit 452 millions d'euros[1], tout de suite » : « Les procédures budgétaires de l'UE étant très lourdes, l'argent n'était toujours pas débloqué six mois après le premier accord de principe. Seuls 2,5 millions d'euros avaient été virés » à la Fondation Kadhafi, écrit l'hebdomadaire satirique. « Sarko a alors téléphoné dans la soirée à l'émir du Qatar et, dans la nuit, le gouverneur de la Banque centrale du Qatar s'est envolé par avion spécial pour Tripoli, avec en poche un chèque de 452 millions d'euros. L'UE s'est engagée à rembourser le Qatar dans les six mois. Et, au matin, Kadhafi était content », précise *Le Canard enchaîné*.

Toujours dans la semaine qui a suivi le retour de Cécilia de Tripoli, Seïf al-Islam Kadhafi, le fils du Guide et directeur de la Fondation Kadhafi, déclare au *Monde* que « les Français ont arrangé le coup. Les Français ont trouvé l'argent pour les familles. Mais je

---

1. *Le Canard Enchaîné* dans son édition du 29 août 2007.
Je crois que le chèque était exprimé en dollars et non en euros.

ne sais pas où ils l'ont trouvé [...]. Nous n'avons pas posé de questions. Nous ne voulons pas embarrasser nos amis ».

Le fils Kadhafi tient des propos encore plus troublants. Il affirme qu'un accord d'extradition est en passe d'être signé avec le Royaume-Uni pour que l'ancien agent libyen qui purge en Écosse sa peine de prison à vie, pour son rôle dans l'attentat de Lockerbie, Abdelbaset Ali Mohmed al-Megrahi, puisse regagner la Libye[1]. Autre déclaration plus problématique pour le Président français : « Nous allons acheter à la France des missiles antichars Milan, à hauteur de 100 millions d'euros, je pense. Ensuite, il y a un projet de manufacture d'armes, pour l'entretien et la production d'équipements militaires », dit Seïf al-Islam. « Des représentants de Thales et de Sagem sont en Libye en ce moment même », ajoute-t-il, insistant sur le fait qu'il s'agit du « premier accord de fourniture d'armes d'un pays occidental » depuis la levée, en 2004, de l'embargo qui a frappé son pays pendant plus d'une décennie[2].

---

1. Il pourra regagner Tripoli le 20 août 2009.
2. Après les deux attentats (Lockerbie en 1988 et DC-10 d'UTA en 1989), et comme la Lybie refuse de coopérer avec les justices occidentales, l'ONU classe le pays dans la liste des États terroristes et vote en avril 1992, par une première résolution, l'embargo militaire et aérien. En 2004, les États-Unis mettent fin à leur embargo commercial, et l'Union européenne à son embargo militaire.

Les déclarations du fils du Guide ternissent le conte de fées que l'Élysée a tenté d'imposer à l'opinion. Il n'y a plus grand monde pour croire que les infirmières ont été libérées sans contrepartie, et que le charme de Cécilia a été la seule clé ouvrant les portes des geôles de Benghazi. Les députés socialistes obtiennent la création d'une commission d'enquête parlementaire qui doit dissiper les nombreuses zones d'ombre de cet épisode.

Le 12 décembre 2007, devant la commission, Claude Guéant soutient que la libération des infirmières est à mettre au crédit de Cécilia, qui a obtenu le 23 juillet, dans un entretien « en tête-à-tête » avec le colonel Kadhafi, un premier « accord de principe, résigné, du bout des lèvres », pour cette libération. Questionné sur la visite du colonel Kadhafi à Paris – qui a planté sa tente pour six jours à l'hôtel Marigny –, Claude Guéant affirme qu'il lui semble que « venir en Europe est pour le numéro un libyen un objectif politique ». Le secrétaire général de l'Élysée réaffirme qu'il n'y a « pas eu de contreparties » à la libération des soignants bulgares. « La France n'a pas conclu le moindre contrat pendant les négociations » et « n'a pas échangé » la libération des infirmières et du médecin bulgares « contre des perspectives de coopérations » ultérieures, a-t-il ajouté dans son exposé liminaire. « Le seul terrain sur lequel nous avons accepté de répondre à la Libye, c'est sur le terrain humanitaire », précise-t-il, faisant allusion à la dotation de l'hôpital de Benghazi proposée par Cécilia.

La commission demande toutefois des précisions à Claude Guéant et à ses collaborateurs. Celui-là reconnaît qu'au plus fort des négociations le Président français a appelé le Premier ministre qatari, qui a lui-même téléphoné au colonel Kadhafi. Jean-David Levitte, conseiller diplomatique de Nicolas Sarkozy, confirme du reste le « rôle décisif » du Qatar. Le diplomate Boris Boillon précise quant à lui que ce pays a fait office de « joker » de dernière minute. Mais c'est Bernard Kouchner, ministre des Affaires étrangères, qui fournit la réponse la plus ambiguë aux députés. Interrogé sur l'« hypothèse d'une transaction financière », il répond : « Mon sentiment est que nous ne sommes pas à l'abri de l'évocation de certaines transactions financières [sourire]. Mais je n'en sais rien ! »

Cécilia n'aurait-elle été qu'une marionnette dans toute cette belle histoire ?

Je n'ai évidemment pas la prétention de laisser croire que je sais tout ce qui s'est passé. À aucun moment je n'ai été accroupi sous la table des négociateurs. Je peux néanmoins affirmer que la version officielle de la libération des infirmières bulgares, telle qu'elle résulte des communiqués, des déclarations des uns et des autres, voire de la mission d'information parlementaire et des révélations du *Canard Enchaîné*, laisse non seulement subsister beaucoup de zones d'ombre, mais ne correspond pas à la réalité, notamment pour ce qui est des aspects financiers et des contreparties exigées par Kadhafi.

Le principal acteur de la très longue négociation qui a abouti à la libération des infirmières a été en réalité Marc Pierini, chef de la délégation de la Commission européenne en Libye, qui a œuvré sous la houlette de Benita Ferrero-Waldner, commissaire européen en charge des relations extérieures. Le témoignage de Marc Pierini[1] met à mal l'histoire française. Le chèque du Qatar est censé avoir permis de contourner « les lourdeurs administratives de l'Union européenne ». Or, Pierini tord le cou à cette affirmation. L'Union européenne ne s'est jamais engagée à verser une telle somme aux victimes. Lui-même a créé le Fonds international de Benghazi, destiné à indemniser les victimes, et qui devait être alimenté par des dons ; il en était le président. Les familles des enfants contaminés avaient accepté que soit appliquée la *Diyya*, le « prix du sang », disposition de la Charia par laquelle l'auteur du crime n'est pas puni de mort et expie en versant une compensation financière aux parents de la victime. Cette transaction revêt officiellement la forme d'un arrangement financier entre, d'un côté, les familles des enfants contaminés et, de l'autre, l'Union européenne, la Bulgarie, des pays arabes et européens, ainsi que des organisations humanitaires internationales...

Le 11 juillet 2007, aidé de Vincent Fean, ambassadeur britannique en Libye, Marc Pierini obtient du gouvernement libyen l'assurance que la peine de mort

---

1. Marc Pierini, *Le Prix de la liberté*, Actes Sud, 2008.

des infirmières bulgares va être commuée en peine de prison à vie. Il ouvre alors un compte en dollars et en euros pour le Fonds international de Benghazi à la Libyan Arab Foreign Bank. Le 12 juillet, c'est-à-dire le jour où Cécilia Sarkozy se rend pour la première fois à Tripoli avec Claude Guéant, la Libye décide de faire transiter sa quote-part d'aide aux victimes par le compte du Fonds international de Benghazi.

Le 15 juillet 2007, le Fonds libyen de développement économique et social, dirigé par Seïf al-Islam, avance finalement 461 millions de dollars, soit 599,3 millions de dinars libyens, au Fonds international de Benghazi dirigé par Pierini : il s'agit de l'intégralité des sommes dues aux familles des enfants contaminés. Le soir, Marc Pierini signe à la Libyan Arab Foreign Bank un ordre de paiement irrévocable aux familles des victimes : il voit des Libyens remplir des mallettes de dinars libyens, avant de s'envoler dans la nuit vers Benghazi. La distribution des indemnités aux familles des victimes prendra ensuite une trentaine d'heures. Il n'y a donc plus d'obstacle financier à la libération des infirmières puisque l'intégralité des sommes dues aux victimes a été versée.

Le règlement effectué, la libération devrait intervenir, mais « le voyage de Cécilia Sarkozy a fait monter les enchères », raconte Marc Pierini : Kadhafi veut tirer un bonus politique auprès de l'Union européenne. Il cherche désormais à exploiter la venue de la femme du Président français. « Bruxelles » n'apprécie pas du tout la démarche française, intervenant dans la phase finale du processus. Le 13 juillet, Benita Ferrero-Waldner a un premier échange téléphonique avec l'Élysée et rencontre Nicolas Sarkozy le 19, pour harmoniser les positions de l'Europe et de Paris.

Le 22 juillet à 14 heures, Marc Pierini est sur le tarmac pour accueillir à leur descente de l'Airbus 319 de la République française Benita, sa « patronne », accompagnée de Cécilia, après que Mabrouka, la femme du Guide, les a saluées. Il voit Claude Guéant et ses collaborateurs. La petite troupe se dirige vers l'hôtel Corinthia et, après une heure d'attente, s'engouffre dans des voitures pour faire du tourisme, puis retour à l'hôtel Corinthia, à Tripoli.

Marc Pierini reprend les discussions avec des Libyens qui remettent en cause les termes de l'accord précédemment acceptés. Ceux-ci veulent maintenant que le monde entier sache que la totalité des 461 millions de dollars sera remboursée par la communauté internationale, et non par eux. Que s'est-il passé ?

La présence de Cécilia a changé la donne : Kadhafi ne veut plus seulement un bonus politique de l'Union européenne, mais aussi de la France. La France, *via* Cécilia, s'est mise en position de faiblesse en voulant s'attribuer à elle seule le bénéfice politique de la libération des infirmières, mais aussi en voulant négocier des contrats, concernant notamment la fourniture d'armements et d'une centrale nucléaire... L'intrusion de Cécilia perturbe la négociation finale et risque de tout faire rater. Exploitant cette faiblesse, Kadhafi prend une position maximaliste : il impose que le prix de l'indemnisation d'un enfant de Benghazi soit le même que celui d'une victime de l'attentat du DC-10 d'UTA. Condamnée à un million de dollars par victime de l'attentat, la Libye, par la voix de son Guide, veut que la communauté internationale paie également un million de dollars par victime du sida – ce qui n'était pas prévu dans les accords acceptés par les Libyens avant l'arrivée de Cécilia. Pour éviter le blocage, on fait appel à un tiers, d'où l'irruption *in extremis* de l'émir du Qatar et de son chèque dans ce chantage.

Marc Pierini est très amer : « C'est à ce moment qu'intervient la mystérieuse médiation du Qatar, dont l'émir, semble-t-il, appelle le colonel Kadhafi. De quel type d'intervention s'agit-il ? Difficile à dire tant le mystère est soigneusement préservé. » Et le chef de la délégation de la Commission européenne en Libye conclut : « Mais peut-être le vrai prix fut-il celui payé par la France en entretenant ouvertement le désir de symétrie du pouvoir libyen. Le poing levé du colonel Kadhafi au pied des marches de l'Élysée [lors de sa venue officielle à Paris, en décembre 2007] est à cet égard lourd de signification. » La destination et l'utilisation du chèque du Qatar n'ont pas été données.

Dans *Armes de corruption massive*[1], Jean Guisnel avance également des éléments nouveaux sur les tractations qui ont eu lieu dans les coulisses. Dès le

---

1. *Armes de corruption massive. Secrets et combines des marchands de canons,* Éditions La Découverte, 2011.

lendemain de la libération des infirmières, Nicolas Sarkozy annonce avoir signé deux protocoles d'accord avec la Libye : l'un « dans le domaine militaire », l'autre concernant la fourniture d'un réacteur nucléaire civil destiné à dessaler l'eau de mer – alors que ce dernier avait déjà fait l'objet d'accords entre le Commissariat à l'Énergie atomique (CEA) français et le Bureau libyen de recherche et de développement en 2005 et 2006. « Et depuis la fin 2007, explique à Jean Guisnel, en septembre 2010, une source française très liée aux ventes d'armes, les Français espèrent signer de gros contrats d'armement en Libye. Les espoirs portent d'abord sur le Rafale de Dassault, dont le dossier a été finalement confié par l'Élysée à l'intermédiaire Alexandre Djouhri. » Ainsi, à en croire cette source, la libération des infirmières bulgares aurait fait de Djouhri, plus que jamais, en Libye, *the right man at the right place.*

Déjà, en 2004, après la levée de l'embargo de l'ONU pesant sur la Libye, et après le règlement des indemnités des victimes des attentats du DC-10 d'UTA et du Boeing 747 de la PanAm, le conseiller diplomatique de Jacques Chirac, Maurice Gourdault-Montagne, avait imposé son ami Djouhri comme intermédiaire dans la vente de douze Airbus et de missiles Milan par EADS : une exigence élyséenne exprimée auprès de Jean-Paul Gut, alors président d'Aérospatiale-Matra Lagardère International, c'est-à-dire le patron des exportations du groupe, lequel l'a ensuite imposée à Marwan Lahoud, alors président de

MBDA Missiles Systems[1], qui succédera bientôt à Jean-Paul Gut. Précisons que Djouhri, qui se prévalait de son amitié avec Béchir Salah, le directeur de cabinet de Kadhafi, n'avait joué qu'un rôle minime, voire inexistant dans les ultimes négociations avant la signature de ces contrats. Des témoins se rappellent encore la finalisation du *deal,* au Salon aéronautique de Farnborough, lors d'un déjeuner dans le stand de l'homme d'affaires saoudien Mansour Ojjeh. Surviennent *monsieur Alexandre,* arborant au revers de sa veste un badge sur lequel on peut lire « Iskandar », et Béchir Salah. Stupeur de ceux qui ont *vraiment* négocié avec les Libyens :

« Que fait ici Alex ? demande l'un d'eux à Jean-Paul Gut.

– Vois ça avec ton patron [Lahoud]. »

Après le déjeuner, les *vrais* négociateurs voient Alexandre Djouhri et Béchir Salah monter dans un avion privé dont l'inscription « Vivendi Universal » n'a pas été effacée...

EADS se fera tirer l'oreille pour verser les commissions à Alexandre, dont une partie est censée revenir à Béchir Salah, lequel, en plus de son poste de conseiller de Kadhafi, occupe la présidence du fonds

---

1. MBDA est une entreprise, dont le siège social est en France, née en 2001 de la fusion de trois filiales, spécialisées dans la production de missiles, d'entreprises aéronautiques européennes (Matra Bae Dynamics, Aerospatiale Matra Missiles et Alenia Marconi Systems).

souverain Libyan Africa Portfolio (LAP). EADS refuse de verser ces sommes pour la bonne raison qu'aucun contrat prévoyant ces versements n'a été signé ; il n'existe donc aucune base juridique pour débourser les commissions réclamées. Malgré les injonctions musclées de Djouhri, qui réclame 12,8 millions d'euros pour les douze Airbus vendus à Afriqiyah Airlines, une filiale du fonds LAP dirigée par Béchir Salah, Marwan Lahoud refuse de payer, tout comme son supérieur, Louis Gallois, devenu président d'EADS. Claude Guéant entre alors dans le jeu et envoie des textos à Marwan Lahoud pour que soient réglées les sommes dues à Djouhri et Salah, deux personnages-clés dans sa politique libyenne. Il semble bien que, en dépit de la désapprobation de la direction d'EADS, les sommes ont été quand même versées...

« Djouhri a géré la Libye avec Guéant », me confie Hervé Morin, ministre de la Défense jusqu'en novembre 2010, redevenu depuis peu simple député. Djouhri a été l'intermédiaire soutenu par l'Élysée, notamment pour vendre le Rafale au Guide[1]. » En juillet 2010, le ministre de la Défense s'est opposé frontalement au secrétaire général de l'Élysée sur le dossier Rafale : Djouhri et Guéant voulaient que soit lancée la fabrication d'un nouveau réacteur de neuf tonnes, pour faire plaisir à Kadhafi, qui savait que l'Élysée avait accepté d'en financer la mise au point

---

1. Ce que dément Charles Edelstenne, président de Dassault Aviation, interrogé par moi le 10 juin 2011.

pour complaire à l'émirat d'Abou Dhabi qui voulait, lui-aussi, un Rafale équipé d'un nouveau réacteur. Guéant désirait que Hervé Morin valide, dans le cadre d'un comité ministériel d'investissement, cette subvention pour les quatorze Rafale que, selon Guéant, les Libyens étaient prêts à acheter. « J'ai refusé cette subvention... » m'explique fièrement le patron du Nouveau Centre. « Seïf al-Islam est d'accord, me répétait Claude Guéant, pour me faire céder. »

La proximité de Guéant-Djouhri avec le régime de Mouammar Kadhafi n'étonne pas seulement les acteurs des marchés d'armement. L'ex-patronne d'Areva, Anne Lauvergeon, se souvient de l'enthousiasme de Guéant lors de l'un de ses retours de Tripoli : il voulait impliquer la France dans la dotation de la Libye en énergie nucléaire ! « C'est un sujet beaucoup trop compliqué pour moi », lui rétorque-t-elle, pour botter en touche.

Depuis 2007, les relations entre Alexandre Djouhri et Béchir Salah, les deux pivots de la politique libyenne pilotée par Claude Guéant[1], sont devenues de plus en plus étroites, mais il est bien difficile de percer à jour leur business commun. À la tête du LAP, Béchir Salah manie de très grosses sommes : il est le père Noël investisseur en Afrique ; avec les cinq milliards

---

1. Même si, on l'a vu, Ziad Takieddine, l'autre grand intermédiaire, a joué également un rôle important, notamment en essayant de faire lever le mandat d'arrêt international contre Abdallah Senoussi, le beau-frère de Kadhafi.

de dollars de dotation et les trois milliards d'actifs dans des grosses sociétés (Afriqiyah Airlines, Oil Libya Holding, un réseau de stations-service dans seize pays africains, des participations importantes dans des sociétés de téléphone mobile...), il dispose d'une incroyable puissance de feu qui ne peut que fasciner Djouhri. À compter du début de l'année 2010, plusieurs responsables libyens soupçonnent Béchir Salah de graves manquements dans l'utilisation qu'il a faite des fonds du LAP. Les services secrets libyens font feu de tout bois pour tenter de mettre au jour toutes ses activités. Ils savent déjà que le LAP a racheté à Atlas, une société suisse appartenant à Djouhri, une propriété située à Mougins, pour une dizaine de millions d'euros, mais complètement grevée par le fisc parce qu'Atlas n'avait jamais acquitté les impôts afférents... En 2011, il faut bien constater que le duo Salah-Djouhri fonctionne encore, en dépit de la situation de guerre en Libye : il a été utilisé, début juin, par le ministre de l'Intérieur Claude Guéant, pour organiser des rencontres secrètes entre les équipes de Kadhafi et le Conseil national de transition[1]. Le duo s'est tranformé en un trio avec l'entrée en lice de Dominique de Villepin, au côté de Djouhri, dans les négociations secrètes qui se déroulent à Djerba : le 13 août, des touristes français ont ainsi pu apercevoir sur l'aéroport de Djerba Alexandre et le « Poète » descendre d'un avion immatriculé au Luxembourg.

---

1. In *Intelligence Online*, n°644.

Auprès de la presse, l'ancien Premier ministre a reconnu avoir participé à de telles rencontres pendant le week-end de l'Assomption[1].

À la fin de l'année 2010, les industriels français espéraient encore vendre à la Lybie, outre plusieurs hélicoptères Eurocopter, pour plus de 500 millions d'euros, un système de radars de défense aérienne de Thales, pour 1 milliard d'euros, un système de surveillance des frontières, mais aussi la mise à niveau des vieilles vedettes *Combattante* des chantiers CMN (Constructions mécaniques de Normandie), ainsi que celle des chars T-72, et encore un système de défense côtière, des bateaux du chantier OCEA pour les forces spéciales, etc.[2] C'était avant le soulèvement de Benghazi, la répression des insurgés de Cyrénaïque par les troupes de Kadhafi et le vote de la résolution 1973 à l'ONU.

Depuis le début de cette enquête, je l'ai dit, l'entourage d'Alexandre Djouhri attire mon attention sur le rôle important que ce dernier aurait joué dans la libération des infirmières bulgares. Il aurait songé à monter ce « coup », constatant le désarroi du nouveau Président qui avait toujours Cécilia « dans la peau », m'est-il raconté. S'il valorisait Cécilia par une opération qui la ferait briller aux yeux du monde entier, peut-être le Président réussirait-il à la retenir, son

---

1. *Le Parisien*, 18 août 2011.
2. Jean Guisnel, *Armes de corruption massive. Secrets et combines des marchands de canons*, op. cit.

épouse trouvant en définitve que le rôle de First Lady, qu'elle rejetait, pouvait être plus passionnant que la collecte des pièces jaunes... Et si un tel « coup » la ramenait dans ses bras et lui faisait oublier Richard Attias ? Telle est la version colportée dans l'entourage de Djouhri et qui n'est pas rejetée par certains membres de la « Firme » que j'ai rencontrés... Parmi les proches de Djouhri, on ajoute même que c'est à l'occasion de cet épisode que les dernières réticences du secrétaire général de l'Élysée à son endroit se seraient dissipées et qu'une relation de grande confiance se serait nouée entre les deux hommes...

Selon ce scénario, Djouhri aurait d'abord convaincu Claude Guéant, qui vient de prendre le poste de nouveau secrétaire général de l'Élysée. Il trouve le numéro deux de fait du régime sarkozyste très sceptique sur la faisabilité d'une telle opération. Avec l'homme d'affaires tunisien Salahedine Jenifen et ses contacts libyens, dont Béchir Salah, directeur de cabinet du « Guide », Alexandre Djouhri pense être en mesure de la mener à bien. Le 10 mai, une première réunion entre Guéant, Djouhri, Salah et Boris Boillon a lieu pour explorer le sujet. Nicolas Sarkozy n'a pas encore pris ses fonctions. Bernard Squarcini, qui va être nommé le mois suivant patron de la DST – il deviendra, début juillet 2008, le patron des Renseignements intérieurs (DCRI) –, se rend à Tripoli et valide les affirmations d'Alexandre. Jusqu'à la libération des infirmières, ce dernier va suivre minute par minute le déroulement de l'opération, assurent ses proches.

Les informations que j'ai collectées sur le rôle de Djouhri pendant les négociations et dans les semaines qui les ont suivies ne permettent pas de faire concorder l'histoire officielle et le récit d'une supervision par Djouhri. Avant d'évoquer ces informations, il est important de rappeler l'amertume de Marc Pierini : « C'est à ce moment qu'intervient la mystérieuse médiation du Qatar, dont l'émir, semble-t-il, appelle le colonel Kadhafi. De quel type d'intervention s'agit-il ? Difficile à dire tant le mystère est soigneusement préservé. » Souvenons-nous également du clin d'œil de Bernard Kouchner, alors ministre des Affaires étrangères, devant les députés évoquant l'« hypothèse d'une transaction financière » : « Mon sentiment est que nous ne sommes pas à l'abri de l'évocation de certaines transactions financières [sourire]. Mais je n'en sais rien ! »

C'est un grand diplomate en position d'en connaître qui m'a fait passer ce qui, pour lui, était une information : une partie de l'argent versée par l'émir de Qatar ne serait pas restée en Libye et aurait généré une rétrocommission. Il a même donné quelques chiffres. Encore fallait-il vérifier cette confidence acheminée par des voies détournées. Si plusieurs interlocuteurs dignes de foi m'ont affirmé avec force que l'argent de l'émir du Qatar n'était pas resté dans son intégralité en Libye, je n'ai pas réussi à obtenir la preuve de cette dérivation.

Le 10 avril 2011, une délégation de l'Union africaine, composée de trois chefs d'État et d'un ministre – Denis Sassou Nguesso, président du Congo-Brazzaville, Jacob

Zuma, président d'Afrique du Sud, Amadou Toumani Touré (ATT), président du Mali, et Henry Oyem Okello, ministre des Affaires étrangères d'Ouganda – rencontre Kadhafi à Tripoli et réclame une cessation immédiate des hostilités entre les troupes loyalistes et celles des insurgés, l'acheminement de l'aide humanitaire et l'ouverture d'un dialogue. Lors d'un tête-à-tête avec l'un des membres de la délégation, le Guide se confie : « Je ne comprends pas pourquoi Nicolas Sarkozy s'est acharné contre moi, jusqu'à monter les Nations unies contre moi. De tous les chefs d'État français que j'ai connus, c'est celui que j'ai le plus aidé... » Un conseiller de la délégation décrypte dans les propos du Libyen la suggestion que l'argent du Qatar n'aurait pas servi qu'à indemniser les familles des victimes de Benghazi.

Les conditions de la libération des infirmières bulgares, la nature des relations entre Tripoli et Paris, jusqu'à la guerre de Lybie en 2011, les rumeurs courant sur les circulations d'argent entre les deux rives méditerranéennes et son utilisation confèrent un relief particulier aux affirmations provenant de Libye sur l'aide qu'aurait apportée à Nicolas Sarkozy le régime du Guide. Le 10 mars 2011, après la reconnaissance par Paris du Conseil national de Transition comme représentant du peuple libyen, l'agence officielle libyenne affirme que la révélation d'un « grave secret » lié au financement de sa campagne électorale va entraîner la chute de Nicolas Sarkozy. C'est Seïf al-Islam qui se charge d'attaquer plus explicitement le

Président français dans une interview diffusée le mercredi 16 mars 2011 par Euronews :

« Il faut que Sarkozy rende l'argent qu'il a accepté de la Libye pour financer sa campagne électorale. C'est nous qui avons financé sa campagne, et nous en avons la preuve. Nous sommes prêts à tout révéler. La première chose que l'on demande à ce clown, c'est de rendre l'argent au peuple libyen. Nous lui avons accordé une aide afin qu'il œuvre pour le peuple libyen, mais il nous a déçus. »

Réponse de Nicolas Sarkozy : « Les infirmières bulgares, battues et violées tous les jours, il fallait les sortir de là ; le prix à payer, c'était l'invitation à Paris [du Guide] », déclare Nicolas Sarkozy, le 18 mars 2011, le lendemain du vote du Conseil de sécurité pour l'intervention en Libye, à quelques écrivains, dont Amin Maalouf. Puis il ironise sur l'argent que le fils Kadhafi prétend lui avoir donné pour la campagne de 2007 : « "Vingt millions ! Ma campagne a coûté 20 millions ; l'argent de Kadhafi, je l'ai mis dans la poche." Il fait le geste. On rit[1] », rapporte dans *Le Monde* Tahar Ben Jelloun.

Beaucoup avaient ri jaune quand, en décembre 2007, ils avaient vu le Guide sous sa tente installée avenue Marigny, à quelques mètres du Palais de l'Élysée, et avaient assisté aux palinodies et salamalèques du Président français devant celui qu'il veut aujourd'hui

---

1. Tahar Ben Jelloun, « Un président heureux », *Le Monde*, 17-18 avril 2011.

écraser. Les mystères planant sur les relations entre Paris et Tripoli depuis mai 2007 sont décidément encore loin d'être dissipés...

Post-scriptum

En enquêtant sur le rôle d'Alexandre Djouhri dans la libération des infirmières bulgares, il m'a été confié avec insistance que ledit prince de l'ombre aurait joué un rôle déterminant pour que le divorce de Nicolas et de Cécilia Sarkozy se passe en douceur, sans éclats médiatiques. Un ancien commissaire, qui a été intime d'Alexandre Djouhri pendant une quinzaine d'années, m'a raconté que ce dernier s'était vanté auprès de lui, fin 2007, d'avoir aidé « Nicolas » quand Cécilia était en train de le quitter. Il lui aurait raconté que le Président lui avait fait part de ses appréhensions, à cause des secrets qu'elle emportait avec elle.

« Et si elle décidait d'écrire un livre ? » aurait dit le Président.

Djouhri aurait mimé la scène en posant une main rassurante sur le bras de son interlocuteur : « Nicolas, ne t'inquiète pas, j'en fais mon affaire. » Et d'affirmer à l'ancien grand flic qu'il s'était occupé de l'indemnité de départ de Cécilia pour une séparation en bonne intelligence. Et Alexandre Djouhri aurait conclu : « Cette affaire m'a coûté cher... deux millions de dollars ! » Ce témoin m'affirme qu'il n'a pas été le seul à obtenir les confidences de son ancien ami.

J'ai pris ce témoignage d'autant plus au sérieux qu'un des membres de la « Firme » m'a soutenu que Djouhri se serait bien occupé des conditions matérielles du divorce présidentiel. Cécilia, me précise-t-il, aurait menacé Nicolas Sarkozy, disant en substance : « Tu arrêtes tes opérations avec tes sbires, sinon je vais tout dire ! » Phrase qui laisse entendre que des actions désagréables auraient été accomplies à la demande du Président, qui n'acceptait toujours pas son départ. Ce membre de la « Firme » va jusqu'à donner quelques détails sur l'intervention d'Alexandre Djouhri dans le divorce de Cécilia : ce dernier veillerait au versement régulier d'une pension à Cécilia[1].

Cécilia elle-même a confirmé partiellement cette version à Anna Bitton en déclarant que Nicolas lui proposait une « pension alimentaire étonnamment maigrichonne », qui ne lui permettait même pas de payer son loyer. « Elle l'a appelé en hurlant. A menacé de parler aux médias. Cécilia n'ignore pas que la presse, précisément, c'est le seul levier de pression[2] », écrit la journaliste Anna Bitton à qui Cécilia se confiait.

J'ai recueilli d'autres détails, notamment auprès de l'ancien commissaire, sur la façon dont Alexandre Djouhri aurait réglé les modalités financières du divorce. Cécilia aurait, selon lui, retrouvé Alexandre

---

1. Aucune information n'a filtré dans la presse concernant le règlement financier du divorce de Cécilia et Nicolas Sarkozy.
2. In *Cécilia,* déjà cité.

Djouhri à *La Réserve*, à Genève, les 20 et 21 septembre 2007. Cette escapade genevoise alimenta d'ailleurs les plus folles rumeurs à un moment où maintes questions se posaient sur son rôle dans la libération des infirmières bulgares, sur ses absences lors des sommets et rencontres officielles, et où l'on parlait de plus en plus ouvertement de son éventuel divorce.

Les proches de Nicolas Sarkozy apprennent le vendredi 12 octobre au matin que le divorce « par consentement mutuel » sera prononcé le lundi 15. Instruction est donnée de respecter un silence absolu dans les rangs de la majorité. L'annonce du divorce est fixée au jeudi 18, jour de grève contre les régimes spéciaux de retraite, afin de minimiser l'impact de la nouvelle.

Les conditions matérielles du divorce du couple Sarkozy ont fait de nombreuses gorges chaudes dans plusieurs palais du Proche-Orient et d'Afrique ; y circulent des versions où s'entremêlent argent du Qatar et indemnités de départ de Cécilia...

20

Les coulisses de l'Angolagate

C'est le sparadrap dans *L'Affaire Tournesol*, dont le capitaine Haddock n'arrive pas à se débarrasser. Même Nicolas Sarkozy en a entendu parler à plusieurs reprises par quelques-uns de ses proches, comme Patrick Ouart, Brice Hortefeux, Pierre Charon. Des chefs d'État africains, comme Denis Sassou Nguesso, n'en font pas mystère. Mais le Président ne peut pas croire que Claude Guéant, son principal collaborateur, ait couvert une aussi grave affaire. « Amène-moi les preuves », a-t-il dit notamment à Brice Hortefeux, à l'époque ministre de l'Intérieur.

L'histoire est si énorme qu'elle en est difficilement crédible. Alexandre Djouhri aurait convaincu le Président angolais Dos Santos qu'avec beaucoup d'argent il était en mesure d'empêcher que Pierre Falcone – l'homme qui l'avait aidé, à un moment décisif, à gagner son combat contre Jonas Savimbi, le chef de l'Unita – ne retourne en prison, dans le cadre de l'affaire dite l'Angolagate. Dos Santos aurait fait confiance à Alexandre Djouhri, le croyant missionné et parrainé par Claude Guéant, le secrétaire général de l'Élysée : pour le Président angolais, qui dit Claude Guéant, dit Nicolas Sarkozy.

Dans les premiers mois de 2009, Alexandre Djouhri aurait reçu une cinquantaine de millions de dollars (ou d'euros, selon les versions) pour « acheter » un jugement de relaxe. Toujours selon les rumeurs circulant tant à Paris qu'en Afrique centrale, il aurait gardé l'essentiel de la somme sur ses comptes (HSBC Hong-Kong Chine ou à Genève, encore selon les différentes versions). Seuls cinq millions (de dollars ou d'euros) seraient arrivés, en espèces, au Bourget, à bord d'un avion de la Sonangol, la compagnie pétrolière d'Angola, et auraient été distribués à des destinataires que les informations officieuses ne désignent pas.

Cette supposée affaire sordide m'a poursuivi, elle n'a cessé de me revenir aux oreilles tout le temps de mon enquête. J'en avais même entendu parler auparavant, dès mai 2009, par un ancien des services secrets.

Une certitude : l'affaire de l'Angolagate, enfin plus précisément le sort de l'homme d'affaires Pierre Falcone, principal accusé puis principal condamné, a bien empoisonné les relations entre la France et l'Angola pendant plus de dix ans. Jacques Chirac puis Nicolas Sarkozy ont eu à gérer ce délicat dossier.

L'Angolagate est une drôle d'affaire qui illustre, jusqu'à la caricature, l'instrumentalisation du judiciaire par le politique. Le journaliste Airy Routier[1] a bien montré que la procédure judiciaire a été voulue et encouragée, en période de cohabitation, à la fois par la présidence chiraquienne, pour écarter la candidature de Charles Pasqua à l'élection présidentielle de 2002, et par Matignon pour des raisons de morale publique, contre un personnage présenté comme sulfureux, traînant de vieilles histoires « de sac et de corde » et de réseaux africains. La qualification de « trafic d'armes » en faveur d'un pays soumis à un embargo de l'ONU, pour décrire les activités de courtage d'armes, pour le compte de Dos Santos, des deux hommes d'affaires Pierre Falcone et Arcadi Gaydamak ne tenait pas la route tant qu'un ministre de la Défense français n'avait pas porté plainte. Les courriers du patron du Secrétariat général de la Défense nationale (SGDN) au juge Philippe Courroye figurant dans son dossier d'instruction sont là pour en témoigner.

En 1993, au moment des faits, bien que ruiné et toujours en guerre civile, l'Angola n'était pas un pays soumis à un embargo de l'ONU, contrairement aux assertions de la presse. Le seul embargo visait l'Unita, le mouvement rebelle dirigé par Jonas Savimbi ; les Nations unies reconnaissaient le gouvernement légal du MPLA de Dos Santos. C'est précisément pour lutter contre l'Unita que Dos Santos demande à Pierre

---

1. Airy Routier, *Enquête sur un juge au-dessus de tout soupçon. Philippe Courroye, un pouvoir*, Fayard, 2011.

Falcone et à Arcadi Gaydamak, outre la négociation de la dette du pays avec la Russie, de lui obtenir des armes... Les livraisons s'étalent sur trois années. Jonas Savimbi sera tué, le 22 février 2002, par l'armée angolaise grâce à du matériel d'interception sophistiqué, probablement vendu par la Compagnie des Signaux, qui a permis de le localiser par un de ses téléphones.

La faiblesse du dossier d'instruction sur ce point – la légalité de son commerce d'armes – n'empêcha pas le juge de placer Pierre Falcone en détention provisoire le 1er décembre 2000, alors qu'il s'était rendu de son plein gré à sa convocation. Le juge l'aura maintenu en prison pendant un an, la durée maximale pour les faits qui lui étaient reprochés, à la grande fureur de Dos Santos. « Heureusement », si l'on peut dire, pour le juge, alors que l'affaire risquait de se dégonfler d'elle-même, le ministre de la Défense de Lionel Jospin, Alain Richard, relance le dossier en portant plainte, le 25 janvier 2001, pour infraction à la législation sur les armes. Cette plainte venait justifier *a posteriori* la décision de Courroye, mais elle aggravait dans le même temps la crise diplomatique entre la France et l'Angola. C'est en réalité à la demande de Laurent Fabius, ministre de l'Économie et des Finances, qu'avait été émise la plainte d'Alain Richard : Fabius souhaitait en effet que soit ouverte une nouvelle instruction contre Pierre Falcone pour fraude fiscale ; pour faire courir à nouveau les délais, il était utile de déclencher une telle action de l'État.

Placé sous contrôle judiciaire par le juge Philippe Courroye, Pierre Falcone est renvoyé quelques semaines en prison pour n'avoir pas respecté l'interdiction de reprendre contact avec certains parmi la quarantaine de ses co-inculpés. « Je suis un innocent crucifié ! » proteste-t-il.

Le 10 juin 2003, Pierre Falcone est nommé ambassadeur de l'Angola auprès de l'Unesco, fonction qui lui confère l'immunité diplomatique, ce qui lui permet de quitter la France en dépit du contrôle judiciaire auquel il est soumis. Le 14 janvier 2004, estimant que son immunité diplomatique ne couvre que les actes officiels accomplis dans le cadre de sa mission à l'Unesco, le juge Philippe Courroye lance un mandat d'arrêt international contre lui. Dos Santos prend cette décision judiciaire comme un affront de la France à la souveraineté de l'Angola. La tension entre les deux États touche à son paroxysme.

Michel de Bonnecorse, le « monsieur Afrique » de Jacques Chirac, est chargé par le président de la République de calmer Dos Santos en évoquant la possibilité pour Pierre Falcone de se déplacer librement en France, malgré le mandat d'arrêt lancé contre lui. Le diplomate français se rend par deux fois à Luanda. Des négociations serrées impliquant Philippe Courroye, Me Pierre-François Veil, l'avocat de Pierre Falcone, la Chancellerie, le ministère de la Défense, les présidents Dos Santos et Chirac sont sur le point d'aboutir : le juge Courroye semble prêt à lever le mandat à condition que Pierre Falcone s'engage à lui signaler ses déplacements à l'étranger. Cependant la négociation échoue, Dos Santos étant convaincu par son ami Falcone que le juge Courroye est en train de lui tendre un piège.

Quelque temps plus tard, le général angolais Manuel Helder Vieira Dias Junior, dit Kopelipa, relance les négociations. Il vient à Paris rencontrer Michel de Bonnecorse et lui aurait suggéré de demander à la ministre de la Défense, Michèle Alliot-Marie, de préparer une lettre visant à annuler les effets de celle d'Alain Richard, son prédécesseur ; dans son courrier, la ministre expliquerait que Pierre Falcone et Arcadi Gaydamak n'avaient pas enfreint la législation française sur les armes. Un projet de courrier est effectivement présenté à la ministre qui refuse de le signer.

Michel de Bonnecorse fait néanmoins interroger le juge Courroye pour savoir s'il serait prêt à se montrer plus conciliant. Le magistrat lui aurait fait répondre ses conditions. « Qu'il aille se faire voir ! » se serait emporté Jacques Chirac, devant Bonnecorse[1].

L'affaire n'est donc pas réglée quand, en mai 2007, Nicolas Sarkozy succède à Jacques Chirac à l'Élysée. Le nouveau Président charge Claude Guéant, son secrétaire général, de s'occuper de cet épineux dossier. Celui-ci aurait associé d'emblée Alexandre Djouhri à ses démarches. Le lecteur a bien compris que les deux

---

1. Entretien avec Michel de Bonnecorse, le vendredi 11 février 2011.

hommes ne m'ont pas pris pour confident. Djouhri, proche de la « maison Pasqua », connaît bien Falcone. Il a fait la connaissance de Dos Santos à Marbella par le truchement de l'un de ses conseillers français, Xavier Boucobza, professeur de droit privé et directeur de l'Institut de droit des affaires internationales, lui-même proche de Me Pierre-François Veil, l'avocat de Pierre Falcone...

Derrière l'agenda officiel, connu de tous, il faut donc replacer le fait qu'Alexandre Djouhri aurait travaillé dans l'ombre de Claude Guéant. Au centre de toutes les rencontres entre Français et Angolais est posée la question sort de Pierre Falcone.

Dès après son élection, il est question d'un voyage officiel de Nicolas Sarkozy à Luanda, censé mettre un terme au contentieux. En marge de l'Assemblée générale de l'ONU, en septembre 2007, Nicolas Sarkozy rencontre à New York Eduardo Dos Santos et lui déclare : « Je crois pouvoir dire qu'une page est définitivement tournée. » Le 27 novembre 2007, Guéant rencontre Dos Santos à Luanda. En décembre, c'est au tour de Jean-Marie Bockel, ministre de la Coopération, et de Bruno Joubert, « monsieur Afrique » de Sarkozy, de se déplacer en Angola. Le 7 janvier 2008, Kopelipa est reçu à l'Élysée par Claude Guéant. Le 23 du même mois, le secrétaire général de l'Élysée rencontre Dos Santos. Finalement, le 28 février 2008, faute d'un règlement du cas Falcone, le voyage de Sarkozy en Angola est reporté. Et Robert Bourgi prend l'initiative de raconter à Dos Santos ce qu'il sait du dossier, du rôle peu clair de Djouhri et des erreurs commises par les uns et les autres.

À la veille du voyage de Sarkozy en Angola, finalement fixé au 23 mai 2008, Claude Guéant aurait fait feu de tout bois pour régler une affaire dans laquelle il s'est engagé et a beaucoup promis. Il aurait demandé au directeur de cabinet du ministre de la Défense Hervé Morin de retirer la plainte lancée par Alain Richard. Ce retrait est la condition réclamée par le Président angolais pour que les entreprises françaises puissent obtenir de nouveaux contrats de son pays. Hervé Morin fait le mort : il sait qu'il n'y a que des coups à prendre dans cette affaire. Claude Guéant rappelle plusieurs fois son directeur de cabinet, mais le ministre n'a toujours pas rédigé la précieuse lettre avant le départ du Président français en Angola.

Le 23 mai, Nicolas Sarkozy fait dix-sept heures d'avion pour passer moins de six heures à Luanda, accompagné des patrons d'Areva, de Total, de Bolloré et de Bouygues. Premier camouflet : Dos Santos n'est pas à la descente d'avion. Sarkozy réaffirme une nouvelle fois qu'une page est tournée, celle des malentendus entre l'Angola et la France. Mais le Président angolais ne veut rien entendre d'autre que l'arrêt des poursuites contre Falcone qui lui a été promis. Il n'a toujours pas admis d'être assimilé par la justice française à un contrebandier...

Quatre jours plus tard, Kopelipa porte à l'Élysée une lettre réclamant l'arrêt des poursuites contre Falcone. Lassé de ce qu'il perçoit comme de la mauvaise volonté, Claude Guéant appelle alors directement le ministre de la Défense : « Tu as l'ordre du président de la République de retirer la plainte ! »

Morin veut en avoir le cœur net. Il appelle le Président. Celui-ci est absent. Quelques heures plus tard, Nicolas Sarkozy obtient le ministre de la Défense qui est dans sa voiture. Hervé Morin lui fait part du coup de fil qu'il a reçu de Claude Guéant, lui rapporte les termes que celui-ci a employés, puis ajoute : « Tu me donnes l'ordre si tu veux, mais je veux que tu aies conscience des conséquences...

– Je ne suis pas au courant, lui répond le Président. Ne fais rien. Je te rappelle. »

Le lendemain, en Conseil des ministres, le Président prend son ministre en aparté et lui souffle à l'oreille : « Merci, c'est très bien ce que tu as fait. Merci... » Toujours d'après les souvenirs d'Hervé Morin.

Le ministre de la Défense n'en fait pas moins préparer une lettre, dans des termes éloignés de ceux demandés par Claude Guéant, mais néanmoins proches de l'argumentation de Me Pierre-François Veil, l'avocat de Falcone. Il a sollicité les conseils du magistrat Jean Berkani[1] pour sa rédaction. La lettre est adressée le 11 juillet 2008 à l'avocat de Pierre Falcone et reprend les arguments qui avaient été exposés par la SGDN[2] : « La législation relative aux opérations

---

1. Aujourd'hui avocat général près la cour d'appel de Paris.
2. En novembre 2000, en réponse aux demandes d'information que lui ont adressées la police et le magistrat instructeur, le secré-

de ventes d'armes et de munitions [...] ne s'appliquait pas, aux dates retenues par le dossier de l'instruction, à l'activité exercée par M. Pierre Falcone telle que vous la décrivez. » Muni de cette lettre, l'avocat de Falcone se rend chez Jean-Baptiste Parlos, président de la 11ᵉ chambre du tribunal de grande instance de Paris, pour tenter de le convaincre qu'il n'y a désormais plus matière à procès. Sans succès !

Au grand dam de Dos Santos, le procès de l'Angolagate s'ouvre le 6 octobre 2008 à Paris. Pierre Falcone est l'un des 42 prévenus, aux côtés notamment de Charles Pasqua, Jean-Charles Marchiani, Jean-Christophe Mitterrand, Jacques Attali, Paul-Loup Sulitzer et d'autres. Arcadi Gaydamak, réfugié à Moscou, n'a pas fait le déplacement. À l'issue du procès, Pierre Falcone quitte la France et reprend ses activités en attendant le jugement.

Outre les démarches angolaises relayées ou non par Djouhri, Pierre Falcone provoque une réunion de crise à Pékin, à l'occasion du Nouvel An chinois, le 26 janvier 2009. Alexandre Djouhri s'est déplacé spécialement jusqu'aux bureaux de Pierson Capital Asia, filiale de Pierson (*Pier* pour Pierre Falcone, et *son* pour Sonia, son épouse). Comme Dos Santos, Falcone est

---

taire général de la SGDN rédige des notes sur la législation française en matière de commerce des armes ; au vu des faits de courtage de Falcone et Gaydamak, il conclut que rien ne peut leur être reproché, si ce n'est de n'avoir pas enregistré leurs opérations dans un registre – omission passible d'une amende de 5ᵉ catégorie.

persuadé que Djouhri, grâce à ses relations avec Sarkozy et Guéant, va pouvoir lui éviter une condamnation à une peine de prison ferme. Djouhri le laisse s'épancher. Puis il aurait cherché à obtenir de lui quelques appuis pour une introduction forte de Veolia ou pour des programmes de distribution d'eau en Angola[1]...

Le 11 février 2009, les choses ne se présentent pas bien pour Falcone. Romain Victor, vice-procureur, prononce un réquisitoire très sévère dans lequel il décrit l'« ambiance de plomb » et les « menaces à peine voilées » qui ont marqué le procès. Il évoque le « laisser-faire » de l'État français et les liens étroits de Pierre Falcone avec l'appareil d'État. À propos de la lettre d'Hervé Morin, qu'il juge « extraordinaire », il souligne avec indignation qu'il s'agit tout de même d'« une lettre d'une autorité ministérielle adressée à un prévenu de trafic d'armes ! ».

À la veille du prononcé de la sentence, Claude Guéant aurait cependant encore confirmé aux Angolais et à leurs conseils qu'il n'y aurait pas de mandat de dépôt contre Falcone – une affirmation qui aurait ensuite été largement diffusée par Alexandre Djouhri. Pierre Falcone est si enclin à le croire qu'il décide d'assister au rendu du jugement, et confirme son billet d'avion pour un départ en Chine, le soir même du jugement. Mais, ce 27 octobre 2009, il est condamné à six ans d'emprisonnement ferme et arrêté à l'issue

---

1. Relation faite à partir d'un témoin qui était alors à Pékin.

de l'audience, pour « vente illicite d'armes », « abus de biens sociaux », « fraude fiscale », « trafic d'influence actif » et « blanchiment ».

Inutile d'insister sur la rage de Dos Santos... Dos Santos a le sentiment d'avoir été berné par le Président, par son secrétaire général et par Alexandre Djouhri, auquel il aurait donné pas mal d'argent pour régler cette affaire. Djouhri et ses amis sont également furieux : ils clament que Patrick Ouart, le conseiller en matière de justice de Nicolas Sarkozy, est le principal responsable de l'emprisonnement de Falcone. « C'est lui [Patrick Ouart] qui a tricoté le lourd verdict judiciaire, grâce à ses puissants réseaux. De Philippe Courroye, juge qui instruisit sans états d'âme le dossier angolais, à Jean-Claude Marin, le proc' de Paris à la réputation chiraquienne, dont Ouart a sauvé la tête auprès de Sarkozy en 2007 », raconte un journaliste[1] qui connaît bien Djouhri.

Patrick Ouart apprend alors de deux sources différentes qu'Alexandre Djouhri profère de vifs griefs et des menaces à son encontre, l'accusant notamment d'avoir fait perdre des milliards à la France ; quant il parle de lui, il use d'invectives telles que « afrikaaner[2] » – Ouart aurait fait le jeu des Sud-Africains, contre Dos Santos. On l'entend même prononcer la phrase terrible : « En l'état de son embonpoint, il serait difficile

---

1. Jacques-Marie Bourget dans Bakchich, du 9 décembre 2009.
2. Voir aussi précédemment chapitre 3, « Je ne puis vous recommander que la plus grande prudence », p. 53.

à rater. » Ces propos auraient été tenus au cours d'un déjeuner au restaurant du *Ritz*.

Patrick Ouart prend ces menaces au sérieux et en rend compte lors de la réunion traditionnelle de coordination des collaborateurs du Président qui se tient tous les matins. Et il rédige un rapport destiné au président de la République, qui transite par le secrétaire général. Informé par un conseiller de l'Élysée, *L'Express* parle d'une « note velue », qui aurait eu pour suite une convocation de Djouhri devant Nicolas Sarkozy. Quoi qu'il en ait été, un haut fonctionnaire rappelle l'homme d'affaires à davantage de retenue[1]...

L'article de *L'Express* ayant rendu compte des menaces prononcées par Djouhri à l'encontre du conseiller juridique du Président, cela vaut au journal une plainte en diffamation de l'intéressé. Il n'empêche que Patrick Ouart doit quitter l'Élysée, fin novembre 2009. Claude Guéant reprend pleinement le dossier.

Dès décembre 2009, le secrétaire général de l'Élysée se serait enquis auprès de Laurent Le Mesle, procureur général de Paris, de savoir s'il allait soutenir la demande de remise en liberté formulée par l'avocat de Pierre Falcone. Mais Christian Pers, président de la cour, ne tient pas compte de l'avis de Le Mesle et maintient Falcone en détention. Comme ce dernier se pourvoit en cassation contre ce refus de remise en liberté, Claude Guéant aurait contacté Jean-Louis

---

1. In *L'Express* du 3 octobre 2010.

Nadal, procureur général près la Cour de cassation. La plus haute juridiction française reste insensible à ces prises de contact. Pierre Falcone ne sera libéré qu'à l'issue de l'arrêt de la Cour d'appel, qui remet en cause une bonne partie du dossier tricoté par le juge Courroye, le 29 avril 2011. Claude Guéant et les supposés dollars de Djouhri n'ont pas empêché Pierre Falcone de passer dix-huit mois en prison... Si tout cela a existé, que de tribulations et d'efforts vains.

21

La presse à la botte

Le 14 mai 2010, dans l'émission de Guy Birenbaum, « La ligne jaune », diffusée par le site Arrêt sur images, le journaliste Nicolas Beau, patron du « site d'information satirique » Bakchich. info, explique que, après avoir été placé en redressement judiciaire, son entreprise journalistique va pouvoir repartir : il vient de réunir 700 000 euros et le tribunal de commerce vient d'accepter son plan de sauvetage. Guy Birenbaum fait état d'une rumeur selon laquelle Alexandre Djouhri serait l'un des nouveaux actionnaires de Bakchich : « Une rumeur malveillante », dément aussitôt Beau, qui explique qu'en 2006 un article de Bakchich avait suscité l'ire de Djouhri, qui avait intenté un procès au site et réclamé 200 000 euros de dommages et intérêts. Nicolas Beau reconnaît qu'il a alors rencontré Djouhri deux fois : « Je lui ai dit que je souhaitais qu'on enterre la hache de guerre. » Bakchich était-il menacé dans son existence par la plainte de Djouhri ? Un article d'Emmanuel Berretta paru dans *Le Point*, dans lequel il donne la parole à Xavier Monnier, fondateur, P-DG de la SAS Bakchich et directeur de la publication, fournit un élément de réponse : « La justice a été relativement clémente avec Bakchich, à qui, dans le cas des procès perdus, n'ont pas été infligés des dommages et intérêts supérieurs à 500 euros. À l'exception d'une seule affaire : Olivier Poivre d'Arvor, injustement mis en cause, a obtenu 3 à 4 000 euros de dommages... » On est loin des 200 000 euros !

Djouhri serait-il venu au secours de Bakchich, comme le prétend une certaine rumeur ?

Fin 2009, alors que les caisses de Bakchich sont vides, un membre de la rédaction apporte une information importante concernant Alexandre Djouhri, jusque-là une des cibles du site ; dans le cadre du procès de l'Angolagate, Djouhri aurait « menacé de mort » Patrick Ouart parce qu'il le tiendrait pour responsable de la condamnation et de l'incarcération à l'audience de Pierre Falcone[1]. C'est Jacques-Marie Bourget qui prend en main l'info et la dilue dans un article monté à la Une du numéro 12 de *Backchich* papier, en date du 9 décembre 2010, intitulé « Révolution de valets à l'Élysée ». Il replace cette menace dans une « mauvaise ambiance générale » qui sévirait à l'Élysée et donne le mauvais rôle au « très pieux et droitier » Ouart, qui a « tricoté le lourd verdict judiciaire grâce à ses puissants réseaux ». Les menaces de

---

1. Voir ce qu'il en est de cette affaire de menaces en marge de l'affaire de l'Angolagate, chapitre 20, « Les coulisses de L'Angolagate », pp. 412-413.

Djouhri[1] sont réduites à une formule des plus prudentes et fort ambiguë : « Djouhri [...] tire plusieurs salves contre Ouart. » L'article de *Bakchich* se termine par les propos de Djouhri, le laissant dire : « Ce mec est un Afrikaaner, un type d'extrême droite. Il suffit de voir comment il parle de Rachida Dati au prétexte qu'elle ne mange pas de cochon, au lieu de la juger sur ses actes. Des mecs comme Ouart foutent en l'air l'économie de la France ! »

Une partie de la rédaction de *Bakchich* se pose des questions à propos de Bourget, considéré par tous comme un « vieux de la vieille » jouant le rôle du marginal dans le journal. Serait-il subitement monté en grade ? Pourquoi ? Bourget sert alors de go-between entre l'homme d'affaires, dont il est proche, et Nicolas Beau. Les esprits s'échauffent alors au sein de la rédaction[2] : et si Djouhri entrait au capital du site ?... La rumeur court, mais chut ! Si des négociations avec Djouhri devaient aboutir, il faudrait assurément ne pas faire état, voire dissimuler l'origine des fonds de cette recapitalisation. Comme Isabelle Adjani, présidente d'honneur du Club des amis de Bakchich, a été sollicitée pour aider le journal dans cette passe financière difficile, la rumeur en sort encore renforcée : l'actrice

---

1. La réalité de celles-ci sera révélée trois mois plus tard, le 9 mars 2010, par *L'Express*.

2. Cette description de ce qui s'est passé à l'intérieur de la rédaction a été faite à partir de plusieurs témoignages d'anciens collaborateurs de Nicolas Beau. En « off », comme d'habitude!

ne connaît-elle pas Yazid Sabeg, lui-même proche d'Alexandre Djouhri ? Même si la rédaction n'est pas au courant de toutes les tractations, elle subodore qu'il se passe des choses étranges... D'autant qu'il n'échappe pas à plusieurs rédacteurs que l'attitude de Bakchich à l'égard de Djouhri et de Proglio a changé. Il n'est plus question de parler du premier, et le second semble maintenant ménagé, voire protégé dans les articles. Certains sont prompts à interpréter ce changement comme la conséquence des rencontres de Nicolas Beau avec Alexandre Djouhri pour « enterrer la hache » de guerre. Plusieurs journalistes travaillent alors sur la rude bataille que se livrent Henri Proglio, nouveau patron d'EDF, et Anne Lauvergeon, patronne d'Areva[1]. Le premier n'a d'autre objectif que d'obtenir purement et simplement l'éviction de la seconde ; Henri Proglio pousse Yazid Sabeg à briguer le fauteuil d'« Atomic Anne » : la manœuvre a le plein aval de Claude Guéant. Après une enquête méticuleuse, les journalistes ont une vision du duel Proglio-Lauvergeon qui n'est pas défavorable à celle-ci. Nicolas Beau et Jacques-Marie Bourget réfutent leur vision. Le premier parle de « rééquilibrage », alors que le second semble épouser le parti pris de Djouhri contre Anne Lauvergeon. Bourget est chargé de la coordination du dossier. Il transforme l'enquête en brûlot anti-Lauvergeon, qui paraît dans le numéro 16 de *Bakchich* papier, en date du samedi 20 mars 2010.

---

1. Voir chapitre suivant, « Au cœur du réacteur », p. 427.

Titre du dossier : « La guerre du nucléaire fissure le pouvoir ». Le principal papier est signé par Jacques-Marie Bourget, un autre par un pseudonyme ; quant à celui d'Éric Laffitte, plutôt favorable à Lauvergeon, il a été « nettoyé », et son titre modifié pour en faire un article à charge contre Areva : « Les déboires de l'EPR. » Cette intervention crée de vifs remous à l'intérieur de la rédaction : la secrétaire de rédaction claque la porte avec fracas.

La rumeur de l'entrée de Djouhri dans le capital de Bakchich se propage dans les rédactions parisiennes, notamment à Mediapart, au *Point* et à *Marianne*.

L'administratrice judiciaire du tribunal de commerce Aurélia Perdereau suit le dossier depuis le 9 novembre précédent, date de la mise en redressement judiciaire de Bakchich. Elle n'est pas convaincue par le plan proposé par Nicolas Beau. Le 29 janvier 2010, au retour d'un rendez-vous avec elle, ce dernier explique à son entourage qu'il rencontre des difficultés pour faire rentrer l'argent. Il souligne que « l'avocat suisse complique les choses ».

Dans un climat de plus en plus tendu, un violent conflit éclate en février entre Nicolas Beau et Xavier Monnier, patron en titre de Bakchich. Le 24 février, le premier évoque au cours d'une réunion des « divergences stratégiques », puis annonce qu'il « prend les commandes de tout », alors même qu'il sait que l'argent ne va plus tarder à affluer.

Le vendredi 5 mars 2010, Me Aurélia Perdereau se rend dans les locaux de Bakchich pour informer la direction du site que, si l'argent n'est pas versé d'ici au lundi suivant, elle devra saisir le tribunal de commerce en vue de la liquidation immédiate de l'entreprise. Nicolas Beau harcèle l'étude Jacquemoud & Stanislas pour accélérer le premier versement de 130 000 euros. Le lundi 8 mars, il appelle sa banque pour savoir « si un gros virement de l'étranger a été fait ». Le virement est effectué dans la nuit du 8 au 9 mars 2010. Les salaires en souffrance sont virés les mercredi 10 et jeudi 11 mars. Dans la rédaction, le nom du « sauveur » circule : il s'agirait bien de Djouhri. Mais chut [1] !

Dans un média qui prône si ardemment la transparence, les journalistes n'ont pas été tenus au courant des dessous d'une recapitalisation qui conditionne leur avenir. Nicolas Beau ne diffuse pas le rapport d'Aurélia Perdereau auquel ils auraient dû avoir accès. L'administrateur judiciaire y souligne l'opacité du montage financier. Elle ne sait pas d'où proviennent les fonds qui ont sauvé Bakchich. Elle explique que dans ce montage intervient un certain Aref Mohamed Aref, avocat à Djibouti, qu'elle n'a jamais rencontré physiquement et qui s'est engagé à verser 500 000 euros. « Il convient d'indiquer, écrit Aurélia Perdereau, que Monsieur Aref a dans un premier temps souhaité garder l'anonymat, et ne s'est manifesté que par l'intermédiaire de son avocat genevois Jean-Pierre

---

1. Toujours d'après plusieurs membres de la rédaction de Bakchich.

Jacquemoud. J'ai alors insisté pour obtenir toutes informations sur l'identité de la structure qui entendait souscrire à l'augmentation de capital, et c'est dans ce contexte que Jean-Pierre Jacquemoud m'a communiqué les coordonnées de son client, Aref Mohamed Aref, lui-même avocat à Djibouti. J'ignore cependant à ce jour si Monsieur Aref intervient pour son propre compte ou pour le compte de clients. » Ce rapport ne peut mettre un terme aux spéculations et rumeurs.

L'augmentation de capital est votée par une assemblée générale extraordinaire, le 22 mars. Mais ce n'est que fin octobre 2010 que Nicolas Beau fête le sauvetage de Bakchich, après être allé quêter d'autres subsides ailleurs que dans les poches du mystérieux Aref. À ce brillant cocktail, les membres de la rédaction espèrent en savoir davantage sur Me Aref, leur racheteur officiel. Ils sont déçus sur ce point. En revanche, ils sont très étonnés d'y croiser Bernard Squarcini, le patron de la DCRI, bras dessus, bras dessous avec leur patron. Triomphe à cette belle fête un Jacques-Marie Bourget devenu tout-puissant à Bakchich.

Mais cet argent, dont Aurélia Perdereau ne connaît pas l'origine, n'a pas porté chance à Nicolas Beau. La rédaction, devenue méfiante envers le duo Beau-Bourget, préfère arrêter l'aventure fin décembre 2010. Nicolas Beau l'a écoutée : Bakchich est mis en liquidation judiciaire le 26 janvier 2011.

Avec Jacques-Marie Bourget, Nicolas Beau rebondit aussitôt en créant *La Lettre du Sud,* axée sur le Proche et le Moyen-Orient, le Maghreb et l'Afrique. Qui dirige la publication ? Jacques-Marie Bourget, l'ami de Djouhri. Nicolas Beau en est le numéro deux, avec le titre de directeur de la rédaction.

Interrogé[1], Nicolas Beau est parfaitement au courant de la rumeur persistante concernant une supposée entrée au capital de Bakchich de Djouhri. Il affirme que, au moment de la mise en place du plan de redressement, Djouhri réclamait, par les actions en justice qu'il avait lancées contre le journal, à titre de dommages et intérêts, 200 000 euros et qu'il fallait provisionner cette somme, une provision qui plombait le plan. « Jacques-Marie Bourget m'a arrangé un rendez-vous avec lui. Je l'ai vu deux fois... Je préférais enterrer la hache de guerre. Je me suis engagé à ne plus parler de lui. Djouhri a retiré ses plaintes et facilité ainsi le redressement. » Il poursuit en affirmant qu'il a alors négocié avec Aref, qu'il connaît depuis longtemps.

Je continue de l'interroger :

« Quelques-uns de tes anciens collaborateurs, mais aussi plusieurs personnes m'ont affirmé que l'argent d'Aref était en réalité celui de Djouhri ?

– À ma connaissance, il n'y a pas de lien entre Aref et Djouhri... »

Une certitude : Djouhri a fait taire Bakchich, même si sa voix était déjà chevrotante...

Alexandre Djouhri n'aime à l'évidence les médias et les journalistes qu'à la condition qu'ils soient à sa

---

1. Entretien avec l'auteur, 19 juillet 2011.

main, tant il redoute la lumière. Il a pourtant d'excellents contacts avec quelques journalistes d'investigation : pendant mon enquête, on m'a rapporté qu'il lui arrive de dîner au *Ritz* avec certains enquêteurs chevronnés. Quelle est la nature de leur relation ? En tout cas, ces enquêteurs, pourtant réputés pour leur fringale d'élucidations, n'ont jamais écrit un papier sur Alexandre.

À quelques exceptions près, Djouhri traite médias et journalistes par le truchement de Me Cornut-Gentile, son avocat, et par Hervé Séveno, qui sait se montrer dissuasif. Le premier se charge des nombreux droits de réponse et procédures que Djouhri engage pour un oui, pour un non. Exemple : de plus en plus sourcilleux pour ce qui est de sa respectabilité, il ne supporte plus d'être qualifié d'intermédiaire et charge son avocat de dicter à la presse qu'on lui attribue le statut de « dirigeant d'un groupe de sociétés qui a notamment pour objet de participer, en association avec des groupes industriels français de premier plan, à des investissements importants dans des pays étrangers ». Petit problème : l'avocat qui fournit ce titre ronflant ne donne même pas le nom d'une société du groupe ! Quant à Hervé Séveno, il ne mâche pas ses mots.

Des journalistes ont pourtant tenté, sans arrière-pensées, de contacter Alexandre Djouhri. Ainsi, Airy Routier, ancien rédacteur en chef au *Nouvel Observateur*, garde un souvenir amusé de sa première – et unique – rencontre avec l'homme d'affaires, qu'il pistait depuis plusieurs mois, parallèlement à ses consœurs Ariane Chemin et Marie-France Etchegoin. Proche de longue date de Yazid Sabeg, il sait les relations fortes et discrètes que Djouhri entretient avec le haut commissaire à la Diversité et à l'Égalité des chances, président de Communication et Systèmes, l'ancienne Compagnie des Signaux. En février 2010, le journaliste, qui vient de quitter *Le Nouvel Observateur* pour devenir free-lance, fait le siège de Sabeg pour qu'il lui organise un rendez-vous : il a appris que Sabeg et Djouhri se sont, quelques semaines plus tôt, rendus ensemble en avion privé à Brazzaville pour rencontrer Denis Sassou Nguesso, le président du Congo-Brazzaville. L'informateur de Routier lui a même assuré que les deux hommes se seraient rendus au palais présidentiel dès leur arrivée, au petit matin, sans avoir prévenu personne, mais qu'ils auraient néanmoins été reçus par le chef de l'État congolais, avant de reprendre aussitôt leur avion pour Paris. Une pratique peu habituelle...

Au début d'un après-midi de février 2010, alors qu'il s'entretient avec un autre intermédiaire, André Guelfi – condamné à tort, à ses propres yeux, dans l'affaire Elf –, et ses avocats, Routier reçoit un coup de fil de Sabeg : Djouhri accepte de le rencontrer dans l'instant, au bar du *Bristol*. Le journaliste met aussitôt un terme à la réunion en cours et retrouve Sabeg et Djouhri, assis sur des canapés dans un recoin du bar du palace proche de l'Élysée, devant une bouteille de Château-Latour. La conversation est chaleureuse, en apparence.

Les trois hommes ont au moins un point commun : ils considèrent que l'homme d'affaires Pierre Falcone – ainsi qu'Arcadi Gaydamak, son associé dans l'affaire dite de l'Angolagate – a été injustement accusé de trafic d'armes entre la Russie et le gouvernement légitime de l'Angola, aucun stock de ces armes n'ayant transité par la France, ce que finira d'ailleurs par reconnaître la justice française en appel. Ils partagent une méfiance commune envers le juge Philippe Courroye et sa procédure hors norme, qui a infligé à Falcone plus d'une année de détention provisoire. Ils s'indignent du mandat de dépôt visant l'homme d'affaire qui a assorti le prononcé du jugement en première instance. Ils s'étonnent des refus réitérés opposés à ses demandes de remise en liberté.

La conversation se poursuit sur les rapports de force et les antagonismes au sein de l'État, sur les rôles respectifs de Claude Guéant, alors secrétaire général de l'Élysée, et de Patrick Ouart, « conseiller Justice » du chef de l'État, etc. Une autre bouteille de Château-Latour est commandée, mais rien n'y fait : dès que Routier s'écarte de cette discussion bien arrosée et relativement consensuelle pour poser des questions plus précises à Djouhri sur son propre parcours, sur son rôle au sein de l'appareil d'État, celui-ci élude, se dérobe, puis lui lance :

« Airy, tu sais combien ça vaut, au *Bristol*, une bouteille de Château-Latour ?

– Non.

– 4 000 euros.

– ... »

Au bout de deux bonnes heures, voyant qu'il n'arriverait à rien – l'homme d'affaires refusant même de lui donner son numéro de téléphone portable –, Routier décide de mettre un terme à la conversation. Laissant Sabeg sur son canapé, Djouhri raccompagne Routier et, sur les marches de l'escalier donnant sur le grand hall, lui glisse à l'oreille :

« Il paraît que tu as monté ta propre boîte.

– C'est vrai, je travaille maintenant sur honoraires[1].

– Si tu as besoin de soutien, d'argent, n'hésite pas à me le faire savoir. Je peux t'aider.

– Non, merci », répond le journaliste, quelque peu interloqué.

Ils n'auront plus aucun contact, direct ou indirect.

---

1. Pour prendre le statut de free-lance, Airy Routier a créé une petite structure qui facture ses prestations de journaliste aux médias qui sont ses clients.

22

Au cœur du réacteur

Ces dernières années, l'absence de politique industrielle française a été criante – une remarque également vraie pour l'Europe. Le ministère français de l'Industrie est devenu l'ombre de lui-même.

Un groupe de personnes très fermé, travaillant souvent sous le maillet, détermine largement les choix de la politique industrielle de notre pays, en particulier ceux concernant son indépendance énergétique. Ce groupe est aussi à la manœuvre pour la projection de l'industrie française à l'extérieur de la France, à l'occasion de grands contrats, civils et militaires. Sa composition est troublante. Dans son « noyau dur » figurent des hauts fonctionnaires : Maurice Gourdault-Montagne, l'ambassadeur, ancien conseiller diplomatique du Président Chirac ; Claude Guéant – « le cardinal de Retz qui devient Mazarin[1] », chef du Meccano industriel et VRP des grands groupes français dans le monde entier ; un ancien haut fonctionnaire, qui fut président

---

1. In *Les Inrockuptibles* du 13 avril 2011.

d'EDF avant de pantoufler au Crédit Suisse, François Roussely ; le patron actuel d'EDF, qui a appris la vie des affaires à la Compagnie générale des Eaux, Henri Proglio ; un patron et politicien, qui a un pied dans l'industrie de la défense et l'autre dans la diversité, grand brasseur d'air très « réseauté » qui a l'art de s'attirer les bonnes grâces des hommes politiques et des hauts fonctionnaires, Yazid Sabeg ; enfin, *the last but not the least*, Alexandre Djouhri, au centre de cette « galaxie », formée par ces acteurs de la politiques industrielle française. Selon Claude Guéant, il porte le drapeau de la France, mais avec un manchon britannique[1]. Autour de ce « noyau dur » gravitent très souvent d'autres personnalités, parmi lesquelles Serge Dassault, l'avionneur, et Bernard Squarcini, le patron des services secrets intérieurs, mais aussi quelques personnages du golfe Persique, notamment du Qatar, sont aussi introduits dans le système. Les relations publiques sont assurées par la toute-puissante agence de lobbying Euro RSCG, et son patron Stéphane Fouks.

Après la Seconde Guerre mondiale, deux hommes ont symbolisé la volonté de refaire de la France, alors à genoux, une grande puissance, en la dotant d'une compagnie pétrolière nationale, d'une industrie nucléaire et de la bombe : le général de Gaulle et Pierre Guillaumat. Ancien du Bureau central de renseignements et d'action (le BCRA, les services secrets gaullistes) et

---

1. Alexandre Djouhri a créé en 2007 une société, basée à Londres, dénommée Adenergy Limited.

« corpsard », Guillaumat avait été ministre des Armées et ministre de la Recherche de 1958 à 1962, puis successivement patron du Commissariat à l'Énergie atomique (CEA), d'EDF et d'Elf. Oublié aujourd'hui à cause de l'affaire Elf, il était une sorte de templier du Bien public, capé de tricolore, peu regardant sur les moyens pour arriver aux fins gaullistes. Son passage au BCRA lui avait probablement fait oublier jusqu'à l'existence du mot « transparence ». C'est bien le seul point commun qu'il partage avec ceux qui prétendent aujourd'hui faire rayonner la puissance industrielle française dans l'économie globalisée.

Alexandre Djouhri s'est retrouvé au début des années 2000 au centre du dispositif : il est proche du patron d'EDF, de celui de Veolia, du secrétaire général de l'Élysée et du conseiller diplomatique de Jacques Chirac, tout en disposant d'un riche carnet d'adresses sur les pourtours de la Méditerranée et en Afrique. Par l'intermédiaire de Michel Roussin, il avait d'abord fait la connaissance de Guy Dejouany, le tout-puissant patron de la Compagnie générale des Eaux. À la fin des années 1990, Djouhri n'a cessé d'évoluer dans les batailles de pouvoir à la Compagnie, puis à Vivendi et Vivendi Environnement ; il a cherché à se placer et a pour objectif de constituer un passage obligé sur les marchés de l'eau et des déchets dans le bassin méditerranéen et au Proche-Orient. En sauvant la tête d'Henri Proglio quand Jean-Marie Messier voulait le licencier, il a misé sur le bon cheval. Proglio lui voue depuis lors une reconnaissance éternelle. Et il a réussi à affranchir de Vivendi sa branche « Environnement » et à en faire un groupe international.

Quand Vivendi Environnement devient Veolia Environnement, en 2003, Henri Proglio doit opérer une importante recapitalisation. Le vieil ami Roussely, président d'EDF, qui connaît Proglio depuis 1999 et Djouhri depuis bien plus longtemps[1], est le premier des investisseurs potentiels à être sollicité. Le groupe EDF prend, fin 2002, une participation de 4 % dans le capital de Vivendi Environnement, en dépit du veto de Bercy et des difficultés financières d'EDF. L'intense lobbying de Proglio et Djouhri à l'Élysée a permis de lever les obstacles.

Le trio Proglio-Roussely-Djouhri tente depuis longtemps de faire du Meccano industriel en ayant notamment recours à la Caisse des Dépôts et Consignations. Il a d'abord essayé d'opérer un rapprochement capitalistique entre EDF et Veolia. Les carnets d'Yves Bertrand y consacrent quelques lignes et un schéma

---

1. Au printemps 2001, avec un autre homme d'affaires français, François Roussely a lancé en Bourse une OPA hostile contre l'électricien italien Montedison : EDF parvient à racheter jusqu'à 30 % de ses titres. Silvio Berlusconi, furieux de cette tentative de prise de contrôle de Montedison et ingérence française, bloque l'opération et se plaint auprès de l'État français. C'est Alexandre Djouhri qui est envoyé comme pompier. *Monsieur Alexandre* sut trouver les arguments lourds pour redonner le sourire au président du Conseil italien. En définitive, Montedison restera dans le giron italien grâce à un accord avec Fiat Holding.

en octobre 2003. Roussely est alors patron d'EDF, Proglio, de Veolia Environnement. Proglio espère parvenir à ses fins parce qu'il est bien avec Jacques Chirac. Alexandre Djouhri se livre à une intense activité dans ce sens, mais n'arrive pas à compenser les efforts, en sens contraire, de Jérôme Monod (« Henri fait pas le poids face à Monod », note Yves Bertrand dans ses carnets) et de Francis Mer, le ministre de l'Économie, des Finances et de l'Industrie (« A dit non sous pression de Monod », poursuit le patron des RG).

Au printemps 2004, alors que le mandat de François Roussely va arriver à son terme en juin, le duo Roussely-Proglio est prêt à proposer une fusion EDF-Veolia ; le futur groupe pourrait avoir à la tête de son conseil de surveillance François Roussely et à la tête de son directoire Henri Proglio. Les deux patrons font miroiter la création de la plus grosse entreprise de France, dont les activités allieraient eau, électricité et déchets. Jérôme Monod a beau jeu de mettre en garde contre l'impression de domination quasi étouffante que ne manquerait pas de donner ce mastodonte aux collectivités locales et aux particuliers s'il venait à voir le jour. Par ailleurs, Francis Mer est ouvertement inquiet de la santé d'EDF. Fin mars 2004, le départ de Bercy de Francis Mer est un ballon d'oxygène pour François Roussely, d'autant plus qu'il est remplacé par Nicolas Sarkozy, lequel change de ministère avec son directeur de cabinet, Claude Guéant, une vieille connaissance de Roussely : Claude Guéant avait en effet succédé à François Roussely à la Direction générale de la Police nationale. Les deux hommes ont également, semble-t-il, des liens « fraternels[1] ».

Le trio Proglio-Roussely-Djouhri cherche maintenant à gagner du temps en essayant d'obtenir la prorogation du mandat de François Roussely à la tête d'EDF, qui expire le 11 juillet. Proglio demande à Anne Méaux, la toute-puissante stratège en communication, patronne d'Image 7, d'« aider François ». Celle-ci refuse, car Pierre Gadonneix, patron de Gaz de France, est son client et rêve de prendre la direction d'EDF. C'est donc Euro RSCG, l'autre agence en stratégie, qui va mener la campagne en faveur de Roussely, alors qu'Image 7 pousse la candidature de Pierre Gadonneix. Celui-ci va l'emporter par une conjonction de hasards bien organisés. Jean-François Cirelli, directeur adjoint du cabinet du Premier ministre Jean-Pierre Raffarin, ambitionne de son côté de devenir président d'entreprise publique. Sans expé-

---

1. Henri Proglio nie son appartenance à la GLNF. Et pourtant nombre de mes interlocuteurs m'assurent avec force qu'il appartient à la franc-maçonnerie. L'un d'eux, Bernard Cheynel, intermédiaire, m'a raconté qu'Alfred Sirven, après sa libération conditionnelle en 2004, vivait à Deauville dans l'appartement de l'un de ses enfants. Il fréquentait régulièrement *Le Kraal*, restaurant de poissons réputé où il avait depuis longtemps ses habitudes. Henri Proglio l'y rejoignait assez fréquemment le week-end. Sirven était fier de s'afficher avec le patron de Veolia. « Tu vois, je suis sorti de prison. Beaucoup de gens me tournent le dos, mais entre frères on ne se perd jamais de vue. C'est un frère, il est là », avait confié Sirven à son entourage deauvillois.

rience, sans grand charisme, mais doté d'une certaine habileté, il sait qu'il ne peut prétendre à la présidence d'EDF. GDF pourrait néanmoins être à sa portée... à condition que son actuel président soit promu à la tête d'EDF : Gadonneix lui laisserait ainsi sa place. Dans l'ombre de Jean-Pierre Raffarin, c'est Cirelli qui agite l'article hagiographique de trop qui vient de paraître *Le Monde*, qui aurait eu Stéphane Fouks comme souffleur. Dans cet article, il est dit que François Roussely serait finalement le mieux placé pour se succéder à lui-même, et que « la marge de manœuvre du Premier ministre pour trouver et nommer un remplaçant à M. Roussely apparaît désormais singulièrement réduite[1] ». Voilà la couleuvre de trop pour le Premier ministre, soigneusement remonté par Jean-François Cirelli. Raffarin demande à Jacques Chirac de choisir entre son Premier ministre et le président d'EDF. Le président de la République est obligé de caler, il ne renouvelle pas François Roussely, à la fureur d'Henri Proglio, d'Alexandre Djouhri et de Maurice Gourdault-Montagne. Pierre Gadonneix devient président d'EDF en septembre 2004, après la transformation juridique du groupe en société anonyme.

Anne Méaux, qui a travaillé aux côtés de Gadonneix, sera dès lors tenue par Djouhri pour un « traître », avant d'user à son endroit d'un terme beau-

---

[1]. Pascal Galinier, « François Roussely espère être reconduit à la présidence d'EDF », *Le Monde*, 26 août 2004.

coup plus grossier : la « pétasse ». Elle va rapidement être dégagée de sa mission de communication pour le groupe Veolia. Et, raffinement ultime, la communication de Veolia est prise en main par Amanda Galsworthy, l'interprète de Jacques Chirac et proche de Maurice Gourdault-Montagne, grâce à la forte recommandation de Djouhri[1]. Un Djouhri qui a tellement poids auprès de Proglio qu'il obtient également l'éloignement de celui qu'on appelle le « Baron noir », Éric de Ficquelmont, son principal collaborateur et ami depuis une quinzaine d'années.

François Roussely retrouve rapidement du travail et se recycle, début décembre 2004, dans la banque d'affaires, au Crédit Suisse. Il obtient très vite le mandat permanent de fusion entre EDF et Veolia... de la part d'Henri Proglio, président de Veolia. Lequel conserve sa fonction de président du comité stratégique d'EDF, là où François Roussely l'avait nommé.

Proglio continue de mener une guerre sourde contre Pierre Gadonneix, l'« usurpateur », et attend son heure. La dégradation de la note de Veolia, sa dette record, ses piètres performances face au groupe Suez, son cours de Bourse déclinant, augmentent constamment sa nervosité. Il se sent piégé. Coup sur coup, il tente deux opérations kamikazes, l'une et l'autre avec l'aide d'Alain Minc. La première donne lieu à la création d'un mastodonte, face à Veolia, la seconde va faire ricaner le Tout-Paris des affaires. Deux fiascos

---

1. Elle ne va pas garder longtemps ce poste.

retentissants, qui n'empêcheront pas Nicolas Sarkozy de lui décerner le titre de « meilleur industriel de France » et de le nommer à la tête d'EDF en 2009.

Premier temps : début mars 2006, Alain Minc est envoyé « chauffer » Albert Frère, le premier actionnaire privé de Suez, d'un côté, Enel, le géant italien de l'électricité, de l'autre, pour préparer une OPA contre Suez, concurrent historique de Veolia (ex-CGE) sur le marché de l'eau. François Roussely est le banquier de l'opération destinée à prendre un contrôle italien sur Suez. Fulvio Conti, l'habile président d'Enel, convainc son conseil que le succès est possible et qu'un *nihil obstat* pourra être donné par l'Élysée. C'est ce qu'Alexandre Djouhri et Alain Minc se font fort d'obtenir, chacun de leur côté. Mais des fuites fragilisent l'opération projetée. Gérard Mestrallet, patron de Suez, contre-attaque, et a beau jeu de démontrer la perte de souveraineté qui résulterait de cette OPA. De son côté, Albert Frère ne plie pas. Dominique de Villepin, alors Premier ministre, brandit l'étendard de la résistance et annonce, de manière préventive, une fusion Suez-GDF, la présence au capital de l'État français empêchant toute attaque. La défaite est cuisante. Toute l'opération n'a conduit qu'à renforcer l'adversaire historique de Veolia. Elle montre aussi que Djouhri n'est pas dans des allégeances univoques et qu'il peut changer de pied : en cette occasion, il s'est retrouvé contre le « Poète ».

Toute honte bue, et toujours avec l'aide d'Alain Minc, Proglio lance une deuxième offensive, sur Vinci cette fois. Utilisant la période de transition de l'après-Zacharias[1], il tente une fusion-éclair Veolia-Vinci. Fusion repoussée, le 17 juin 2006, malgré quelques trahisons. Plutôt que de se faire limoger, Henri Proglio sacrifie un directeur financier.

L'élection présidentielle de 2007 aurait dû sonner le glas du très chiraquien Proglio. Mais non ! Grâce à Alexandre Djouhri, qui a été, au mois d'avril précédent, « à Canossa », et avec l'aide de son amie Rachida Dati, ce proche de Jacques Chirac, fidèle d'entre les fidèles, est au *Fouquet's* le soir de l'élection de Nicolas Sarkozy ! Il a opéré un rétablissement extraordinaire. Le quinquennat s'annonce sous de bons auspices : son ami Claude Guéant, lié également à François Roussely et à Alexandre Djouhri, est nommé au poste de secrétaire général de l'Élysée. Ce petit monde se réorganise à nouveau avec une constellation d'amis proches et dévoués.

L'élection présidentielle a créé d'autres « galaxies » ou groupes d'intérêts influents : les amis riches, très riches du Président. Seront nommés grand-croix de la Légion d'honneur (une distinction normalement réservée à des Français ayant accompli des actions

---

1. Antoine Zacharias a été débarqué de la présidence du groupe Vinci lors d'un conseil d'administration, le 1er juin 2006. Le prétexte était les sommes astronomiquement indécentes qu'il s'était fait attribuer comme salaire annuel (4,29 millions d'euros), primes de départ (près de 14 millions), sans compter les 250 millions réalisés grâce à ses stock-options.

héroïques pour la France), en rafale : Paul Desmarais senior (milliardaire canadien)[1], Antoine Bernheim (banquier français)[2], Albert Frère (milliardaire belge)[3].

Martin Bouygues ne revendique, lui, aucune médaille. Il a en tête du plus lourd : Areva, l'industrie nucléaire française. Il rêve d'en faire une étoile du patrimoine familial. Pour arriver à ses fins, il fait alliance avec Patrick Kron, le patron d'Alstom. Il n'est pas pressé. Il doit à l'État une soulte si l'opération se fait vite. Il va prendre au contraire son temps, tout en assénant régulièrement des coups de boutoir à Anne Lauvergeon, la présidente d'Areva. Las ! La crise de 2008 le prive des moyens nécessaires pour parvenir à ses fins. Il finit par jeter l'éponge à la mi-2009, en obtenant de Nicolas Sarkozy sa part de chair : Areva doit abandonner Areva T&D (Transmission et Distribution) et céder cette branche d'activité. Faute de

---

1. P-DG de Power Corporation (médias, papeteries, services financiers), il fait partie de plusieurs conseils d'administration, dont celui de Total et celui de Suez. Il est proche de Nicolas Sarkozy depuis 1995. Lire à ce sujet l'ouvrage de Robin Philpot, *Derrière l'État Desmarais, les intouchables* (Montréal, 2008).

2. Considéré comme un des piliers du capitalisme français, cet ancien associé-gérant de la banque Lazard a été jusqu'en 2010 président du groupe d'assurances italien Generali.

3. Personnage influent, il a fait une partie de sa fortune dans les circonstances chaotiques provoquées par les nationalisations de 1981. Il est un important actionnaire des groupes Total, Suez et Lafarge, et possède aussi le grand crû Château Cheval-Blanc, si apprécié par Alexandre Djouhri.

moyens, il ne pourra acheter que le « T » de transmission[1].

Anne Méaux défend pendant toute cette période Anne Lauvergeon, une « corpsarde » qui a *grosso modo* la même vision gaullienne de son entreprise au service de la France que Guillaumat sur ces sujets en son temps. Les deux battantes, que rien au départ ne prédisposait à s'entendre – Anne Méaux est plutôt de tendance libérale-UDF –, se sont retrouvées confrontées à des adversaires communs. Elles ont appris à unir leurs forces et à s'apprécier. Anne Lauvergeon a créé Areva en 2001 et en a fait, en quelques années, un groupe intégré qui est le numéro un du nucléaire dans le monde. La patronne d'Image 7 a du pain sur la planche pour contrecarrer le puissant lobby du *Fouquet's* ! Si la première manche est gagnée contre Martin Bouygues, la seconde s'annonce terrible.

Elle débute vraiment le 30 juin 2009, quand l'État décide d'augmenter le capital d'Areva et de réserver l'augmentation à trois investisseurs : Mitsubishi Heavy Industry (MHI), Kuwait Investment Authority (KIA) et Qatar Investment Authority (QIA) – l'Élysée marquant là une nouvelle fois son tropisme pour les émirats et notamment celui du Qatar. À ce stade, il est intéressant de noter que QIA est conseillé par le Crédit Suisse, banque d'affaires dont le fonds souverain

---

1. La filiale Areva T&D a été cédée le 7 juin 2010 à Alstom et à Schneider Electric. La partie « transmission » électrique a été intégrée à Alstom, la partie distribution à Schneider.

qatari est l'actionnaire de référence et dont le vice-président Europe est un certain François Roussely.

Les différentes pièces du puzzle vont rapidement commencer à s'asssembler. Un petit groupe de personnes a décidé, seul, de placer sous sa coupe la filière nucléaire française. À la manœuvre, Henri Proglio, Alexandre Djouhri, Claude Guéant, François Roussely, assistés de l'agence de stratégie et communication Euro RSCG appuyée par un nouveau et puissant personnage, Ramzy Kiroun, conseiller spécial d'Arnaud Lagardère et ami de Dominique Strauss-Kahn. Meilleur relais politique de ce groupe : Jean-Louis Borloo, numéro deux du gouvernement, ministre de l'Environnement et de l'Énergie. Ses relations avec Henri Proglio sont intimes. Ils se donnent du « mon frère ». Proglio a embauché la fille de Borloo à Veolia, à Hong-Kong.

Le projet commun prend rapidement forme : Henri Proglio doit être nommé patron d'EDF en lieu et place de Pierre Gadonneix ; le nucléaire doit être ensuite placé sous la dépendance d'EDF ; enfin, il faut faire éclater le géant Areva, séparer l'activité minière proprement dite (et donner aux Qatari, qui en rêvent, la possibilité de devenir un actionnaire significatif) et laisser à EDF la possibilité de reprendre telle ou telle de ses branches (très rentables).

Nicolas Sarkozy a endossé à cent pour cent les vues du lobby, lequel irrite au plus haut point le Premier ministre François Fillon, non seulement parce qu'il s'en prend sauvagement à Anne Lauvergeon, qu'il apprécie, mais aussi parce qu'il déteste l'irruption d'un personnage comme Alexandre Djouhri dans un dossier aussi stratégique et sensible que le nucléaire. L'analyse de la bataille sanglante autour d'Areva, qui se termine, le 16 juin 2011, par la défaite d'*Atomic Anne*, permet de voir ou en tout cas d'apercevoir l'équipe de ce lobby à l'œuvre.

Le 27 octobre 2009, Nicolas Sarkozy confie à François Roussely la mission de rédiger un rapport sur la filière nucléaire française, qui doit être achevé en avril 2010. L'augmentation du capital d'Areva est suspendue. La commission Roussely est majoritairement composée de collaborateurs ou ex-collaborateurs d'EDF et de Veolia, ses réunions se tiennent le plus souvent au siège du Crédit Suisse, avenue Hoche, à Paris, souvent en présence de collaborateurs de la banque d'affaires. Curieusement, peu s'indignent de voir un banquier d'affaires missionné pour réfléchir à une nouvelle carte du nucléaire. Le cynisme va loin : le rapporteur est même un salarié d'EDF...

Le mois suivant, en novembre 2009, le patron d'EDF Pierre Gadonneix est remercié pour avoir parlé d'augmentation des tarifs : il a annoncé 20 % en quatre ans ; son successeur, lui, esquissera un schéma de hausse des tarifs à 40 % en cinq ans ! Le nom d'Henri Proglio est prononcé par Claude Guéant, soutenu par Jean-Louis Borloo et relayé par Euro RSCG : le patron de Veolia est présenté comme étant *la* solution. L'intéressé annonce toutefois vouloir rester président de son groupe. Nicolas Sarkozy lui souffle qu'il faudra qu'il choisisse. Cependant, quinze jours plus tard, le 25 novembre, il le nomme à la tête d'EDF, tout en l'autorisant à continuer de diriger Veolia.

Claude Guéant a bien travaillé. Consternation à GDF-Suez. Sûr de son fait et professionnel averti des annonces de Meccano industriel, Henri Proglio livre ses confidences en avant-première au quotidien économique *Les Échos* : constituer Areva n'était pas une bonne idée, un démantèlement pourrait être indiqué ; dans cette configuration-là EDF pourrait être chargé d'en reprendre les morceaux à son goût. Anne Lauvergeon appelle François Roussely, qu'elle connaît, pour lui demander à quoi on joue : silence embarrassé. Henri Proglio l'appelle pour nier avoir jamais dit cela et refuse dans le même temps de publier un démenti.

S'ouvre parallèlement, le 18 novembre 2009, le dernier acte de l'appel d'offres lancé par les Émirats arabes unis, à Abou Dhabi, portant sur la construction de quatre centrales nucléaires. Trois concurrents sont encore en lice : l'Américain General Electric, le Coréen Kepco, et le Français Areva, avec GDF-Suez, Total et... EDF. Un mois avant l'issue finale, dans *Les Échos* du 23 novembre 2009, jour de son installation à EDF, deux jours avant sa nomination officielle, Henri Proglio déclare publiquement que l'EPR[1], le réacteur national, est trop cher et trop sophistiqué, et

---

1. Le Réacteur pressurisé européen ou EPR est un réacteur nucléaire de troisième génération conçu et développé par Areva dans les années 1990 et 2000. Il vise à être plus sûr.

critique ses différents partenaires, dont son vieil ennemi Gérard Mestrallet.

Depuis neuf mois, Claude Guéant a pris l'ensemble de la négociation sous son aile. Il multiplie les réunions en France avec les différents présidents d'entreprise et les échanges directs avec Abou Dhabi. Tout passe par son bureau, y compris les nouvelles offres. La négociation échappe totalement aux industriels. Dix jours avant l'annonce fatale du choix coréen, il se montre encore très positif. Les relations avec Anne Lauvergeon sont cordiales, même s'il se méfie de cette pédégère trop libre à son goût. D'ailleurs, n'a-t-elle pas tout fait pour « ensabler » la vente des réacteurs à la Libye, qu'il souhaite tant ?

Le 25 décembre, patatras ! Cheikh Mohammed ben Zayed al-Nahyane, le prince héritier d'Abou Dhabi, appelle Nicolas Sarkozy pour l'informer que les carottes sont cuites. Le Président coréen est déjà sur le sol émirati pour parapher son contrat. Une très délicate attention... Nicolas Sarkozy l'a même remercié de son coup de fil ! Claude Guéant, en charge du dossier, doit trouver un bouc émissaire : ce sera Anne Lauvergeon... et l'EPR. Une campagne lourde se déclenche. À l'offensive, l'équipe de Stéphane Fouks, qui prend en même temps la communication de la commission sur la filière nucléaire française mise en place autour de... François Roussely et de son prochain rapport, un gage d'indépendance !

Lorsque éclate, en janvier 2010, le scandale de la double rémunération d'Henri Proglio[1], alors même que la source en est, dit-on, chez Veolia, le président d'EDF et de Veolia veut y voir la main d'Anne Méaux et le bras d'Anne Lauvergeon. Ce que cette dernière nie avec la dernière énergie[2]. La polémique est si vive qu'il doit dans un premier temps renoncer à son salaire chez Veolia, puis, début décembre 2010, en abandonner la présidence ; l'attentisme de Nicolas Sarkozy aurait fait beaucoup de dégâts pour le parti majoritaire aux élections régionales des 14 et 21 mars 2010.

Pendant ce temps, Alexandre Djouhri continue son travail de sape contre Anne Lauvergeon et fonctionne en équipe avec son ami Yazid Sabeg, le commissaire à la Diversité et à l'Égalité des chances. Yazid Sabeg a fait part, en novembre 2009, de son analyse à Claude Guéant. Tout en se positionnant comme le remplaçant potentiel d'Anne Lauvergeon, il envoie, le 8 mars 2010, une note à Nicolas Sarkozy insistant sur l'inefficacité du modèle intégré d'Areva, sur les erreurs du groupe et sur la nécessité de reconstituer une équipe de France en faisant éclater Areva et en intégrant Alstom avec l'ancienne Framatome.

---

1. Interpelée à l'Assemblée nationale, la ministre de l'Économie Christine Lagarde conteste le « cumul rémunérationnel » du patron d'EDF, mais donne les chiffres : 1,6 million d'euros au titre de la présidence d'EDF et 450 000 euros d'« indemnisations » de Veolia.

2. Entretien avec l'auteur, le 27 juin 2011.

Le 19 mars, le site Mediapart annonce la nomination de Yazid Sabeg au poste d'Anne Lauvergeon : la nomination serait faite à la mi-avril. Après avoir rappelé l'agacement de l'Élysée à propos du long conflit d'*Atomic Anne* avec Patrick Kron et Martin Bouygues, deux amis de Nicolas Sarkozy, la journaliste Martine Orange explique que « c'est surtout la guerre déclenchée par Anne Lauvergeon contre Henri Proglio, porté à la tête d'EDF par Nicolas Sarkozy, qui a convaincu le chef de l'État qu'il fallait remettre vite de l'ordre dans la maison ». L'article se poursuit : « Selon de très bonnes sources, Nicolas Sarkozy a vécu comme une agression et un défi à son autorité les rumeurs qui ont circulé dans la presse contre le président d'EDF, à l'initiative de la patronne d'Areva, et de sa conseillère en communication, Anne Méaux. Pour sortir vite d'une crise qui était désormais sur la place publique et qui faisait les délices des médias, une réunion a donc eu lieu, selon nos informations, mercredi 10 mars. » Principale décision de cette réunion : mettre Anne Lauvergeon sur la touche.

Deux jours plus tard, dans un entretien au *Figaro Magazine*, Nicolas Sarkozy donne totalement raison à Henri Proglio : « Nous avons nommé à la tête d'EDF un très bon industriel », et il trouve que les « disputes publiques entre les dirigeants de ces entreprises, c'est inadmissible » ; « l'État va y mettre de l'ordre ».

Les jours d'Anne Lauvergeon, que des opposants appellent la « Créature », semblent donc comptés. Le nom de Yazid Sabeg est bien inscrit parmi les nominations décidées en Conseil des ministres. Mais, le mercredi 14 avril, juste avant le Conseil des ministres, il est retiré par le Premier ministre François Fillon. Personne n'a dit alors, quand Yazid Sabeg était donné gagnant, qu'il était, comme François Roussely, très lié au Qatar et qu'il était au cœur de la négociation avec l'émirat pour faire entrer son fonds souverain dans les réserves stratégiques d'uranium d'Areva.

Mi-juin 2010, le rapport Roussely intitulé « Avenir de la filière française du nucléaire civil » est classé secret-défense. Son contenu est explosif. La camarilla autour de « monsieur Alexandre » y expose toutes ses thèses. Entre autres perles, il y est dit *grosso modo* que l'Autorité de sûreté française est allée trop loin ; qu'il faut revenir sur les exigences de sûreté concernant les nouveaux réacteurs ; que l'EPR est beaucoup trop sûr ; qu'il faut revenir à des réacteurs plus rustiques, moins chers, qui seront compétitifs face aux réacteurs produits par les Chinois ! Pourquoi vendre de la technologie de troisième génération ? EDF se déclare prêt à construire des réacteurs de deuxième génération en France et ailleurs.

Un résumé de son rapport, plus inoffensif, est demandé à François Roussely. Le 27 juillet, le Conseil de politique nucléaire, présidé par le chef de l'État, publie la synthèse du rapport. Principales conclusions : EDF est consacré chef de file de la filière nucléaire, GDF-Suez en est écarté. Si le modèle intégré est officiellement préservé, la cotation séparée de l'activité minière d'Areva est incidemment recommandée, laissant la porte ouverte à un démantèlement :

« Pour l'amont du cycle, il est essentiel de conforter le dialogue stratégique entre l'État, Areva et EDF, Areva étant un acteur minier de premier plan (en 2009, premier producteur mondial avec de l'ordre de 20 % de la production d'uranium primaire) et EDF le plus gros consommateur mondial d'uranium enrichi. Pour concrétiser cette idée, Areva pourrait apporter ses actifs miniers d'uranium à une société *ad hoc* dont elle conserverait la majorité et assurerait la gestion ; les autres actionnaires pourraient être des clients. En outre, une telle opération permettrait à Areva de réduire significativement ses besoins en capitaux[1]. »

Le communiqué de presse de l'Élysée, le 27 juillet 2010, annonce qu'une augmentation de capital d'Areva, à hauteur d'un maximum de 15 %, sera mise en œuvre avant la fin de l'année. Y est évoquée l'éventualité d'une prise de participation d'EDF dans le capital d'Areva : cele-ci sera examinée.

En septembre 2010, EDF fait part de son opposition à l'entrée du japonais MHI au capital d'Areva et obtient son éviction malgré l'engagement pris par François Fillon auprès des Japonais. Le 15 septembre, François Roussely continue à dénigrer Areva en dévalorisant publiquement à l'Assemblée nationale ses activités et en prônant la promotion par EDF de produits chinois : « Le réacteur ATMEA qu'Areva étudie

---

1. In *Synthèse du Rapport,* page 10.

avec Mitsubishi est intéressant, mais il faudra peut-être encore dix ans pour passer du stade de projet à une réalisation industrielle. De plus, une partie du projet dérive de l'EPR. Il y a donc fort à parier qu'on aboutisse à un outil lui-même assez coûteux, difficile à utiliser et produisant un KW/h pas aussi compétitif qu'on le voudrait. »

Après avoir évoqué les liens de partenariat entre EDF et l'électricien chinois CGNPC, qui produit un CPR 1000 – un réacteur de faible puissance comparé à l'EPR, dont Roussely dit que c'est un réacteur de deuxième génération amélioré possédant moins que l'EPR de redondances de circuits de sauvegarde... –, il lance devant les députés : « Certes, le CPR 1000 n'est pas l'EPR, mais il n'est pas dangereux et, si EDF décidait de s'associer à sa commercialisation, ce ne serait pas une hérésie. [...] Serait-ce un mauvais coup contre Areva, mettant à mal la coopération souhaitée entre les deux entreprises ? [...] Il n'y a rien de choquant à ce qu'EDF essaie de combler le "trou" qui existe entre l'EPR et l'ATMEA. »

Dans le même temps, Henri Proglio a signé des accords secrets avec les Chinois : ces accords ouvrent la possibilité aux entreprises chinoises de venir travailler sur les centrales françaises d'EDF, et le cas échéant d'y investir ; ils organisent par ailleurs le lancement d'un nouveau réacteur nucléaire franco-chinois de génération II, légèrement amélioré, à un niveau de sûreté toutefois bien inférieur à celui de l'EPR français. Les cabinets ministériels découvriront avec stupéfaction ces accords quelques mois plus tard. François Fillon en sera furieux[1], mais l'affaire ne doit pas être ébruitée. Bernard Bigot, patron du Commissariat à l'Énergie atomique (CEA), est chargé par le gouvernement de remettre bon ordre dans ce dossier.

Anne Lauvergeon voit dans ce « mauvais coup » la volonté de Proglio et de ses soutiens de mettre complètement la main sur les futurs contrats juteux du nucléaire. Et tant pis si le CPR 1000 est sous licence Areva !

Le dispositif gouvernemental des affidés se renforce en août 2010. Le 3, Jean-Dominique Comolli[2], parrainé par Claude Guéant, est nommé patron de l'Agence de Participations de l'État. L'homme qui a fait sortir la Seita du giron français est chargé de gérer du point de vue stratégique et financier les intérêts de l'État dans France Telecom, Air France, Thales, EDF

---

[1]. Témoignage d'un haut fonctionnaire de la Direction générale de l'Énergie et du Climat (DGEC) qui souhaite rester anonyme.

[2]. Issu de l'ENA, il a été un collaborateur de Laurent Fabius, puis directeur de cabinet de Michel Charasse avant d'être nommé directeur des douanes. Il gère la privatisation de la Seita en 1995, qui aboutira *in fine* à la reprise de la société française par Imperial Tobacco. Une opération qui a été pour lui très lucrative : quelque 5 millions d'euros de stock-options, une retraite annuelle de 485 000 euros et quelques autres avantages ! Très proche de Claude Guéant et de Nicolas Sarkozy, il quitte le privé pour entrer à nouveau dans la fonction publique. Il passe pour être un grand détenteur de secrets sensibles, notamment sur les rétrocommissions des frégates de Taïwan.

et Areva ! Lors du même Conseil des ministres, une procédure particulière est annoncée pour les présidents en fin de deuxième mandat : le texte semble avoir été mitonné pour empêcher à tout le moins un troisième mandat d'Anne Lauvergeon.

C'est du Qatar qu'arrive, en novembre 2010, la dernière nouvelle qui permet à Anne Lauvergeon d'embrasser l'ensemble du nouveau tableau, qu'elle devinait depuis longtemps et duquel elle devrait disparaître. Les grandes manœuvres pour démanteler Areva et l'éjecter sont lancées. Le fonds souverain du Qatar, QIA, conditionne en effet son entrée au capital d'Areva à une future conversion de ses actions en participation dans une société minière à créer à partir des activités minières d'Areva. Et retarde ainsi les négociations qui devaient aboutir, avant la fin de l'année, à une augmentation du capital d'Areva de 15 %. Cet objectif ne peut plus dès lors être atteint. Toute recherche d'un autre investisseur est par ailleurs interdite. La dépêche AFP qui annonce la nouvelle, datée du 22 novembre, n'hésite pas à voir dans cette affaire la « patte d'EDF, qui tenterait d'augmenter sa participation au capital d'Areva ». De cette restructuration importante pour la France, la presse ne retient que la bataille entre Henri Proglio et Anne Lauvergeon, laquelle constitue un dernier obstacle, et oublie de regarder ce qui se passe dans les coulisses. L'objectif du lobby affairo-nucléaire, outre les satisfactions d'ego, semble bien être de mettre la main sur le géant nucléaire. Avec 9 milliards d'euros de chiffre d'affaires annuel, dont 75 % à l'exportation, assurément Areva pourrait se muer en l'un des plus gros producteurs de commissions potentielles au cours des prochaines années. Areva vaut bien une messe !

Dès le début de mon enquête, j'ai été sensibilisé à l'intérêt qu'a porté Alexandre Djouhri à la restructuration de la filière nucléaire française. Un ancien grand patron, ami depuis longtemps de celui-ci, me confia en effet que, lors d'une rencontre, deux semaines plus tôt, avec celui-ci et Dominique de Villepin, au *Divellec*, Djouhri lui avait confié qu'il consacrait l'essentiel de son énergie à la bataille du nucléaire, « déterminante pour la France ». Pourtant, Henri Proglio nie farouchement, pour sa part, le rôle d'Alexandre Djouhri dans celle-ci[1].

Étrangement, les médias ne se sont pas intéressés au choix présidentiel de nommer François Roussely rapporteur de l'étude sur ce secteur si important pour la France. Si Roussely se prévaut du titre de « président d'honneur du Groupe EDF » dans son rôle de médecin industriel, celui de vice-président du Crédit Suisse Europe correspond mieux à la réalité de sa situation, puisque son bureau est installé dans cette banque et que ses émoluments en proviennent. Et à ce poste-là, il est aussi conseiller du fonds souverain du Qatar, un acteur essentiel de la restructuration qu'il propose, puis de celle qui s'esquisse. Pas besoin d'être un juriste chevronné pour mesurer le risque

---

1. Rencontre avec l'auteur, le 4 juillet 2011.

qu'il prend de se voir reprocher un conflit d'intérêts. Dans cette affaire, François Roussely a en effet été chargé par le président de la République d'une mission de service public[1]. S'il s'avérait qu'il puisse obtenir un avantage de la part de QIA ou d'EDF du fait des conseils qu'il a donnés, il serait susceptible d'être attaqué pour trafic d'influence ; et se retrouvant par la nature de sa mission en position de surveillance de l'opération d'augmentation de capital d'Areva, la prise illégale d'intérêts pourrait également être retenue. Le Fonds Framepargne, qui regroupe l'actionnariat salarié des employés d'Areva, a porté plainte contre personne inconnue pour des faits de prise illégale d'intérêts et a chargé Me Jean-Marc Fédida de suivre l'affaire.

Le nucléaire *low cost,* tel qu'imaginait le vendre EDF, est mort à Fukushima, le 11 mars 2011. François Roussely, Henri Proglio, Alexandre Djouhri, Claude Guéant – et donc Nicolas Sarkozy lui-même – n'ont pas fait le bon choix en prônant des réacteurs de seconde zone pour les nouveaux pays clients du nucléaire. André-Claude Lacoste, le patron de l'Autorité de sûreté nucléaire et Anne Lauvergeon voient, eux, leurs thèses validées par les accidents que connaît la centrale de Fukushima Daiichi après le tsunami. Anne Lauvergeon, qui a toujours fait de la sécurité la pierre angulaire de sa politique et qui est devenue une star au Japon pour ses préconisations techniques et ses

---

1. Par lettre du 27 octobre 2009.

actions à Fukushima, espère que la rationalité soit de retour dans le système français. C'est ce qu'on croit aussi en dehors de France.

Après l'effroi suscité par la catastrophe japonaise, le nucléaire devrait être l'un des thèmes importants de la campagne de l'élection présidentielle de 2012. Des parlementaires de tous bords appellent à la reconduction d'Anne Lauvergeon à la tête d'Areva. Jean-Claude Spinetta, président du conseil de surveillance de l'entreprise, le dit et le redit : « C'est la meilleure candidate. » Les syndicats demandent qu'elle reste. Des clients aussi. Rien n'y fera : seule femme dirigeante d'une grande entreprise française, elle doit être « vidée ». Et, cruauté particulière, c'est son plus fidèle soutien, François Fillon, qui est chargé de la besogne de lui annoncer officiellement que son mandat n'est pas renouvelé. Jean-Dominique Comolli a fait son œuvre de sape, multipliant les notations assassines.

Dans *Le Monde*, Anne Lauvergeon s'exprime par euphémisme[1], peu après son éviction, en disant qu'elle aurait souhaité un État plus stratège. Dans les jours qui suivent l'annonce de son départ, elle est l'objet d'articles de presse très critiques sur sa gestion, qui reprennent les arguments développés par Proglio et Djouhri depuis le début de la bataille entre EDF et Areva.

Finalement, le lobby a gagné, car Luc Oursel, son remplaçant, a été le collaborateur direct puis l'ami

---

1. Daté du 8 juillet 2011.

fidèle de François Roussely : celui-ci a enfin son affidé au cœur d'Areva. L'opération a un coût élevé puisque cette nomination provoque six démissions dans le comité exécutif d'Areva. Dans les jours qui suivent sa nomination, Luc Oursel nomme un nouveau directeur financier, qui n'est autre qu'un des subordonnés de Jean-Dominique Comolli, sans aucune expérience à ce niveau. Quelle est la marge de manœuvre d'Oursel, s'interrogent les salariés d'Areva, par l'intermédiaire du Comité de groupe européen[1] présidé par Maureen Kearney ? De nombreuses questions se posent. Qui donc va assurer la promotion commerciale des prochains EPR ? Est-ce que cela sera EDF et Djouhri, ou bien Areva ? Quid de l'avenir de la branche minière que convoitent les Qatari et François Roussely, leur conseil depuis deux ans ? Quelle sera la capacité de résistance du Comité de groupe européen face à l'hydre parfaitement organisée jusqu'au sommet de l'État qui va tenter de démanteler Areva ? Les enjeux sont bel et bien stratégiques. « Pourquoi laisser l'uranium à des pays qui ont essayé de nous couper le pétrole dans les années 1970[2] ? », s'étonne ainsi Jean-Pierre Bachmann, le patron CFDT d'Areva.

Une des caractéristiques de fonctionnement de l'étroit mais puissant lobby est sa discrétion. Il n'a pas pignon sur rue, ne laisse pas de notes et ne crie évi-

---

[1]. Le Comité de groupe européen est l'instance représentative des 48 000 salariés d'Areva.
[2]. Cité dans *L'Usine Nouvelle*.

demment pas l'intention de ses actions sur les toits. J'ai conscience que ce que j'en dis ici est succinct. Non seulement parce que ses membres agissent dans l'ombre, mais parce que ceux qui savent des choses n'acceptent de parler qu'en « off ». Pour contourner cette difficulté, que j'ai rencontrée à tous les stades de mon enquête, j'ai cherché et accumulé les traces de son action, au-delà aussi de la seule industrie nucléaire.

La plus grosse « bulle » qui a éclaté pendant que se déroulait la guerre du nucléaire est celle concernant le sauvetage d'Altis Semiconductor, une société de puces électroniques basée à Corbeil-Essonnes – point important –, fief de Serge Dassault. Lequel voulait à tout prix, pour des raisons électorales, que soit sauvée cette société. Dans cette affaire, du beau monde est à la manœuvre pour faire plaisir au patron-député. Claude Guéant suit le dossier, aidé de Yazid Sabeg, du fils d'Alexandre Djouhri, des membres de la Caisse des Dépôts et Consignations et des représentants du Qatar, entre autres. Le 25 juin 2010, Yazid Sabeg annonce, dans une conférence de presse, avoir signé une promesse d'acquisition d'Altis. Avant de voir le commissaire à la Diversité entrer dans le dossier, circulait le nom d'Alexandre Djouhri, lequel avait placé son fils Germain[1] à la tête de la société : Germain avait

---

1. En réalité, il s'appelle Alexandre, mais son père ayant troqué son prénom Ahmed pour celui d'Alexandre, il lui a donné un autre prénom d'usage.

promis d'apporter 70 millions d'euros pour recapitaliser la société. Un complément de 30 millions d'euros devait provenir de prêts garantis par l'État. Un plan correspondant *grosso modo* à celui qu'avait présenté Serge Dassault, qui était alors maire de Corbeil-Essonnes, avant que son élection ne soit invalidée.

Appuyé par Guéant, Sabeg présente son dossier au Fonds stratégique d'investissement (propriété à 50 % de l'État et de la Caisse des Dépôts et Consignations), qui le retoque. Un nouveau patron du FSI[1] va se montrer plus compréhensif. Et Sabeg, qui n'a pourtant pas d'argent, investit 40 millions dans la reprise d'Altis : une somme qui lui est obligeamment prêtée par un mystérieux investisseur, à des conditions qui font ressembler ce prêt à un don. Quel est ce mystérieux personnage qui se montre si généreux ? Serge Dassault lui-même[2] ? Très probablement. Bien après les annonces officielles de la reprise d'Altis par le commissaire Yazid Sabeg, il n'y a pas que le prêteur qui est mystérieux. Pourquoi Sabeg a-t-il remplacé Germain Djouhri à la tête d'Altis ? Les membres du club se sont peut-être aperçus que l'affichage de Djouhri

---

1. Le nouveau patron devait d'ailleurs être Jean-Dominique Comolli, présenté par Claude Guéant, et retoqué par le conseil du FSI. Il a eu l'Agence des participations de l'État (APE) comme lot de consolation.

2. « Le sauvetage d'Altis, une mission très politique », *Libération* du 9 août 2010.

junior dans le fief de Serge Dassault allait dévoiler à la fois leur mode de fonctionnement et leurs liens de consanguinité.

Djouhri et consorts s'intéressent à la fois aux grands contrats civils et militaires à l'exportation et aux grands groupes français. Henri Proglio et *monsieur Alexandre* ont tenté de remplacer Arnaud Lagardère au capital d'EADS, avec le soutien de Nicolas Sarkozy[1]. Déjà, en octobre 2004, plus d'un an après la mort de Jean-Luc Lagardère, Alexandre Djouhri et Maurice Gourdault-Montagne avaient déjeuné avec Arnaud Lagardère pour le convaincre de recruter le conseiller diplomatique de Jacques Chirac comme responsable des exportations d'EADS[2]. Pourquoi ? Toujours cette volonté de maîtriser les marchés d'exportations.

Djouhri et Guéant sont vus en Arabie, en Libye et autres pays du Proche et du Moyen-Orient pour vendre le TGV, des centrales nucléaires, des Rafale. Djouhri a étendu son champ d'action à la Russie, grâce à son fils Germain, lequel a épousé la fille d'un hiérarque russe. Le 2 mars 2010, les deux Djouhri étaient à l'Élysée au dîner de gala en l'honneur de Medvedev, Président russe. Alexandre y avait emmené Henri Proglio. Il l'a présenté à Sergueï Kirienko, le président de Rosatom. Et l'aurait poussé à s'entendre avec lui. Contre Areva. Le 25 juin sui-

---

1. In *Challenges* du 21 juin 2007.
2. Renaud Lecadre, « Un boxeur au casse-croûte des chefs d'EADS », *Libération*, 10 juin 2005.

vant, EDF et Rosatom signaient du reste un contrat de coopération.

Une semaine plus tard, Djouhri est de nouveau à l'Élysée, pour la remise de la Légion d'honneur à Sergueï Chemezov, un très proche ami de Vladimir Poutine[1]. Chemezov, ex-patron de Rosoboronexport, le bureau commercial de l'armée russe, est aujourd'hui le patron de Rostekhhnologii, la holding publique chargée de soutenir l'innovation industrielle. Le soir, Chemezov invitait ses amis au *Bristol*. Y figuraient, du côté français, Djouhri père et fils, leurs amis Henri Proglio et Jean-Charles Naouri, mais aussi quelques autres patrons comme Louis Gallois, le patron d'EADS, Luc Vigneron, celui de Thales, et Yazid Sabeg, l'ami, l'homme d'affaires et le commissaire à la Diversité. Lesquels constatent qu'Alexandre se comporte comme le maître des lieux, va de table en table, embrasse chaleureusement Sabeg, et revient à sa table, jusqu'à enjoindre au maître d'hôtel :

« Tu ne nous mets pas de la bibine à notre table. Tu nous amènes un Cheval-Blanc ![2] »

Ce soir-là, il n'est pas question du contrat d'État à État sur la vente par la France de deux bâtiments de projection et de commandement (BPC) porte-hélicop-

---

[1]. Ils étaient ensemble à Dresde, quand ils étaient officiers du KGB.

[2]. Le Château Cheval-Blanc est un Saint-Émilion de très grande qualité qui, sur la carte du *Bristol*, ne coûte pas moins de 3 000 euros la bouteille.

tères de type Mistral, dont l'homme-clé en Russie est Chemezov, et l'homme-clé en France, Alexandre Djouhri. Le contrat sera signé à Saint-Pétersbourg le 17 juin 2011, en présence de Dimitri Medvedev. Pour le plus grand plaisir d'Alexandre Djouhri, qui s'y est beaucoup investi...

Monsieur Alexandre s'est également beaucoup investi dans les négociations aux côtés de Claude Guéant, aussi bien pour placer des centrales nucléaires dans les émirats et en Libye, que pour vendre les Rafale et divers armements. C'est probablement ces activités-là qui font dire à Claude Guéant et à Bernard Squarcini qu'il porte *le drapeau de la France*...

23

Quand l'instrument
se met à instrumentaliser l'appareil d'État...

Qui est donc cet Alexandre Djouhri qui se sent à l'Élysée comme chez lui, peut se permettre d'aller faire visiter le bureau du Président à l'un de ses amis, fait rire Nicolas Sarkozy, lui envoie un tableau et exhibe ensuite sa lettre de remerciement, est ami avec Claude Guéant, le « cardinal de l'ombre », voit plusieurs fois par semaine Bernard Squarcini, patron des services secrets intérieurs, parle de Henri Proglio, président d'EDF, comme s'il était son subordonné, tutoie Serge Dassault, le vieil avionneur, qu'il appelle même *Sergio*, emmène en vacances et invite souvent à déjeuner Dominique de Villepin, qu'il appelle affectueusement le « Poète », s'immisce dans la politique industrielle de la France, loge quand il est à Paris dans une suite au *Ritz*, place Vendôme, ne se déplace aux quatre coins de la planète qu'en avion privé, et qu'on suppose être un personnage très influent ?

Même après une longue enquête, la réponse n'est pas simple, car l'homme a compris depuis longtemps que le vrai pouvoir est indissociable du secret. Il exhibe son train de vie, offre des boîtes de cigares et du Château-Latour, porte des costumes de grands faiseurs, distribue de gros billets à des mendiants ; grande gueule, il vocifère, éructe, menace, mais ne laisse pas de traces écrites de ses actes et ne tient pas même un agenda. Avec lui, j'ai perçu les limites du journalisme d'enquête. Je n'ai pas honte de dire que je suis loin d'avoir mis au jour tous les ressorts qui permettraient d'expliquer son pouvoir. Autant il a été facile de le cerner pendant la période agitée de sa jeunesse, parce qu'il a laissé beaucoup de traces dans les archives de la police, autant, à partir de la fin des années 1980, son parcours est empli de zones d'ombre. Il refuse le label d'« intermédiaire » et se veut dirigeant d'un groupe de sociétés, mais bien malin celui qui dessinera l'organigramme de son groupe, et encore plus malin celui qui exposera l'origine et le montant de sa fortune. Les noms de quelques sociétés à Londres et à Genève ne suffisent pas à analyser le système qu'il a mis en place. J'ai en tout cas fait « chou blanc » sur des points essentiels. Exemple : a-t-il ou a-t-il eu, comme il l'a crié sur tous les toits, 8 % du capital de Veolia[1] ? Pendant un an, j'ai essayé de trouver une réponse à cette question simple et importante. Après y avoir passé beaucoup de temps et avoir inter-

---

1. Certains de ses amis affirment même qu'il possède plus de 8 % de Veolia. On se rappelle que j'ai aussi entendu 10, 11 et même 12 % !

rogé de nombreuses personnes, je me suis rallié à l'affirmation d'Henri Proglio, selon qui les 8 % de Djouhri sont « une gigantesque plaisanterie ».

J'ai plus encore pataugé en cherchant à estimer sa fortune. Du côté des revenus de l'homme d'affaires comme du côté de sa fortune personnelle, il est tout à fait impossible d'avancer un chiffre, même des plus approximatifs. Une seule certitude, du côté des dépenses : Alexandre Djouhri mène grand train, avec sa suite à l'année au *Ritz*, ses invitations dans les plus grands restaurants, ses verres pris dans les bars des palaces parisiens, ses déplacements en jet privé, ses vols offerts aux amis avec lesquels il souhaite passer une heure ou deux, à Genève ou à Londres. À partir de quel revenu annuel est-il possible de mener un tel train de vie ? À partir de quel patrimoine : 100, 200 ou 300 millions d'euros ?

J'en étais là de mes réflexions, c'est-à-dire pas très loin, quand j'ai été contacté par un collaborateur de Serge Dassault, qui m'assura être à la fois proche d'Alexandre Djouhri, de Bernard Squarcini et de Claude Guéant. Quelle ne fut pas ma surprise quand je l'entendis étaler sa bonne connaissance de l'avancement de mon enquête, tout en me laissant entendre que j'étais sur écoute. Il avait quatre messages à me faire passer : le premier concernait la peur de ses amis de mes « intrusions » dans leur vie privée – intrusions que ceux-ci semblaient tenir pour certaines ; le second, présenté comme un souci de préserver ma réputation, me suggérait de faire attention au « puissant lobby » qui s'opposait à Alexandre – quel est-il ? Mystère ! – ; le troisième était un portrait chaleureux de l'ami ; enfin, le dernier message était beaucoup plus surprenant et m'a fait perdre beaucoup de temps. Mon interlocuteur m'affirma que si sa « maison » (c'est-à-dire Dassault) vivait sur un grand pied, celui-ci n'était rien à côté du train d'Alexandre Djouhri en personne. Et de me redire que les 8 % de Veolia ne constituait qu'une partie de son portefeuille. Saisissant la balle au vol, je testai auprès de mon interlocuteur des chiffres. D'enchère en surenchère, j'en suis venu à lancer : « Une dizaine de milliards d'euros ? »

Mon interlocuteur m'a fait comprendre que je brûlais... Ainsi, selon lui, la fortune d'Alexandre Djouhri serait à ranger au palmarès, juste derrière celle de Liliane Bettencourt ?!! Comment gérer une telle information, ou plutôt une telle intoxication, qui creuse d'un coup un fossé vertigineux entre ma très vague estimation de son patrimoine et celle que son *missi dominici* voulait me faire accroire ? Je me livrai à des calculs d'épicier, en additionnant mes estimations des commissions diverses et autres produits de contrats dérivés, dont j'ai eu à connaître la possible existence et qui auraient pu être prélevés sur les Airbus vendus à la Libye ou autres fournitures, ou sur une « mission » pour sauver le soldat Pierre Falcone, etc. Les montants hypothétiques mais réalistes de ces « coups » que je croyais pouvoir mettre à son compte se chiffraient en quelques dizaines de millions de dollars... J'en conclus que le collaborateur de Serge Dassault et ami d'Alexandre Djouhri s'était livré – consciemment ou non – à un très gros « enfumage ». La fortune de l'ancien petit Beur de Sarcelles dépasse probablement la centaine de millions d'euros, mais ne peut en aucun cas s'évaluer en milliards. À moins qu'il ne gère des fortunes pour le compte de tiers...

Ce n'est cependant pas le niveau de sa fortune personnelle qui explique son pouvoir ou celui qu'on lui prête. Je me suis lancé dans cette enquête parce que j'avais moi-même la conviction que l'homme a un réel pouvoir. En finissant mon enquête, j'ai pourtant du mal à définir les contours de ce pouvoir. Depuis une quinzaine d'années, il est entré dans la cour des grands, et j'ai pu constater à quel point l'homme est craint. Il ne laisse pas indifférent personne.

Quel que soit l'angle sous lequel on l'approche, Alexandre Djouhri est un personnage de roman : il est le Rastignac de ce début de XXIe siècle. J'ai tout entendu sur lui : les pires imputations, des horreurs, comme les déclarations d'amour de grands technocrates et de capitaines d'industrie. La référence à Janus est inadéquate pour parler de lui : deux faces sont insuffisantes. Sa capacité de rebond est impressionnante. Passer du statut de principal ennemi de Sarkozy (« Cet enculé de nabot, on va l'écrabouiller[1]... ») à celui de familier de la cour révèle au minimum un grand savoir-faire. Dernier rallié au

---

1. Confidence faite à Olivier Drouin avant le déjeuner du *Bristol*, en mai 2006.

sarkozysme, il a su éviter toute mise à l'écart : sa nouvelle proximité a su résister aux avertissements de gens sérieux et dignes de foi qui ont à plusieurs reprises prévenu l'Élysée du danger à côtoyer un tel personnage. Frédéric Péchenard, directeur général de la Police nationale, a fait à ce sujet un rapport complet à Claude Guéant, alors directeur de cabinet de Nicolas Sarkozy, ministre de l'Intérieur. Patrick Ouart, longtemps appelé le garde des Sceaux-bis, a lui aussi dit et écrit des choses très désagréables sur Djouhri, à propos de ses interventions dans le dossier judiciaire de l'Angolagate ; or, c'est bien Patrick Ouart qui a été obligé de quitter le Château, et non l'intéressé. Hervé Morin, ministre de la Défense, a, dans le courant du printemps 2010, tiré la sonnette d'alarme auprès du Président sur Alexandre Djouhri après avoir reçu plusieurs notes de vieux briscards de l'armement :

« Nicolas, fais attention, dans ton entourage, il y a des gens pas nets et dangereux. J'ai trop de retours sur Ziad Takieddine et Alexandre Djouhri... »

Mais ces avertissements et d'autres encore ont été insuffisants pour couvrir les grandes louanges chantées par Claude Guéant, le numéro deux du régime sarkozyste, et par Bernard Squarcini, tout-puissant patron de la DCRI. Ce dernier avait d'ailleurs déjà posé un acte inédit dans l'histoire de la République en donnant à Alexandre Djouhri une attestation le blanchissant comme un nouveau-né. Il n'a pas changé d'idée, cinq ans plus tard, et ajoute même une touche patriotique en campant son protégé en défenseur du drapeau : « Djouhri sert notre pays et le bleu-blanc-rouge. Bien sûr, il fait des affaires pour lui, mais il en fait profiter le drapeau [...]. Claude Guéant a été surpris et émerveillé par son relationnel. Aujourd'hui, à l'international, soit on se repose sur Kouchner, soit on veut aller droit au but et prendre un circuit court[1]... »

Effectivement, Claude Guéant ne rechigne pas à dire qu'il aime bien Djouhri et qu'« il arrive [à celui-ci] de porter le drapeau de la France ». À première lecture, ces propos m'ont choqué. J'ai déjà dit ne pas avoir vocation à condamner ni à faire la morale, mais associer Djouhri au drapeau national me paraît passer l'entendement. Ce qui me choque le plus, c'est que cette Légion d'honneur verbale, si l'on peut dire, est épinglée sur la poitrine de Djouhri par de grands serviteurs de la République. J'ai été marqué par la guerre et formé dans l'immédiat après-guerre. Aussi les personnages sur lesquels je projette les trois couleurs sont d'abord des résistants et des Justes, Jean Moulin, Charles de Gaulle [...], des personnages qui ont su redonner un visage à la France, plus généralement des décideurs préoccupés par le bien commun. C'est pourquoi j'ai le plus grand mal à mettre aujourd'hui la plupart des grands patrons dans cette catégorie, tant je trouve indécent leur rapport à l'argent.

---

1. Dans l'excellent papier de Marie-France Etchegoin et Ariane Chemin, *Le Nouvel Observateur*, déjà cité.

Pour être complet, je dois ajouter qu'il n'y a pas que Guéant ou Squarcini pour avoir délivré devant moi un certificat tricolore à Djouhri. D'autres, qui ont été ou sont eux aussi proches de lui, soulignent son côté patriotique en affirmant qu'il a une vision gaullienne de la France, avec même un brin de « nostalgie pour la France qui s'en va ». Un proche de Serge Dassault parle de son côté « cocardier » et murmure qu'il a rendu beaucoup de services aux « services » – secrets, s'entend. J'ai souvent entendu colporter ce bruit. Quand je suggérais qu'il avait probablement été « HC » (honorable correspondant), voire davantage, mes interlocuteurs ne me contredisaient pas, mais refusaient de s'avancer plus loin...

Ses amis soulignent aussi son côté « extrêmement attachant », sa sensibilité, l'importance qu'il accorde à la famille, son sens de l'amitié, du clan, sa passion pour les livres et les écrivains, qui explique en partie sa fascination pour le « Poète », son intérêt pour les religions et les gens d'Église, etc.

Djouhri attire certains grands patrons, hommes politiques et hauts fonctionnaires comme la lumière les papillons, tout comme il en révulse pas mal d'autres, notamment Christophe de Margerie, Gérard Mestrallet ou Anne Lauvergeon. Rudi Roussillon, collaborateur de Serge Dassault, ne cache pas son admiration : « Il est très intelligent, drôle, irrésistible dans un monde généralement terne. Il fait rire Serge... » Ces industriels ou serviteurs de l'État qui ont beaucoup travaillé pour se hisser là où ils sont, et qui se sentent souvent coincés par tous les systèmes de surveillance qui les entourent, Alexandre les ouvrirait à sa manière à une autre vie : « Avec lui, le monde est plus simple. Il n'a peur de rien, et fascine parce qu'il fait peur... », résume Roussillon.

Henri Proglio, qui le trouve « marrant, hors normes et séducteur », relève qu'il fait « rêver les grandes personnes ». Monsieur Alexandre commande un Petrus ou un Château-Latour sans redouter le commentaire des commissaires aux comptes ni les policiers de la Brigade financière... Il sait s'entourer de belles femmes. Olivier Drouin, qui n'est pas une mauvaise langue, raconte que, après une journée passée à Genève dans le cadre d'une enquête pour *Capital*, Alexandre Djouhri le raccompagne à son hôtel et, avant de le quitter, lui aurait dit :

« Tu veux une fille ? »

Ses amis comme ses ennemis parlent de l'ascendant psychologique qu'il exerce sur les énarques. Il n'aurait pas du tout les mêmes codes qu'eux. Il procurerait le frisson chez des bourgeois persuadés de s'encanailler avec lui. « Il exerce sur eux l'attirance trouble du légionnaire qui sent le sable chaud... », sourit un des multiples messieurs « off » que j'ai rencontrés.

Fascinante également est la passion mutuelle que semblent nourrir Dominique de Villepin et Alexandre Djouhri. Qu'est-ce que ces deux-là peuvent bien se dire lors de leurs très nombreuses rencontres ? Ils passent des vacances ensemble, déjeunent et dînent souvent tous les deux. Ils sont vus à Gstaad, à Marrakech ou aux Fermes de Marie, à Megève[1], vers la fin de 2010 ; le 11 août 2011, à l'aéroport d'affaires de Cannes-Mandelieu, on les aperçoit en train de monter à bord d'un Falcon 2000 de la Dasnair[2], accompagnés de membres de leurs familles ; deux jours plus tard, ils sont vus à l'aéroport de Djerba descendant d'un avion immatriculé au Luxembourg ! Ils se voient d'autant plus depuis la mi-2010 que Djouhri s'est mis en tête de réconcilier Villepin et Sarkozy, comme les gazettes l'ont répété à l'envi. Il a été jusqu'à demander à André Tarallo, l'ancien « monsieur Afrique » d'Elf, de solliciter ses amis chefs d'État africains pour qu'il fasse pression sur Nicolas Sarkozy, pour le convaincre de faire la paix avec Dominique de Villepin. Quelques signes ont, au début de l'année 2011, donné l'impression que cette réconciliation était en bonne voie : Dominique de Villepin avait cessé ses saillies sauvages contre le Président ; Bernard Squarcini qui était partie civile contre Villepin dans l'affaire Clearstream, se désistait le 14 janvier 2011 ; Nicolas Sarkozy recevait même deux fois en une dizaine de jours – les 24 février et 7 mars 2011 – celui qu'il voulait, encore peu de temps auparavant, pendre à un croc de boucher. Le

---

1. Aux Fermes de Marie, un chalet loué à la semaine coûte 35 000 euros. Quant aux bouteilles de Petrus, consommées en nombre, elles valent quelques milliers d'euros l'unité.

2. Dasnair est la compagnie privée de Serge Dassault, basée à Genève, qui promet à ses clients « luxe et service d'exception dans la plus pure tradition suisse », et une « totale discrétion et les plus hautes exigences en matière de sécurité ».

dimanche 27 février 2011, Alexandre et Dominique fêtaient l'événement à *La Réserve*, un restaurant chic de Genève. Et, après le deuxième rendez-vous avec le Président, Dominique pouvait annoncer à son ami Alexandre que « Sarko » lui téléphonait souvent... Alexandre Djouhri est-il une passerelle entre le monde de l'ombre et celui de la politique ? Un intrus dans le système politique, qui écoute aux portes... et finit par se rendre indispensable ? Et je ne mets pas, même avec la réserve interrogative, sur la page blanche ce que tout-Paris murmure sur le rôle financier que l'un des deux pourrait jouer.

Pourquoi, mais pourquoi donc Alexandre Djouhri a-t-il réussi à s'imposer au cœur de l'appareil d'État, au sommet du pouvoir économique, alors que c'est un grand faiseur ?

Un de ses adversaires de l'ombre a peut-être un début de réponse. Il a été un des premiers à le démasquer et a payé cher cette lucidité. Sa carrière a été brutalement bloquée. Le commissaire divisionnaire Jean-François Gayraud était un brillant agent de la DST, s'occupant d'abord des menaces terroristes, notamment en provenance de l'Iran, puis chargé, à la direction B1, de la sécurité économique. Il a mené une réflexion sur les nouvelles menaces et sensibilisé les entreprises françaises à cette réalité. Dans ce cadre, il s'est intéressé aux intermédiaires qui appuient grandes entreprises et/ou États dans la conclusion de contrats internationaux, en apportant leur connaissance fine des rouages de décision. Il a ainsi remarqué que, dans nombre de contrats, l'accord final n'était pas obtenu grâce à ces intermédiaires mais malgré eux. Certains viennent en effet s'immiscer dans des relations plutôt saines et bien établies, et ce, afin de les parasiter. Ce que les futurs partenaires commerciaux rémunèrent est alors moins un service (l'aide à la décision) que la garantie d'une neutralité bienveillante (la capacité de nuisance) de la part de l'intermédiaire : « Il s'agit donc simplement d'une forme subtile de racket, de chantage à l'échec. L'intermédiation, service réel ou fictif, est l'occasion de commissions occultes, reversées, souvent en liquide, auprès de décideurs politiques, administratifs ou commerciaux. Et, à l'heure des échanges bancaires et financiers par l'électronique, les valises de billets n'ont pas disparu. Le liquide apporte en effet une discrétion (matérielle) et une satisfaction (psychologique) sans égales[1]. » Il explique ainsi que plusieurs de ces intermédiaires internationaux, souvent d'origine étrangère, corrompent dans une quasi-impunité au nom de la conquête de marchés étrangers, de l'emploi en France et de la balance du commerce extérieur.

Dans ce contexte, en 2002-2003, Jean-François Gayraud s'intéresse particulièrement à Alexandre Djouhri et aux quelques chevau-légers qui l'entourent. Sa jeunesse passée à côtoyer des figures de la pègre parisienne, sa fortune fulgurante, ses relations dans le

---

1. Jean-François Gayraud, *Showbiz, people et corruption*, Odile Jacob, 2009.

milieu des affaires, ses entrées à l'Élysée, sa proximité avec les *Pasqua's boys*, son recours à une officine dirigée par un ancien flic de la Brigade financière l'ont intrigué au point d'y voir une menace. Il sensibilise Bousquet de Florian, le patron de la DST, mais aussi Maurice Gourdault-Montagne, le conseiller diplomatique de Chirac, sur la dangerosité du personnage. Il provoque panique et affolement. Henri Proglio, alors patron de Veolia, et son entourage n'apprécient pas les initiatives du commissaire et le font savoir. Henri Séveno, patron d'I2F, mène campagne contre Jean-François Gayraud. Bernard Squarcini, numéro deux des Renseignements généraux, aussi. En soulevant la pierre « Djouhri », Gayraud a orienté sa carrière vers des placards.

N'étant plus en position d'être opérationnel, le commissaire a trempé sa plume dans la plaie Djouhri, sans citer son nom – devoir de réserve oblige ! – pour brosser le portrait que nombre de politiques et de grands patrons ne veulent pas regarder :

Le contexte de son « entrée en politique » est celui des scandales politico-financiers des années 1980-1990. Soudain, les partis politiques prennent peur des juges. Plutôt que de changer leurs mauvaises habitudes et ne pouvant plus confier leurs besoins en liquidités à des entrepreneurs classiques ou à des militants dévoués, désormais échaudés par la justice, certains politiciens décident alors de se tourner vers des individus sans scrupules. Pour « porter les valises », il faut désormais descendre plus « profond », et pour cela aller vers le « Milieu ». Notre intermédiaire a le profil idoine. Ce personnage a en effet débuté sa carrière d'« homme d'affaires » au contact du grand banditisme parisien, dans les années 1980, dans une ambiance de règlements de comptes sanglants, de boîtes de nuit rackettées, de drogue et de vedettes du show-business compromises. Le monde de la nuit et des fêtes du show-business le mettent au contact de politiciens et de P-DG de grands groupes. L'homme est sollicité pour « porter les valises » du parti : il en côtoie désormais tous les cadres importants, ceux qui ensuite accéderont aux plus hautes fonctions politiques : ministres, députés, et plus encore... Par capillarité, il fait aussi la connaissance du gotha du monde économique et de la haute administration, voire de la justice. Ainsi, il sait et il connaît. Ils se sont compromis en lui confiant de basses mais lucratives besognes, et il a su corrompre, en récompensant les « vrais amis ». Cette ascension vers les sommets, digne de Scarface[1], *lui a permis de faire fortune et de devenir omniprésent sur les marchés africains et du monde arabe. Évidemment, la prudence fiscale et judiciaire le pousse à s'installer en Suisse. Mais une telle réussite suppose la mise en place de quelques garde-fous et chiens de garde. À cette fin, il se crée des amitiés dans trois univers particuliers : au sein de l'appareil d'État, avec des représentants du monde judiciaire (faire disparaître les traces de son passé pénal, etc.) et de la haute administra-*

---

1. À ses proches amis, il résume son portrait de l'intermédiaire type par la formule, toute cinématographique : « C'est Tony Montana devenu Raspoutine. »

tion (préfets, diplomates, etc.) ; parmi les journalistes (afin de discréditer ses adversaires) ; dans le renseignement privé (pour les enquêtes, les intimidations et autres barbouzeries). Le tout dans une étrange ambiance de « loge P2 » à la française. Un cas d'école...

De son côté, Jean Guisnel, journaliste au *Point* et meilleur spécialiste en France des questions de défense et d'armement, s'est évidemment beaucoup intéressé à Alexandre Djouhri. Dans *Armes de corruption massive*, son dernier livre, il parle souvent de lui, mais sans mentionner son nom, comme s'il était la figure archétypale de l'intermédiaire actuel. Pour écrire l'un de ses meilleurs passages, il s'inspire de lui :

En matière de corruption de dirigeants privés ou publics, la sophistication a en effet atteint de tels niveaux que la maîtrise de cet exercice est devenue la spécialité d'experts politico-financiers sachant à la fois « ouvrir les portes » du bureau des dirigeants étrangers et « casquer » les bénéficiaires de rétrocommissions dans les pays vendeurs. Ces acrobaties nécessitent des complicités dans de si hautes positions et un tel niveau de secret, de solidarité et de loyauté à l'égard des corrompus, qu'elles ne reposent plus que sur les épaules de quelques puissants intermédiaires de confiance, souvent originaires du Moyen-Orient et bénéficiant d'une double nationalité. Ces intermédiaires deviennent parfois administrateurs des biens frauduleusement acquis. Le bénéficiaire d'une importante rétrocommission ne pourrait pas en effet justifier l'origine des fonds lui ayant permis d'acquérir un bien, y compris quand l'attributaire a été rémunéré en parts de l'entreprise corruptrice : ces actions seront alors portées par un administrateur (qu'on appelle en bon français un trustee*). Cet homme de paille devient le propriétaire fictif des actions de son partenaire et se voit rétribuer selon des modalités définies entre eux. Cette rémunération pourra se faire sous diverses formes, le plus souvent rigoureusement impossibles à déceler, comme les versements en espèces : quand un homme politique, ses enfants ou ses maîtresses payent le restaurant avec des billets de 200 euros, il y a anguille sous roche ! De bons connaisseurs de ce monde et de ces pratiques rapportent aussi l'usage discrétionnaire d'un bien (bateau, villa, etc.), le règlement de prestations (voyages, hôtels, traiteurs), la garantie d'emploi de proches, le paiement de frais médicaux coûteux, le financement de campagnes politiques ou de bonnes œuvres, voire de fondations philanthropiques.*

Jean Guisnel explique ensuite que l'opacité du système est conçue pour résister à « quelque investigation que ce soit » : « Tout repose sur la parole donnée. Ni papier ni chéquier, mais parole et argent liquide, c'est la discrétion assurée, le fisc lésé sans rémission et les fortunes faciles. » Renaud Van Ruymbeke aurait pu tenir le stylo de Jean Guisnel quand il écrit que « les paiements de rétrocommissions ne laissent donc que très rarement des traces écrites. Des enquêteurs pourront bien être convaincus qu'un puissant actionnaire est le représentant occulte d'un ou de plusieurs propriétaires cachés, donc se trouver persuadés de la nature corrompue d'une relation entre telle personnalité et un richissime intermédiaire français ou plus souvent étranger. Mais pourquoi tel financier irait-il raconter qu'un "invité" réside en réalité dans ses propres murs ? Le système ne pourrait capoter que si l'un des partenaires du pacte de corruption apportait la démonstration de la prévarication. Quel intérêt pourrait l'amener à se dénoncer lui-même ? À ce jour, cela ne s'est jamais produit ».

Alexandre Djouhri est probablement composé de beaucoup de ces facettes. Mais à celles-ci j'ajouterai et je soulignerai qu'il a véritablement commencé son ascension en devenant un instrument entre les mains de gens qui brandissaient les trois couleurs du drapeau national et disaient travailler pour la France. Défendre Elf, c'était alors défendre la France, même quand la morale était bafouée, que les urnes de pays étrangers mais pétroliers étaient bourrées, que les « soldats » se remplissaient les poches, mais amenaient aussi des valises aux hommes politiques, pour gagner les élections et/ou faire le beau auprès de leurs maîtresses. Djouhri a travaillé dans les plis de ce drapeau-là, sur son revers peu reluisant. Puis l'« instrument » s'est petit à petit libéré de ses maîtres, des François Antona et des *Pasqua's boys*. Il s'est mis d'abord à leur niveau avant de pouvoir parler d'égal à égal avec ceux qui sont les maîtres de ses maîtres. Il est devenu un familier de l'Élysée sous l'ère de Jacques Chirac, puis pendant le quinquennat de Nicolas Sarkozy. Et l'ex-instrument, fort des secrets qu'il a accumulés, des services qu'il a rendus et rend encore, ayant aiguisé son intelligence et développé d'incontestables qualités au fil des années, s'est mis à instrumentaliser à son tour l'appareil d'État.

Il exerce une emprise étonnante sur quatre personnes de la sphère politico-administrative : Dominique de Villepin, Claude Guéant, Bernard Squarcini et Maurice Gourdault-Montagne. Et, dans le monde économique il est très proche de deux industriels majeurs, Serge Dassault et Henri Proglio. Il est intervenu activement dans quelques-unes des grandes guerres de succession industrielles – EADS en 2004, EDF en 2008-2009, puis Areva de 2009 à 2011, et enfin dans celle du groupe Louis Dreyfus en 2010-2011.

L'origine de cette enquête est l'interrogation suscitée en moi par la vérité judiciaire qui s'est exprimée dans le jugement de première instance de l'affaire Clearstream. En explorant ce qui m'est apparu au fil du temps comme la principauté française de non-droit, j'ai vu va apporter trois éléments majeurs de confirmation des doutes initiaux.

Il apparaît qu'en 2003-2004, au moment même où Imad Lahoud diffuse les faux listings Clearstream, se déroule une des plus violentes guerres que la principauté de l'ombre ait jamais connue : celle concernant les rétrocommissions gigantesques attendues du contrat *Miksa*. Elle oppose le camp chiraquien et son condottiere Alexandre Djouhri, au clan sarkozyste et à son vizir Ziad Takieddine. Or, l'enquête judiciaire a négligé la très grande proximité ayant existé pendant cette même période entre Imad Lahoud et François Casanova, commandant des RG, et elle a complètement ignoré aussi bien la relation étroite existant entre ce dernier et Alexandre Djouhri depuis le milieu des années 1980. La révélation accidentelle par Imad Lahoud lors d'un interrogatoire, le 11 février 2008, d'un déjeuner entre Alexandre Djouhri, François Casanova et lui, « entre mars et mai 2004 » n'a suscité aucune réaction alors même qu'il est établi qu'à cette période Alexandre Djouhri était à la pointe du combat antisarkozyste dans la guerre « *Miksa* ».

Tout cela s'éclaircit de façon extraordinaire par la révélation qu'en janvier 2008 Nicolas Sarkozy a raconté à quelques ministres, dont Hervé Morin, comment il avait « retourné » Alexandre Djouhri en le confrontant à sa connaissance de son rôle dans l'affaire Clearstream, information que Nicolas Sarkozy, partie civile, n'a jamais communiquée à la justice, qui a donc été instrumentalisée dans cette affaire.

Le dossier Clearstream ne peut donc être compris que s'il est replacé dans le contexte de la bataille sauvage que se livrent deux clans de la droite pour se constituer un « trésor de guerre » en vue de la future élection présidentielle, celle de 2007. Partant de cette constatation, j'ai, à partir de cette affaire, effectué une plongée dans le monde du financement occulte de la vie politique française depuis une vingtaine d'années. Financement occulte qui est un véritable cancer qui affecte le fonctionnement de la société toute entière.

Il sert de prétexte à toutes les dérives : une partie importante de l'argent prélevé dans les circuits économiques n'arrive pas dans les caisses des partis, mais dans les poches personnelles des divers acteurs de ces zones grises. Jean-Louis Gergorin, Philippe Rondot et Renaud Van Ruymbeke, sans qui l'affaire Clearstream n'aurait pas été judiciarisée, n'ont pas mis à la poubelle les faux listings d'Imad Lahoud parce qu'ils savaient que de nombreuses personnes étaient corrompues et connaissaient l'existence des rétrocommissions dans l'affaire des « frégates de Taïwan ». Une affaire qui, depuis quelques mois concerne tous les contribuables français, car, même si le juge Van Ruymbeke, qui s'est heurté au secret-défense, n'a pu trouver les bénéficiaires de ces rétrocommissions, ce sont eux qui vont les financer en remboursant les Taïwanais des commissions illégalement versées !

Les affaires des contrats *Sawari II* et *Agosta* actuellement en cours d'instruction judiciaire, mais aussi l'Angolagate, l'affaire Elf et les batailles autour du contrat *Miksa* démontrent abondamment la réalité de ces pratiques sur la période qui s'étend du début des années 1990 à 2004. Les suspicions que nous avons nourries sur les pratiques en cours, depuis 2007, notamment lors de péripéties qui précédèrent la libération des « infirmières bulgares », détenues en Libye, ont été confortées par les dernières révélations très étayées de Mediapart sur les opérations de l'intermédiaire Ziad Takieddine : celles-ci montrent que la

République ne s'est pas moralisée en la matière. Et il faudra attendre encore quelques années avant d'entendre reparler du contrat *Mistral*[1], si cela se peut. Alors apprendra-t-on quelques aspects des dessous de la vente à la Russie de bâtiments de commandement et de projection Mistral dans laquelle est intervenu Alexandre Djouhri.

Dans cette principauté française de non-droit, dont les contours me sont devenus progressivement plus précis, des vizirs de l'ombre sont apparus comme des personnages-clés sans lesquls elle ne fonctionnerait pas : les intermédiaires des grands contrats, notamment (mais pas seulement) dans l'armement. Dans les années 1970 et 1980 se sont ainsi illustrés Akram Ojjeh et Adnan Kashoggi. Et un peu plus tard, Samir Traboulsi, surnommé le « Vizir aux plaisirs ». Ces hommes-là étaient des passerelles indispensables avec les nouveaux émirs du pétrole parce qu'ils parlaient à la fois leur langue et la nôtre et qu'il étaient à cheval sur deux cultures. Ziad Takieddine, lui aussi né au Proche-Orient, a été dans les années 1990 et 2000

---

1. Le contrat, portant sur la vente de quatre navires de guerre (deux sont construits en France), capables de transporter des hélicoptères, des chars et des troupes, a été signé à Moscou le 17 juin 2011 entre le groupe DCNS (ex-DCN, qui a fusionné avec les activités navales de Thales en 2007) et Rosoboronexport. Son montant s'élève à 1,12 milliard d'euros. Controversée en France, la vente de ce type de matériel, avec les transferts de technologie inclus, a suscité des critiques de la part des Américains, mais aussi des pays baltes et de la Géorgie.

dans la droite ligne de ses prédécesseurs. Alexandre Djouhri, le nouveau prince de l'ombre, est très différent d'eux : né en banlieue, il ne parle pas l'arabe, connaît encore moins les cultures proche et moyen-orientales. Il « explose » au milieu des années 2000, dans le rôle de grand vizir occulte du chiraquisme finissant. Puis, dans une étonnante transition, il rebondit et réussit à se faire celui du sarkozysme triomphant. Contrairement à ses prédécesseurs, il récuse complètement le terme d'intermédiaire et se présente comme stratège industriel international, même si aucun groupe d'envergure internationale n'a jamais reconnu le moindre lien contractuel avec lui.

Son histoire vaut surtout par ce qu'elle nous dit de l'exercice du pouvoir contemporain. Sa trajectoire résume la transformation du système. Djhouri est passé du banditisme au consulting avec une fluidité qui résume bien notre époque. Auréolé d'une respectabilité à laquelle il tient énormément, il ne supporte pas, et c'est bien normal, qu'on lui rappelle son origine « professionnelle ». Je me suis penché sur son cas dans la mesure où il nous instruit sur plusieurs risques encourus par la démocratie. Le système Djhouri repose en effet sur deux failles de notre système. La première concerne la faculté, parfaitement légale, donnée aux entreprises de corrompre des intermédiaires pour vendre des biens ou des services. La seconde est la conséquence de l'extrême réglementation des coûts des campagnes électorales et de la vie politique en général, qui finit par contraindre nos hommes politiques à chercher des compléments financiers occultes. Ces deux paramètres parfaitement contradictoires – un trop grand libéralisme d'une part, une trop grande rigidité d'autre part – ouvrent la possibilité de financer l'action politique en contournant la législation grâce aux grands contrats étatiques. Dans l'extrême financiarisation de nos sociétés depuis l'ouverture totale des frontières et l'émergence d'un monde où l'argent est roi et la mesure de toutes choses, qui en est le corollaire, ces caractéristiques ont facilité l'émergence d'une oligarchie à la française dans laquelle des hommes tels que Djhouri peuvent devenir non seulement les médiateurs entre politiques et industriels, mais aussi les vrais stratèges de la politique industrielle. À son détriment, bien sûr.

La position-clé de Djouhri ne peut s'expliquer que par la conjonction de son rôle central dans la principauté de non-droit installée dans la République française et de sa personnalité exceptionnelle.

Ce prince-là est également devenu indispensable parce qu'il rend des services difficilement demandables à d'autres. En s'immisçant dans les affaires d'État et les grands contrats, il a sans doute beaucoup appris des *messieurs Rétro* et a connu les secrets des uns et des autres, à droite comme à gauche.

J'ai cherché les fondements de sa puissance. L'explication de son pouvoir pourrait en définitive être bien plus simple. C'est lui-même, avec son langage imagé et brutal, qui la donne :

« Je les tiens tous par les couilles ! »

Table des matières

Avertissement	11
1. Monsieur Alexandre en son palais	21
2. La Principauté de non-droit	29
3. « Je ne puis vous recommander que la plus grande prudence »	51
4. Tout commence à Taïwan	63
5. Et si le Corbeau était un pigeon…	81
6. La communion politique sous les espèces sonnantes et trébuchantes	97
7. Le nom de Sarkozy est inscrit dans l'« annuaire »	135
8. De l'existence des réseaux tangentiels	155
9. Dans le fatras des listings, un compte Clearstream était bon !	175
10. Djouhri à la manœuvre contre Sarkozy ?	191
11. Alexandre et le « Poète »	219
12. Autour de Veolia	253
13. Blanchi par Squarcini	271
14. Dans le gang de la banlieue nord	279
15. Balles perdues dans la guerre des Delon	295
16. Dans les zones grises de l'État	323
17. Alexandre le Grand	337
18. Alexandre « à Canossa »	361
19. Dans le secret des infirmières bulgares	367
20. Les coulisses de l'Angolagate	401
21. La presse à la botte	415
22. Au cœur du réacteur	427
23. Quand l'instrument se met à instrumentaliser l'appareil d'État…	459

Pour l'éditeur, le principe est d'utiliser des papiers composés de fibres naturelles, renouvelables, recyclables et fabriquées à partir de bois issu de forêts qui adoptent un système d'aménagement durable.
En outre, l'éditeur attend de ses fournisseurs de papier qu'ils s'inscrivent dans une démarche de certification environnementale reconnue.

Photocomposition Nord Compo
Villeneuve-d'Ascq

Impression réalisée par
CPI BRODARD ET TAUPIN
La Flèche

pour le compte des Éditions Fayard
en septembre 2011

Imprimé en France
Dépôt légal : septembre 2011
N° d'impression : 65267
36.57.3042.3/01